ALTAS LITERATURAS

LEYLA PERRONE-MOISÉS

ALTAS LITERATURAS

Escolha e valor na obra crítica de escritores modernos

COMPANHIA DAS LETRAS

Grafia atualizada segundo o Acordo Ortográfico da Língua Portuguesa de 1990, que entrou em vigor no Brasil em 2009.

Capa
Moema Cavalcanti

Índice onomástico
Maria Cláudia Carvalho Mattos

Preparação
Isabel Jorge Cury

Revisão
Ana Paula Castellani
Carmen S. da Costa

Atualização ortográfica
Renata Lopes Del Nero

Dados Internacionais de Catalogação na Publicação (CIP)
(Câmara Brasileira do Livro, SP, Brasil)

Perrone-Moisés, Leyla
Altas Literaturas : escolha e valor na obra crítica de escritores modernos / Leyla Perrone-Moisés. — 1ª ed. — São Paulo : Companhia das Letras, 1998.

ISBN 978-85-7164-802-9

1. Crítica literária 2. Críticos literários 3. Literatura - História e crítica I. Título.

98-3118 CDD-809

Índice para catálogo sistemático:
1. Literatura : História e crítica 809

EDITORA SCHWARCZ S.A.
Rua Bandeira Paulista, 702, cj. 32
04532-002 — São Paulo — SP
Telefone: (11) 3707-3500
www.companhiadasletras.com.br
www.blogdacompanhia.com.br
facebook.com/companhiadasletras
instagram.com/companhiadasletras
twitter.com/cialetras

A pesquisa que deu origem a este livro foi iniciada em 1980, na Universidade de Yale, com uma bolsa da Fundação Fulbright, e terminada em 1998, em São Paulo, com o apoio do CNPq. Ao longo desses anos, desenvolvi o tema em cursos de pós-graduação: na Universidade de Montreal (1987), na Universidade de Paris VIII — Vincennes/Saint-Denis (1988); na Unicamp (1995). O diálogo com esses alunos qualificados obrigou-me e ajudou-me a aprofundar várias questões.

Muitos amigos colaboraram com leituras, discussões, sugestões, empréstimos de livros ou com a publicação dos resultados parciais em suas revistas. Alguns deles já se foram, como Emir Rodríguez Monegal, Jean-François Lyotard, Jacinto do Prado Coelho e David Mourão-Ferreira. Outros, felizmente, estão muito vivos e ativos: Tzvetan Todorov, que leu e comentou meu primeiro projeto; Wladimir Krysinski, que me convidou a apresentá-lo em forma de curso, no Canadá; os colegas da Universidade de Paris VIII, que o discutiram comigo em seminário; Albert Audubert, que me enviou preciosos recortes de jornal; João Alexandre Barbosa, que leu a versão final do livro com atenção de especialista e paciência de amigo. A todos eles, e aos não citados mas lembrados, meu muito obrigada.

L. P.-M.

SUMÁRIO

INTRODUÇÃO

Pela própria etimologia da palavra, crítica implica julgamento (*krinein* = julgar). Desde sua prática autoritária no século XVII, sob a forma de decretos da Academia, passando pelas escolhas já pessoais dos críticos do século XVIII, até o fim do século XIX, quando ela atingiu a plenitude de seus meios e de seu poder como instituição autônoma, a crítica literária reivindicou e exerceu a função de julgar. Sainte-Beuve, em suas *Causeries du lundi*, e Brunetière, na *Grande Encyclopédie du XIXᵉ siècle*, declaravam magistralmente: "Criticar é julgar". Victor Hugo, no auge do romantismo, resolvia sumariamente a questão: "A obra é boa ou má? Eis todo o domínio da crítica" (Prefácio de *Les Orientales*).

Ao longo do século XX, essa certeza foi sendo abalada. No mal-estar de um julgamento cada vez mais desprovido de critérios estáveis, a crítica, modesta, contentou-se em explicar os textos ou, "científica", pôs-se a analisar. Até que a desconstruíssem, indagando se "o simples projeto de um *krinein* não pertenceria ao mimetologismo metafísico". [1]

No vocabulário crítico de nosso século, os adjetivos qualificativos se tornaram raros e discretos. Quando se fala de um "belo livro" ou de um "grande escritor", confia-se num vago senso comum partilhado pelo interlocutor. De modo geral, preferem-se os qualificativos menos comprometedores: *forte*, *interessante*, *curioso*, *sensível*, *imaginativo*, *inteligente*, *astucioso* etc. Dentre os adjetivos, dois (que se reduzem a um) têm sido utilizados sem constrangimento ao longo de nosso século: *novo* e *original*. Nascidos com a estética romântica, os valores "novidade" e "originalidade", desconhecidos anteriormente, têm tido uma longa vida. Ao abolir os critérios e as regras clássicas, os românticos desencadearam a valorização da ruptura e da diferença. Na célebre postulação do Belo por Baudelaire (permanência e novidade), a modernidade privilegiou o segundo elemento. Mas, à medida que nosso século passava, as rupturas e as diferenças se sucederam com tal abundância e em tal velocidade que se começou a questionar: o novo pode subsistir à repetição *já tradicional* de sua busca?[2] O que é original, quando só há diferenças? E quanto ao julgamento: não é paradoxal ter-se, como único valor estável, a mudança? Abolidos todos os códigos, ficou entretanto um mandamento: contrariar o código.

Ora, se um discurso sobre as obras literárias continua a existir, seu autor não pode evitar a questão do valor e o exercício de um julgamento, mesmo que este seja tácito. Assim, juízos continuam sendo emitidos, mesmo quando se evita pudicamente a explicitação de seu fundamento, isto é, suas leis. Qualquer que seja o "método de análise", cada vez que uma obra é eleita por alguém como objeto de discurso, essa escolha já é a expressão de um julgamento. "*Lire, élire*" ("Ler, eleger"), sintetizava Valéry.

Dentre as numerosas reflexões que uma pesquisa sobre o juízo estético no século XX pode suscitar, há uma que ainda não foi feita de maneira sistemática e que pode ser particularmente esclarecedora: a que tem por objeto a crítica literária exercida pelos próprios escritores. O exercício intensivo da atividade crítica pelos escritores é uma característica da modernidade. O próprio fato de que numerosos escritores de nosso século tenham acrescentado, à sua obra poética ou ficcional, uma obra paralela de tipo teórico e crítico tem a ver com o mal-estar da avaliação.

Esse exercício particular da crítica, que é a crítica literária, se inscreve num contexto filosófico maior, de profanização da esfera dos valores, de valorização da subjetividade, de perda de respeito pelas autoridades legiferantes e concomitante reivindicação do livre exame e do livre-arbítrio. Desde Hegel, a própria conceitualização da modernidade coincide com uma crítica da mesma. Na medida em que a modernidade se concebe como o lugar privilegiado do qual se encara a história como um todo, um lugar em que se prepara o futuro e se opera uma ruptura com o passado, ela tem de se autocriticar sem apoios fora dela mesma. "A modernidade", diz Habermas, "não pode e não quer continuar a ir colher em outras épocas os critérios para sua orientação, *ela tem de criar em si própria as regras por que se rege*."[3] E, como lembra o mesmo Habermas, foi no domínio da crítica estética que surgiu, inicialmente, a questão de uma fundamentação da modernidade a partir de si própria, desde a *Querelle des Anciens et des Modernes* (final do século XVII) até Baudelaire, o primeiro a usar o substantivo "modernidade".

Na prática, o exercício da crítica pelos próprios escritores se deve, em grande parte, ao fato de os princípios, as regras e os valores literários terem deixado de ser, desde o romantismo, predeterminados pelas Academias ou por qualquer autoridade ou consenso. Diluíram-se e perderam-se, pouco a pouco, os códigos que orientavam a produção literária: código moral (o Bem), código estético (o Belo), código de gêneros (determinado pela expectativa social), de estilo (orientado pelo gosto), código canônico (a tradição concebida como conjunto de modelos a imitar). Cada vez mais livres, através do século XIX e sobretudo do XX, os escritores sentiram a necessidade de buscar individualmente suas razões de escrever, e as razões de fazê-lo de determinada maneira. Decidiram estabelecer eles mesmos seus princípios e valores, e passaram a desenvolver, paralelamente às suas obras de criação, extensas obras de tipo teórico e crítico.

Escrevendo sobre as obras de seus predecessores e contemporâneos, os escritores buscam esclarecer sua própria atividade e orientar os rumos da escrita subsequente. A crítica dos escritores não visa simplesmente auxiliar e orientar o leitor (finalidade da crítica institucional), mas visa principalmente estabelecer critérios para nortear uma ação: sua própria escrita, presente e imediatamente futura. Nesse sentido, é uma crítica que confirma e cria valores. Enquanto a crítica literária institucional, na sua vertente universitária, tornou-se cada vez mais analítica (com pretensões a ciência) e cada vez menos judicativa, a crítica dos escritores lida diretamente com os valores e exerce, sem pudores, a faculdade de julgar.

Ao escolher falar de certos escritores do passado e não de outros, os escritores-críticos efetuam um primeiro julgamento. Assim fazendo, cada um deles estabelece sua própria tradição e, de certa maneira, reescreve a história literária. Os índices dos livros críticos assinados por escritores nos fornecem os mapas de seus percursos históricos, as vias de suas revisões do passado. Em cada coletânea crítica, determinados nomes formam uma figura, fragmentada e lacunar com relação aos "quadros completos" das histórias da literatura, uma figura que sugere uma outra história. Nesses predecessores, os escritores vão buscar uma energia ainda ativa. Os valores que eles atribuem aos autores do passado não são valores *a priori*, mas aqueles capazes de garantir o prosseguimento de seu próprio trabalho e da escrita literária em geral.

Diante desse fenômeno do escritor-crítico moderno, podemos colocar algumas perguntas, menos com a pretensão de a elas responder do que de refletir sobre os valores da modernidade: por que e como alguns críticos, que são também e antes de tudo escritores, escolhem no passado certos nomes e certas obras? Que relação existe entre essas listas pessoais e as da história literária institucional? Que modificações essas escolhas e seus fundamentos introduzem nessa história? Existem coincidências nessas escolhas? Essas coincidências se devem a critérios comuns?[4]

Os escritores que constituem o corpus de minha pesquisa pertencem a literaturas de diferentes países, e têm em comum, inicialmente, o fato de possuírem uma obra crítica extensa e abrangente, versando sobre diversas literaturas, de várias épocas e em várias línguas. São eles: Ezra Pound (1885-1972), T. S. Eliot (1888-1965), Jorge Luis Borges (1899--1986), Octavio Paz (1914-98), Italo Calvino (1923-85), Michel Butor (1926), Haroldo de Campos (1929) e Philippe Sollers (1936). Esses escritores-críticos têm certas características comuns, que constituem seu "retrato falado": 1) a crítica não é, para eles, uma atividade esporádica e ocasional, mas constante, ocupando em suas obras um lugar tão importante quanto o da escrita de criação; 2) todos esses escritores pertenceram, de uma forma ou de outra, ao que se convencionou chamar de "vanguardas" do século XX; 3) todos eles manifestam uma preocupação pedagógica ou programática, que se exprimiu ou se exprime, para uns no próprio ensino da literatura, para outros, na redação de manifestos, e/ou na publicação de revistas dotadas de um programa; 4) são todos poliglotas, cosmopolitas, escreveram sobre autores e obras de várias épocas e de vários países; 5) todos exerceram, em algum momento, a atividade da tradução, ligada ela mesma à preocupação pedagógica e à busca da universalidade da literatura.[5]

Esse corpus não é exaustivo. Outros escritores modernos também exerceram ou exercem a crítica literária, embora de modo mais ocasional, mais individual ou com outras motivações. Vladimir Nabokov, por exemplo, tem muitas das características do "retrato falado", mas nem todas. O mesmo se poderia dizer de Mario Vargas Llosa e tantos outros. A escolha desses oito escritores-críticos não implica uma valorização particular ou exclusiva dos mesmos com relação a seus pares no que se refere à qualidade de seus trabalhos de criação ou de crítica. Dentre eles, há alguns que, pela extensão de suas obras e pelo reconhecimento que alcançaram ao longo do século, já podem ser considerados "canônicos". Outros, mais recentes e ainda atuantes, estão sujeitos a avaliações ulteriores. Minha escolha foi empírica, baseou-se em exemplos coincidentes.

Quando se percorrem as obras críticas desses escritores, notam-se certas coincidências na escolha de seus objetos. Certos nomes consagrados do passado aí permanecem, como valores estáveis, ao mesmo tempo que outros nomes, esquecidos pelos manuais e programas escolares, aparecem com grande destaque. Essas coincidências parecem indicar certo consenso, um conjunto de valores que ultrapassa a esfera do gosto pessoal e da mera recepção, e que afetaria a própria produção da literatura moderna.

Os escritores se encontram aqui na posição de leitores. Os teóricos da literatura do século XX têm insistido na correlação escrita e leitura. Desde que as verdades começaram a faltar, estabeleceu-se que a leitura não descobre o que a obra contém, em sua verdade essencial, mas literalmente recria a obra, atribuindo-lhe sentido(s). A leitura foi reconhecida como condição da existência da obra. Ao mesmo tempo, considerou-se que toda obra nova implica, em sua fatura como em sua recepção, uma releitura do passado literário.

Uma obra ainda está viva quando tem leitores. Os teóricos da "estética da recepção" enfatizaram o papel do leitor na própria produção literária, sua influência sobre as direções subsequentes dessa produção. Entretanto, não é o leitor comum (abstração que só pode concretizar-se como sombra, pela via indireta e enganadora das tiragens, das vendas ou dos documentos relativos à distribuição e ao consumo), mas sim *o leitor que se torna escritor* quem define o futuro das formas e dos valores. O que leva a literatura a prosseguir sua história não são as leituras anônimas e tácitas (que têm um efeito inverificável e uma influência duvidosa, em termos estéticos), mas as leituras ativas daqueles que as prolongarão, por escrito, em novas obras.

Erigir o escritor à posição de leitor e de juiz privilegiado, como faço aqui, levanta a questão da autoridade. É preciso, portanto, explicar de que autoridade se trata. Mesmo no tempo em que ainda se aceitavam autoridades, Kant dizia que não há autoridades estéticas, porque não se pode provar o bom fundamento dos julgamentos de gosto. Entretanto, acrescentava ele, há pessoas capazes de fornecer argumentos e demonstrar, assim, certa autoridade. A autoridade do juiz estético não reside em sua capacidade de responder ao objeto, mas em sua capacidade de articular essa resposta. Isso é válido para qualquer crítico de arte. Ora, os escritores-críticos não apenas respondem por meio de discursos críticos como suas próprias obras são respostas articuladas às obras anteriores. Por sua vez, as obras que solicitam ou provocam suas respostas demonstram seu valor nessa capacidade de instigação, para além de seu próprio momento histórico. Daí a importância particular das escolhas críticas dos escritores como valorações dinâmicas do passado.

A questão da escolha, na obra crítica desses escritores, obriga a tocar em vastos assuntos de poética: formação de cânones, tradição e novidade, influência e intertextualidade, tradução. Escolhendo sua própria tradição, esses escritores propõem novos cânones. Dialogando com os autores do passado ou do presente, praticam formas particulares de intertextualidade. Exercendo a tradução, arrancam essa prática da condição ancilar a que fora relegada pela metafísica da Obra, para promovê-la à categoria de recriação, trabalho em comum e (o que aqui nos interessa) forma privilegiada de crítica: a tradução é, primeiramente, consequência de uma escolha significativa; e, em seguida, trabalho compreensivo e seletivo de desmontagem e remontagem do texto original. A dimensão crítica da tradução efetuada por escritores se evidencia no fato de esta ser frequentemente acompanhada de um ensaio crítico, sob a forma de introdução ou de notas; outras vezes, a tradução constitui uma longa citação demonstrativa de um ensaio crítico.

Dentre os escritores que constituem o corpus de minha pesquisa, dois se destacam como precursores próximos e formadores dos outros: Ezra Pound e T. S. Eliot. As propostas desses dois escritores-críticos anglo-americanos do início do século foram assimiladas e desenvolvidas pelos seguintes. Eliot colocou, de modo decisivo para a teoria e a crítica literárias do século XX, a questão da relação entre o talento individual e a tradição. Pound insistiu na importância da escolha e propôs uma crítica ideogramática, por listagem e citação demonstrativa. Ambos eram didáticos, poliglotas, cosmopolitas e tradutores.

Entretanto, Pound é o que melhor encarna o "retrato falado" acima exposto, por seu pioneirismo nesse tipo de crítica tanto quanto por suas características exacerbadas. Quem melhor o define é seu amigo Eliot. Na "Introdução" à coletânea de ensaios de Pound,[6] diz Eliot: "Ele sempre foi, antes de tudo e principalmente, um professor e um militante [*campaigner*]" (p. XII). Sua crítica se destinava, primeiramente, a outros escritores; mas é precisamente por isso, diz Eliot, que ela tem "um valor especial e permanente para leitores", como aprendizagem e treino da literatura. A motivação de sua crítica "é fundamentalmente a mesma: o revigoramento, a revitalização e o '*making new*' da literatura de nosso próprio tempo". Por tudo isso, Eliot considerava que a obra crítica de Pound era "o *menos dispensável* corpus crítico de nosso tempo". A própria ideia de minha pesquisa é, em certa medida, poundiana: ela pressupõe a escolha como fundamental e fundadora, e implica o estabelecimento de listas ou ideogramas críticos.

As marcas de Pound e Eliot se conservam, nos outros escritores-críticos, em graus variados; mas todos foram leitores dos dois primeiros. O fato de os escritores de línguas latinas serem tão devedores a dois anglo-americanos não deve surpreender. A reflexão individual sobre as relações do novo com a tradição tem uma longa história em língua inglesa, que tem a ver com a Reforma, no âmbito religioso, e com a monarquia parlamentarista, no âmbito político. O livre exame da Bíblia abriu caminho para o livre exame da tradição literária. Diferentemente dos escritores de países católicos — onde se instalaram a Contrarreforma e a Inquisição, a monarquia absoluta e as Academias encarregadas de ditar e resguardar valores e regras —, os escritores ingleses foram levados a estabelecer seus valores (e por conseguinte sua tradição) de maneira mais livre. A prática da crítica por escritores foi mais precoce e abundante na literatura inglesa do que nas literaturas neolatinas. Dryden, Pope, Coleridge, Arnold são os precursores mais remotos dessa linhagem de escritores empenhados na crítica literária e na tradução. Em 1759, em *Conjectures on Original Composition*, Young propunha uma relação com os Antigos baseada na livre escolha e na busca de elementos ainda vivos do passado.

A grande eclosão da reflexão crítica na obra dos românticos alemães (que, em seguida, inspirou e alimentou de maneira diluída os escritores de línguas latinas) era informada por discussões estéticas prévias, conduzidas principalmente na Inglaterra. O próprio Kant tinha, como referências anteriores para sua reflexão estética, Joseph Addison, Francis Hutcheson, Edmund Burke e David Hume. O que nos países latinos era recebido das Academias sob a forma de regras teve muito cedo um correspondente mais "democrático" na Inglaterra, onde os valores eram uma questão de gosto e de escolha. Por seu relativismo, Hume parece ainda hoje muito moderno. A referência inglesa é portanto indispensável quando se trata de escritores-críticos e, em nosso século, essa tradição foi canalizada por Eliot e Pound. De tal modo que não se pode falar em escritor-crítico, no século XX, sem partir dos dois. Por outro lado, se os escritores-críticos de línguas latinas leram esses dois anglo-americanos, estes tinham partido do estudo e da valorização da tradição românica, o que instaura uma circularidade nesse processo.

A modernidade pretende julgar sem critérios; os critérios continuam existindo, mesmo se eles se constituem *ad hoc* e permanecem muitas vezes implícitos. O que caracteriza o julgamento moderno, seja ele estético ou outro, é que ele é um juízo reflexivo (Kant). Não se julga a partir de critérios, mas, ao julgar, criam-se critérios. Na leitura, como na escrita, o julgamento é uma questão de invenção.

O estudo das obras críticas desses escritores modernos permite reflexões teóricas relevantes para a compreensão da literatura no século XX. O exame dos padrões sobre os quais se esteiam as escolhas dos escritores-críticos modernos levará a uma discussão sobre a questão dos valores na pós-modernidade. A modernidade se caracteriza, entre outras coisas, pelo conceito de "projeto", que implica a questão da escolha e do valor. Na pós-modernidade, a recusa da unidade, da homogeneidade, da totalidade, da continuidade histórica, das metanarrativas, impede, em princípio, o julgamento estético, e torna a teoria e a crítica improcedentes. Entretanto, o julgamento continua a existir, na medida em que esses contravalores tendem a positivar-se (em oposição aos valores da modernidade) e a servir de base ao estabelecimento de novos cânones.

Essas grandes questões não serão tratadas aqui com o rigor metodológico e formal dos trabalhos acadêmicos. As numerosas referências que aparecerão ao longo deste livro foram colhidas através dos anos, em vários lugares, várias línguas e variadas edições, de modo que sua homogeneização se tornou difícil. Na medida do possível, fornecerei a meus colegas universitários as fontes de minha pesquisa. Mas a opção por uma forma de exposição clara e informativa, assim como pela tradução das citações, se deve ao desejo de que não apenas os especialistas tenham acesso ao que aqui se discute.[7]

O que proponho ao leitor é um passeio pelo espaço literário, tendo como guias alguns escritores modernos. Este é um pequeno livro sobre um assunto vasto e talvez infinito: o da oscilação dos valores na Bolsa Literária. É um livro para amantes da literatura, num momento em que se detectam (com indignação ou resignação, às vezes com indiferença) sinais muito claros e universais de desapreço pela leitura e de declínio do ensino das "humanidades".

Num artigo de 1894,[8] o acadêmico Gustave Lanson descansava de seus escritos "científicos" devaneando sobre a questão: "Como um escritor se torna imortal?". O historiador literário comentava, então, que esse tipo de elucubração permite "toda espécie de considerações depois do jantar, entre letrados, quando se terminou o trabalho do dia e não se quer discutir política". Hoje em dia, o letrado é uma espécie em extinção, e a pergunta de Lanson poderia receber uma resposta irônica: "Aparecendo na televisão", ou "Tendo um *site* na Internet". Entretanto, se algum letrado remanescente ainda se dispuser a esse tipo de conversa, ele saberá que a mesma, contrariamente ao que afirmava Lanson, nada tem de fútil; ela envolve valores estéticos e éticos, e implica necessariamente questões políticas.

1

HISTÓRIA LITERÁRIA E JULGAMENTO DE VALOR

A REESCRITURA DA HISTÓRIA LITERÁRIA

Durante a maior parte do século XX, a história literária foi uma disciplina em queda de prestígio. Muitos dos enfoques da obra literária, em nosso século, foram imanentistas, privilegiaram o aqui e agora do texto sobre o contexto e sua temporalidade. Apesar das diferenças e das exceções, a estilística, o formalismo russo, o "*new criticism*", a fenomenologia literária, o estruturalismo e a semiótica dispensaram ou minimizaram a história.

Os teóricos de inspiração marxista mantiveram, obviamente, a reflexão histórica; mas, por considerarem os fenômenos de superestrutura excessivamente dependentes da infraestrutura, defendendo a "teoria do reflexo" ou, no pior dos casos, por forçarem a história da arte a espelhar um progresso revolucionário, atraíram toda espécie de crítica, inclusive de outros marxistas menos ortodoxos, e acabaram por contribuir para o descrédito da história literária como disciplina útil à reflexão estética.

Em 1970, no VI Congresso da Associação Internacional de Literatura Comparada, René Wellek fez um balanço da triste situação da história literária, numa comunicação intitulada "A queda da história literária" ["The Fall of Literary History"].[1] Dizia ele, para começar: "É muito difícil negar que algo aconteceu com a historiografia literária, algo que pode ser descrito como declínio ou mesmo como queda" (p. 29). As causas dessa queda eram por ele enumeradas: "o factualismo atomístico dos estudos literários e o resultante antiquarismo"; "o cientificismo acrítico que pretende estabelecer relações causais" (entre obras e entre vida e obra); "a falta de foco" (falta de critérios na escolha do corpus a ser estudado). Depois de apresentar as diferentes propostas de nosso século, no sentido de renovar a história literária, Wellek conclui: "O próprio material da história literária deve ser escolhido com base em valores [...] A história não pode divorciar-se da crítica e crítica significa uma referência constante a um sistema de valores, que é necessariamente o do historiador" (p. 34).

O balanço de Wellek já inclui considerações sobre a então recente "estética da recepção" e sobre a proposta de Jauss relativa à história literária. Jauss fizera também um balanço da questão em "A história da literatura: um desafio à teoria literária".[2] A avaliação de Jauss não é muito diferente da de Wellek, mas suas propostas são outras: fundar a história literária sobre uma estética do efeito produzido e da recepção; reconstituir o horizonte de expectativa do primeiro público; determinar a distância estética entre o horizonte de expectativa anterior e o posterior à obra; recolocar a obra em seu contexto e na série literária; combinar diacronia e sincronia.

As propostas de Jauss repousam sempre sobre a afirmação do papel fundamental do leitor. Mas ele não define suficientemente esse leitor, nem indica um modo seguro de recuperar sua ação na história. A reação de Wellek a essa proposta é prudente: "Devemos receber com apreço a ênfase dada a aspectos até agora inexplorados da história literária, mas, na prática, a 'estética da recepção' não pode ser outra coisa senão a história das interpretações críticas efetuadas por autores e leitores, uma história do gosto que sempre esteve incluída na história da crítica" (p. 35).

Fossem ou não pertinentes os reparos à proposta de Jauss, o fato é que, no exato momento em que Wellek estabelecia o atestado de óbito da história literária, esta renascia das cinzas, na estética da recepção e em outras reflexões teóricas. O fim do período estruturalista, nos anos 70, coincidia com a volta do interesse pela história. Entretanto, no terreno literário, esse interesse tem se manifestado mais na análise de textos, em que se verifica maior interesse pelos dados históricos, do que na própria historiografia. Apesar das tentativas de atualização da historiografia literária, esta continua se debatendo com alguns de seus antigos problemas: limites de seu campo, visada nacional ou internacional, relato diacrônico ou sincrônico, papel do autor e do leitor etc.; e com um problema novo: a desconfiança dos "grandes relatos".

A crise da história literária, na verdade, data das origens da disciplina. Tendo se firmado, como disciplina acadêmica, no período áureo da história geral, a história literária tentou, de início, seguir os princípios daquela e logo enfrentou os problemas decorrentes das diferenças de seu objeto. O princípio de causalidade, a busca da objetividade, a noção de progresso e outras tantas preocupações da historiografia positivista mostravam-se inadequados para os fatos estéticos. Por outro lado, as transformações da historiografia através de nosso século suprimiram alguns daqueles problemas iniciais, mas criaram outros, no que tange à harmonização de princípios e métodos da história literária com relação aos da história geral. Hoje, os historiadores já abandonaram a pretensão à objetividade, a crença num progresso da história etc. Mas as novas tendências da historiografia — a história das mentalidades, o abandono dos "grandes fatos e grandes homens" em proveito dos atores anônimos da história — só podem redundar num uso dos fatos estéticos pela história geral e não numa história específica dos fatos estéticos como tais. A história dos leitores, da difusão das obras, do gosto médio em determinada época, da literatura popular etc. tem um interesse histórico e sociológico indiscutível, mas concerne à "instituição literária" e não às obras elas mesmas como fenômenos estéticos.

A questão fundamental, levantada por Wellek e não por Jauss, é a do julgamento de valor implícito em todo discurso histórico, e ainda mais quando se trata de história da arte. De fato, nas numerosas e extensas considerações tecidas em nosso século sobre a história literária, a questão do julgamento de valor é evitada ou fica implícita. Todos concordam em que a história deve ser crítica, mas a concordância seria bem menor se se discutissem os valores que devem presidir à crítica. Sendo ponto pacífico que o julgamento de valor é contingente e relativo, os historiadores da literatura julgam sem explicitar critérios, como se se reportassem a um consenso acerca de obras maiores e menores.

Todos os balanços e propostas relativos à história literária ganhariam em partir da seguinte pergunta: para que serve a história literária? Tal pergunta repousa ou redunda, em última instância, na questão: para que serve a literatura? Se nós acreditamos que a literatura tem a alta utilidade de esclarecer, alargar e valorizar nossa experiência do mundo, admitiremos que a história do conjunto de suas realizações maximiza o proveito que podemos tirar do contato com cada realização particular. E se a fruição da literatura, no seu mais alto sentido de conhecimento e valorização da experiência humana, é o nosso objetivo, seremos levados a defender um certo tipo de história literária: aquele que otimiza a fruição das obras.

A pergunta "Para que serve a história?" foi colocada, no fim do século passado, por Nietzsche, numa "consideração intempestiva" intitulada "Da utilidade e dos inconvenientes dos estudos históricos para a vida".[3] Trata-se de um texto do jovem Nietzsche (1874), dirigido contra o historicismo então dominante. Podemos reler as considerações do filósofo e tentar estendê-las para o caso específico da história literária.

Nietzsche parte das seguintes premissas:

> A vida necessita dos serviços da história, é tão necessário que nos convençamos disso quanto de outra proposta que demonstrarei em seguida, a saber: que o excesso de estudos históricos é nocivo aos vivos. A história pertence aos vivos sob três aspectos: ela lhe pertence porque ele é ativo e desejante; porque ele conserva e venera; porque ele sofre e precisa ser libertado. A essa trindade de relações correspondem três espécies de história. [pp. 86-7]

As três espécies de história distinguidas por Nietzsche são as seguintes: história monumental, história antiquária e história crítica.

A história monumental é aquela que privilegia os grandes momentos, os "cumes da humanidade" que "se unem nas alturas através de milhares de anos", aqueles momentos em que se cumpre "uma obra, uma ação, uma claridade singular, uma criação". A história monumental tem uma "veridicidade icônica" (p. 91), isto é, ela forma uma figura que une os pontos altos e não segue uniformemente a linha de tudo o que aconteceu. A vantagem da história monumental é a de estimular o homem para as grandes coisas, já que ele conclui que "o sublime que foi outrora foi certamente possível outrora, e será, por conseguinte, ainda possível um dia" (p. 90). O inconveniente dessa história é que tudo o que é menor, mas que também existiu e viveu, é desprezado. Ela leva "o homem corajoso a empresas temerárias e o entusiasta ao fanatismo" (p. 92). Outro inconveniente é que ela pode servir de pretexto para desvalorizar o presente, sugerindo que só outrora houve o grande e o bom.

A história antiquária corresponde a um amor do passado por ele próprio: "A alma conservadora e veneradora do homem antiquário para lá se transporta e lá elege domicílio" (p. 95). A vantagem dessa história é que ela não é injusta, já que conserva tudo, sem conceder privilégios. (Na verdade, Nietzsche não parece ver grandes vantagens nesse tipo de história.) O inconveniente, que o filósofo chama de perigo, é que a história antiquária guarda tudo com "uma curiosidade insaciável, tão vã quanto mesquinha", e "alimenta-se com alegria da poeira das bagatelas bibliográficas". Assim, ela conserva o que foi vivo, mas não gera nenhuma vida nova e "impede a robusta decisão em favor do novo" (pp. 99-100).

A história crítica julga o passado e o condena, em nome do presente. Esse veredicto é injusto; mas viver, para Nietzsche, é ser injusto, e "todo passado é digno de ser condenado" (p. 100). A vantagem desse tipo de história é que o esquecimento do passado, decorrente da condenação, é um estimulante da vida. Viver é esquecer. O inconveniente é que ela efetua um recalque do passado, uma negação das origens e, quer queiramos, quer não, pertencemos a uma cadeia de eventos.

É possível e instrutivo aplicar a tipologia nietzschiana à historiografia literária. A história monumental corresponderia a uma história literária fortemente valorativa, em que só figuram as grandes obras, deixando à sombra toda a produção menor. O que é grande ou pequeno depende, é claro, do sistema de valores do historiador. Assim, pertencem à história monumental tanto os "*précis de littérature*" (do tipo "grandes vultos de nossa literatura") quanto o idiossincrático *paideuma* de Ezra Pound.[4] Entretanto, se seguirmos os princípios de Nietzsche, o "*précis de littérature*" é a história monumental em sua forma inconveniente, e o *paideuma* poundiano, em sua forma útil; porque o primeiro imobiliza a grandeza no passado, e o segundo propõe a grandeza passada como padrão a ser realcançado na produção do presente. Num ou noutro caso, entretanto, não está excluído o risco de dogmatismo que Nietzsche vê na história monumental.

A história antiquária corresponderia ao levantamento minucioso e erudito feito pelos "ratos de biblioteca", que recolhem tudo o que se produziu na literatura de um país ou de uma época, com um gosto museológico generalizado. O historiador antiquário deseja, também, restabelecer a visão contemporânea à obra estudada, isto é, a visão passada do objeto passado. A vantagem disso é um conhecimento extensivo, erudito, histórico. O inconveniente é que saber como se escreveu e se leu no passado, considerando tudo igualmente interessante só porque existiu e existiu daquela maneira, tem pouco poder estimulante para a produção e para a fruição da literatura no presente vivo.

A história crítica, como vimos, é para Nietzsche o julgamento severo e condenatório do passado. A palavra crítica tem, aí, um sentido negativo. Por ser essencialmente moral, esse julgamento é o que menos se presta à transposição para o domínio estético. Entretanto, podemos ver traços dessa atitude nos defensores da história monumental quando esta, fortemente ancorada nos valores do presente, enterra inapelavelmente grande parte da produção passada, recalcando assim suas origens menos nobres. Convém não esquecer que as grandes obras ocorrem tendo como chão e húmus uma cadeia ininterrupta de obras menores, e que os produtores da literatura presente são tão devedores das grandes obras do passado quanto dos milhares de obras menores que prepararam terreno para as maiores.

O balanço final de Nietzsche, sobre as vantagens e inconvenientes de seus três tipos de história, é o seguinte:

> Cada homem, cada povo, segundo seus fins, suas forças e suas necessidades, precisa de um certo conhecimento do passado, ora sob sua forma de história monumental, ora sob forma de história antiquária, ora sob forma de história crítica, mas não como precisaria um bando de puros pensadores que apenas olha a vida, não como indivíduos ávidos de saber e que o mero saber satisfaz [...] mas sempre tendo em vista a vida [...] O conhecimento do passado, em todos os tempos, só é desejável quando está a serviço do presente, quando ele desenraíza os germes fecundos do futuro. [p. 103]

Apesar da aparência inicialmente conciliatória dessa conclusão, Nietzsche toma firmemente partido. Sua posição é decididamente "sincrônica" no sentido de que o conhecimento do passado só lhe interessa do ponto de vista do presente, que é onde está a vida, e do futuro que germina nesse presente.

A visada do passado em função do presente é uma característica da modernidade e uma postura adotada, em nosso século, pela historiografia. Trata-se não apenas de reconhecer que toda visão só pode ser do presente, ou pelo menos marcada pelos valores presentes do historiador, mas de aceitar essa contingência como algo a ser assumido plenamente. Resumindo muitos outros anteriores, R. G. Collingwood escrevia, em 1946:[5] "Qualquer reconstrução imaginativa do passado visa reconstruir o passado do presente em que o ato de imaginar ocorre, um passado percebido aqui e agora". E Paul Veyne comentava, em 1971, que mesmo os historiadores "historicistas" foram obrigados a reconhecer que "a história era a projeção de nossos valores e a resposta às perguntas que decidimos fazer-lhe".[6] O reconhecimento da historicidade do discurso histórico liquidou com as pretensões a uma objetividade atemporal, assim como com a ilusão de querer ver o passado com os olhos do passado.

A defesa da visada sincrônica do passado foi assumida pelos teóricos em nome de diferentes ideologias. Em "Sobre o conceito da história", Walter Benjamin a assume em nome do materialismo histórico: "O materialista histórico não pode renunciar ao conceito de um presente que não é transição, mas para no tempo e se imobiliza. Porque esse conceito define exatamente aquele presente em que ele mesmo escreve a história. O historicista apresenta a imagem 'eterna' do passado, o materialista histórico faz desse passado uma experiência única".[7]

As teses anti-historicistas de Benjamin, concebidas como uma reflexão sobre a história humana em geral, podem, em parte, ser aplicadas à história literária:

> Articular historicamente o passado não significa conhecê-lo "como ele de fato foi". Significa apropriar-se de uma reminiscência, tal como ela relampeja no momento de um perigo [...] O perigo ameaça tanto a existência da tradição como os que a recebem [...] Em cada época é preciso arrancar a tradição ao conformismo, que quer apoderar-se dela.[8]

O que é contingência de todo discurso histórico — trazer em si as marcas do presente — torna-se uma necessidade interna na história literária, porque os "fatos" de que ela se ocupa não aconteceram, como os da história, uma vez só e só no passado, mas continuam a acontecer a cada leitura nova. O velho Lanson já observava: "O objeto dos historiadores é o passado: um passado do qual só subsistem índices e restos, com a ajuda dos quais reconstitui-se sua ideia. Nosso objeto também é o passado, mas um passado que permanece: a literatura é, ao mesmo tempo, passado e presente".[9]

As obras são objetos programados para se presentificarem indefinidamente na leitura. A história literária está portanto fadada, mais do que qualquer outra, a assumir-se como releitura do passado e requalificação do passado à luz dos valores do presente.

A leitura valorativa do passado literário efetuada pelos escritores-críticos modernos afeta significativamente a historiografia literária. A escolha efetuada por um escritor entre os nomes-obras do passado é fortemente interessada: trata-se, para o escritor, de julgar e selecionar com vistas a um fazer. A "história" resultante dessa escolha é pragmática: ler para escrever, julgar e escolher para orientar a escrita futura. Como diz Paul de Man, o escritor "é ao mesmo tempo o historiador e o agente de sua própria linguagem".[10] Ao escrever sua obra, o novo autor prossegue uma história de que deve estar consciente; e, ao mesmo tempo, ele a transforma, e até certo ponto a nega, pelo novo rumo que lhe imprime. É a consciência dessa ambivalência ou ambiguidade (a do historiador-agente) que leva os escritores a assumirem também o papel de críticos. Selecionando e comentando certos autores do passado, eles visam estabelecer sua própria tradição, situar-se na história para nela intervir mais efetivamente. Assim fazendo, os escritores-críticos procedem a uma releitura e a uma reescritura da história literária.

Qualquer discurso histórico implica questões de avaliação, na medida em que qualquer levantamento ou relato é obrigatoriamente uma seleção de dados. O historiador que se pretende (ou se pretendia) científico e objetivo apresenta a totalidade dos fatos conhecidos e os valoriza, como mais ou menos importantes, segundo os efeitos que eles reconhecidamente tiveram até aquela data (a data do seu próprio discurso). Escreve, assim, voltado para o passado como se o presente fosse um ponto de vista abrangente e conclusivo, que autoriza o julgamento e lhe confere a objetividade da distância. Na verdade, essa visão da totalidade foi se sedimentando através de muitas leituras precedentes do passado, que o historiador "objetivo" incorpora como definitivas.

No caso do escritor-crítico, não é a ambição de uma visão ideal e total do passado que o guia, mas a premência de uma escolha, a necessidade de situar, orientar e valorizar sua própria ação presente. O passado é por ele convocado ao momento presente, com vistas a uma práxis imediata e futura. A "verdade" e a importância dos "fatos" não dependem aí de nenhuma visão demiúrgica ou científica, mas apenas de seu confronto com uma práxis atual.

Na "história" que eles assim reescrevem não há nenhuma preocupação com uma objetividade decorrente da neutralidade do observador, nem com a totalidade, nem com a definitiva ordenação dos fatos. Apenas, o conjunto de seus ensaios críticos vai formando certas figuras que configuram uma revisão da história literária. Essa "história" é de imediato mais liberta de certas injunções tradicionais da historiografia, justamente aquelas que provocaram um mal-estar e um consequente transtorno na filosofia e na metodologia dessa disciplina em nosso século. O escritor escreve uma história seletiva, para si mesmo e para aqueles que leem ou escrevem em seu próprio momento histórico. Diante do passado, ele adota a atitude de Goethe: "Detesto tudo o que apenas me instrui, sem aumentar ou dinamizar diretamente minha atividade".

DIACRONIA E SINCRONIA

Nossa concepção judaico-cristã do tempo é linear e teleológica. De santo Agostinho a Hegel e Marx, a história foi vista como uma sucessão de acontecimentos conduzindo a um Apocalipse ou a um fim harmonioso. Segundo essa tradição, a lógica da história pode escapar-nos no particular, mas é um pressuposto obrigatório, quer ela se chame Providência ou Razão. Apesar de um Vico, que, como os gregos, estava mais interessado no Ser do que no Devir e propunha uma história cíclica de *corsi* e *ricorsi*, apesar do irracionalismo romântico que ainda hoje (e talvez cada vez mais) repercute no pensamento ocidental, a concepção da história que predominou e se instalou como disciplina acadêmica é uma concepção linear, causalista e finalista. A história literária que se criou e se firmou sob a égide da história geral positivista é condicionada por essa lógica da sucessão.

O racionalismo positivista apenas se sobrepôs à teodiceia judaico-cristã, mantendo a mesma concepção linear do tempo. A história geral nos foi contada durante séculos como uma sequência de acontecimentos comandada por uma genealogia de grandes homens. A história literária esboçou-se e fixou-se segundo o mesmo esquema, oriundo das genealogias bíblicas. Nascida dos *De Viri* romanos e das hagiografias da Idade Média, a história literária desenvolveu-se como a história dos Pais da Literatura.

Daí decorreu uma concepção da tradição como fonte de ensinamentos e, por conseguinte, de dívida dos novos para com os antigos. Os grandes escritores do passado seriam os Pais e Mestres, que os novos escritores deveriam honrar e imitar. Ora, embora a literatura nasça sempre da literatura, a lógica desse engendramento não é muito clara. Na prática, as relações dos novos com os antigos nunca foram meramente sucessivas, nem unívocas, nem inequívocas. Dante tomou Virgílio por guia, mas é ele quem introduz Virgílio em círculos nunca dantes frequentados por este. Num momento em que a maioria dos escritores honravam os mestres greco-latinos, Cervantes ajustou suas contas com a mais recente novela de cavalaria; e não é por ser irrisão que a paródia deixa de ser homenagem. A uma distância de séculos, Pessoa será o "supra-Camões" da decadência portuguesa, e Joyce conduzirá seu Ulisses numa Odisseia inglória. Esses exemplos, voluntariamente heterogêneos e complexos, servem aqui apenas como lembretes dos numerosos casos de filiação que complicam a lógica sucessiva das relações do novo com o antigo, na literatura. Quanto à sucessão pura e simples, sabemos bem que a genealogia submissa, epigonal, produz a repetição desgastada em obras menores.

Apesar disso, a história literária "oficial" nos tem apresentado uma listagem de nomes alinhados em sequência cronológica, como se essa fosse a única lógica. A própria concepção romântica da história, como embate de antagonismos, foi assimilada e normalizada pelo racionalismo positivista sob a forma de sucessão mecânica, linha oscilante mas contínua. Segundo os manuais literários que ainda reinam nas instituições de ensino, os "movimentos" ou "escolas" ter-se-iam sucedido uns aos outros, segundo um balanço regular e compreensível: oposições, sínteses. Da razão ao coração, e do coração à razão, o que nunca se perde é a pretensão à racionalidade do processo. Pouco importa que as datas de tantas obras contradigam os períodos de vigência oficial dos movimentos; sempre haverá as categorias dos "retardados" e dos "apressados", a que se chamará, mais dignamente, "remanescentes" ou "anunciadores". Lanson, por exemplo, introduziu a curiosa categoria de "extraviado [*égaré*]".[11] O quadro geral dos movimentos literários tem sido o leito de Procusta onde os escritores indóceis (justamente os mais interessantes) perdem um braço ou uma perna; para os casos mais renitentes, resta sempre o leito acolhedor da "exceção" à regra.

Essa história da literatura que os manuais nos dão é apenas uma forma, ela mesma historicamente datada. A própria história, como disciplina, já tomou consciência da existência de uma "história da História" (Georges Lefebvre),[12] na qual essa forma racionalista e contínua é apenas um episódio. A historiografia dos meados do século XX passou a buscar mais estruturas do que cronologias; conjuntos que permitissem a percepção de sentidos, mais do que alinhamentos em que a simples diacronia fingisse uma inelutável causalidade. Daí uma certa crise da narração no discurso histórico, detectada por Barthes:

"A narração histórica morre porque o signo da história é doravante menos o real do que o inteligível".[13]

A crise, é escusado dizer, não era apenas da história. Dentre os múltiplos mal-estares filosóficos do século XX, conta-se a impossibilidade de conciliar nossa experiência do tempo com uma razão finalista. Em todas as "ciências do homem", colocou-se o problema de abandonar esse esquema linear que a física já havia contradito (Einstein), sem que se pudesse ainda mentalizar uma nova concepção do tempo. A própria vivência do homem do século XX transtornou a concepção linear do tempo: a rapidez da informação, dos deslocamentos espaciais, a convivência desordenada das imagens que a reprodução fotográfica introduziu, a televisão domesticou e a Internet levou a uma proliferação global incontrolável por qualquer razão ordenadora, tudo isso nos obriga a viver num simultaneísmo sem outra lógica senão a que lhe quisermos ou pudermos dar.

Na segunda metade de nosso século, os teóricos da pós-modernidade viriam dar um golpe mortal na narratividade baseada na cronologia, ao decretaram o fim das "grandes narrativas". A fragmentação de nossa percepção do tempo, correlata da fragmentação da experiência em geral, tem feito com que a historiografia prefira ultimamente as narrativas parciais, centradas em agentes particulares que não eram levados em conta nos metarrelatos, e que interessam aos agentes de hoje, grupos ou indivíduos. Na verdade, essas características já marcavam a nova historiografia do grupo da revista *Annales*, de Lucien Fèbvre e Marc Bloch (que a fundaram em 1929) até Fernand Braudel, e só foram consideradas "pós-modernas" *a posteriori*.

Nesse mal-estar geral das disciplinas mais diretamente concernidas pela concepção do tempo, os estudos literários, por sua especificidade em tratar de objetos passados-sempre-presentes, podiam estar mais livres. Qualquer biblioteca literária, pública ou pessoal, sempre foi essa simultaneidade desordenada a que a leitura, jamais feita em ordem cronológica de autores e obras, conseguia dar ordenações múltiplas, provisórias e nem por isso conflitantes. Os leitores de literatura nunca se preocuparam com o relativismo temporal que tanto incomodava Lanson e, tendo ou não consciência disso, vivenciam a história literária como leitura sincrônica do passado. E é essa a convicção assumida por nossos escritores-críticos.

Desde o romantismo, a relação do escritor com seus predecessores mudou radicalmente. A tradição deixou de ser uma garantia moral e estética; o novo, o original e o único tornaram-se valores. Para os autores da modernidade, é o novo que vai servir de gabarito para medir o antigo, é o presente que vai decidir o valor do passado. O que Nietzsche postulava com relação à história prevalecerá para a história literária: "Podemos explicar o passado somente por aquilo que é mais poderoso no presente". É o que repetiram depois Dilthey e Croce, para a história geral, e o que defende a maior parte dos historiadores do século XX. E é exatamente o que propuseram, para a literatura, Eliot, Pound e os outros escritores-críticos.

No conhecido ensaio "Tradição e talento individual" ["Tradition and the Individual Talent"] de 1917,[14] Eliot defende um "sentido histórico" que implique a percepção "não só do caráter passado do passado [*the pastness of the past*], mas a de sua presença". As ponderações de Eliot não eram totalmente novas, mas expressas com uma elegância e uma eficiência argumentativa notáveis, que fizeram desse ensaio uma referência obrigatória. Eliot trata o passado com muito respeito e consigna a dívida dos novos para com os antigos, cuja "imortalidade" se confirmaria no vigor de seus sucessores. Suas ideias são muito próximas das de Goethe, em sua postulação de uma *Weltliteratur*, e das dos românticos ingleses, em especial Shelley e Young, que, 150 anos antes, já propunham uma relação de igualdade com os antigos. Essas questões têm, em Eliot, o mesmo substrato idealista: ele mesmo, aliás, reconhece que sua teoria "está talvez ligada à teoria metafísica da substancial unidade da alma".

O que é moderno, no ensaio de Eliot, é uma radicalização das propostas românticas. Aquilo que em Young era uma metáfora — ser "um nobre colateral e não um humilde descendente" dos antigos — em Eliot se torna uma proposta prática, de leitura e de escrita, que transtorna a concepção linear do tempo. Uma nova percepção do tempo, que é a do século XX, lhe permite formular uma concepção simultânea de todos os momentos do passado: "O sentido histórico compele um homem a escrever não meramente com sua própria geração em seus ossos, mas com o sentimento de que o conjunto da literatura europeia desde Homero, e dentro dela o conjunto da literatura de seu próprio país, tem uma existência simultânea e compõe uma ordem simultânea".

Eliot é assim um dos primeiros (Pound o faz na mesma época, talvez um pouco antes) a formular incisivamente uma "poética sincrônica". É também dos primeiros a expor o que vai ser uma ideia condutora da poética de nosso século: a história literária como um conjunto em permanente mutação, cada obra realmente nova forçando a um remanejamento da ordem anterior — o que os semióticos, na esteira dos formalistas russos, definiram como a especificidade do sistema literário: cada nova mensagem altera o código.

"O passado deveria ser alterado pelo presente tanto quanto o presente é dirigido pelo passado", diz Eliot. A alteração do passado constitui uma revolução considerável nas relações dos novos com a tradição. A tradição deixa de ser um dom ou um fardo, ela tem de ser recriada, conquistada. O poeta cria para si mesmo uma tradição, estabelecendo relações sem as quais o passado e ele mesmo careceriam de significação e de valor.[15]

Desde 1913, Ezra Pound exprimia ideias semelhantes. No artigo intitulado "A tradição" ["The tradition"], publicado na revista *Poetry* (III, 3),[16] ele dizia: "A tradição é uma beleza que preservamos e não um conjunto de grilhões para nos aprisionar". Sobre a imitação dos antigos, escrevia: "A imitação de superfície não é de muita valia, porque a imitação só é útil, na verdade, quando implica uma observação mais atenta, ou uma tentativa de estudar de perto certas forças por meio de seus efeitos".

Mais tarde ele dirá o mesmo, num estilo mais peremptório: "NÃO conhecemos o passado em sequência cronológica. Pode ser cômodo deitá-lo, anestesiado, na mesa, com datas coladas aqui e ali; mas o que sabemos, sabemo-lo por ondas e espirais, turbilhonando a partir de nós e de nosso próprio tempo".[17]

Como Eliot, Pound não recusa o passado; considera indispensável seu conhecimento para que saibamos "o nosso próprio ENDEREÇO [no tempo]" (p. 83). Contrariamente ao que por vezes se afirma, Pound não esquece o contexto histórico, mas valoriza as relações acima das situações, a experiência sensível acima do conceito.

O interesse de Pound pela história da cultura é eminentemente pragmático. Como Nietzsche (que ele não inclui, surpreendentemente, entre seus guias), Pound se preocupa com uma pedagogia: um ensino que desemboque na vida, "ideias postas em ação" (p. 188). Segundo essa visada pragmática e imediatamente futuritiva, a história não lhe interessa como retrospecto, mas como prospecto. Pound quer fazer uma "arqueologia imediata", como a do antropólogo Frobenius.[18]

A leitura poundiana do passado, por ser feita em razão de uma práxis presente, atribui um grande papel e responsabilidade ao exercício do julgamento. Daí a importância fundamental da escolha, enfatizada em sua teoria. É o leitor quem vai decidir sobre o valor do passado, um valor que não é documental, filológico, retrospectivo, reverencial, mas um valor atual do passado: "Literatura é novidade que permanece NOVA".[19] Tal novidade nada mais é do que um "novo ângulo" de visão, para o qual a datação, a sequência, o próprio tempo desaparecem: "sendo a novidade do ângulo relativa, e o alvo do escritor uma justa revelação que não leva em consideração novidade ou antiguidade".[20]

As posições de Pound decorrem de uma vivência de homem do século XX. Em nosso tempo, diz ele, "todas as idades são contemporâneas"; sociedades primitivas, "antigas" ou "medievais" coexistem com as que chamamos de modernas. Se essa concomitância é verificável nas sociedades, ela é ainda mais evidente na literatura:

> Isto é especialmente verdadeiro em literatura, onde o tempo real é independente do aparente, e onde muitos homens mortos são contemporâneos de nossos netos, enquanto muitos de nossos contemporâneos já foram recolhidos no seio de Abraão, ou em algum receptáculo mais condizente. Precisamos é de um ensino literário que julgue Teócrito e Yeats com uma só balança, que julgue os mortos tão inexoravelmente quanto os escritores chatos de hoje, e que elogie a beleza antes de se referir a um almanaque.[21]

A indiferenciação temporal, quando se trata de valor estético-literário, é também (como em Eliot) uma indiferenciação espacial: a literatura nacional não deve gozar de nenhum privilégio, o escritor deve atingir "um padrão universal que não dá atenção nem ao tempo nem ao país — um gabarito de *Weltliteratur*".[22] O internacionalismo de Pound não tem a visada ética e política (melhor entendimento entre as nações, tolerância ou cooperação entre os povos) que estava presente no conceito de Goethe e nas justificativas de Eliot. Para Pound, o caráter transtemporal e transnacional da poesia (da cultura, concebida como "balança de valores") é constitutivo: o poeta não pode isolar-se em seu tempo e em seu lugar sem sair imediatamente da poesia, da arte, da cultura, que se fazem num *continuum* de valores em relação.

Leitor de Eliot, Jorge Luis Borges deu uma brilhante contribuição à derrubada da história literária linear, sucessiva e finalista, no ensaio "Kafka e seus precursores" ["Kafka y sus precursores"] (1951). Reconhecer que um escritor teve precedentes é o óbvio e o habitual; entretanto, chamar esses predecessores de precursores, como faz Borges, é privilegiar declaradamente o que vem depois, é subverter toda a questão das fontes, das influências, e a própria noção de tradição. A existência do posterior, para Borges, não é consequência mas pode ser até mesmo condição de "existência" do anterior, já que o posterior permite a leitura de aspectos anteriormente invisíveis do anterior. Depois de enumerar várias obras do passado que qualificaríamos hoje de "kafkianas", ele observa: "Se não me equivoco, as peças que enumerei se parecem com Kafka; se não me equivoco, nem todas se parecem entre si. Este último fato é o mais significativo. Em cada um desses textos está a idiossincrasia de Kafka, em maior ou menor grau, mas se Kafka não tivesse escrito, não o perceberíamos; o que quer dizer, não existiria".[23]

Para Borges, os novos escritores não prosseguem, mas criam o passado, tornando-o legível: "O fato é que cada escritor cria seus precursores. Seu labor modifica nossa concepção do passado, como há de modificar o futuro". Essa desenvoltura de Borges com relação à cronologia decorre de sua particular concepção do tempo. O autor da *História da eternidade* simplesmente nega o tempo, só aceitando o tempo da percepção, da intelecção, totalmente relativizado. Nessa negação reside a aposta arriscada do ficcionista Borges, que busca fixar um tempo não linear num objeto linear: "Toda linguagem é de índole sucessiva; não é hábil para dar conta do eterno, do intemporal".[24] Suas observações sobre a tradição literária se inscrevem, assim, numa reflexão mais ampla sobre o tempo e a linguagem, que informa toda a sua obra.

Como Borges, Octavio Paz inclui a questão da história literária numa reflexão filosófica mais ampla sobre o tempo, mas os pressupostos e os encaminhamentos de ambos são diferentes. Paz tem uma ambição de atualização enciclopédica, uma preocupação teleológica com os caminhos da política, da ciência, da filosofia e da arte num momento histórico preciso: o nosso. Borges também é enciclopédico, mas de um enciclopedismo pessoal e caprichoso que pouco tem a ver com aquele enciclopedismo socializado e socializante que herdamos do século das Luzes e que Paz, à sua maneira, prolonga. Borges não é um catalisador de saberes gerais; é um colecionador particular de saberes, um antologista impertinentemente individual.

Paz, diferentemente, tende às considerações gerais e aglutinantes, que visam recolher e analisar o saber coletivo de seu tempo. A extensão de seu campo de referências é a mais vasta possível, e a todas ele se mostra receptivo. Assim, no que concerne à questão da história literária, Paz busca uma conciliação entre a atemporalidade da experiência do poeta e a temporalidade do sujeito histórico. Para Paz, a poesia transcende a história. O poema é filho da poesia, que é intemporal, mas também é filho de um tempo histórico. A operação poética obedece a um duplo movimento. O poema se encarna na história e, ao mesmo tempo, a nega: "Esse duplo movimento constitui a maneira própria e paradoxal de ser da poesia. Seu modo de ser é histórico e polêmico. Afirmação daquilo mesmo que nega: o tempo e a sucessão".[25]

No ensaio "As duas razões" ["Las dos razones"],[26] Paz desenvolve longas considerações sobre o transtorno sofrido pela noção de tempo desde o século XIX na física, na biologia, na linguística, na antropologia:

> Todas essas concepções reduzem a ideia do tempo retilíneo a uma mera variante no sistema de relações. A cronologia, o sucederem-se as coisas umas após outras, é uma relação mas não é a única, nem a mais importante. À relação diacrônica, as ciências modernas [...] opõem a relação sincrônica. O modelo da ciência não é a história. A rigor, o antes e o depois são maneiras de aludir aos fenômenos, expressões simbólicas ou metáforas, artifícios de linguagem.

A história literária de Paz tem, assim, todas as razões para ser sincrônica e relacional. O haicai japonês é visto por ele como uma forma muito moderna de poesia ocidental;[27] o arcebispo de Hita (século XIV) pode ser lido à luz de Joyce, e sor Juana Inés de la Cruz (século XVII), à luz de Lezama Lima.[28] Para Paz, a imaginação poética muda com a imagem do mundo, particular a cada época, mas a poesia permanece a mesma, em todos os tempos e lugares. Por isso, "à visão diacrônica e nacional da literatura, dever-se-ia opor uma visão sincrônica, quer dentro de um período e em diversas línguas, quer dentro de uma língua e sem fazer caso da história, ou sem levar em conta nem a língua nem a história; em suma, conceber a literatura como um sistema de relações".[29]

Michel Butor encara a tradição e a história literária de modo semelhante. Para Butor, o escritor contemporâneo nasce num mundo saturado de literatura, numa imensa biblioteca mais ou menos empoeirada, onde os livros se acumularam e se arranjaram segundo os padrões de sucessivas gerações de leitores, sacralizaram-se e imobilizaram-se graças às instituições de ensino. Essa biblioteca constitui uma massa informe e opressiva, que "nos dá o mundo, mas nos dá um mundo falso".[30]

Para movimentar-se nessa floresta de livros, o novo escritor precisa procurar brechas, ultrapassar a velha ordem literária, inventar percursos novos, proceder a uma reorganização do conjunto. Sem organização, não há sentido. Ora, como organizar o passado? A resposta de Butor é que é preciso reinventá-lo com suficiente imaginação para recuperar o que ele tem de vivo: "Se ele [o escritor] for capaz de inventar, poderá aproximar-se do que foi. Imaginar a própria realidade".

Não separando a leitura crítica da escrita criativa, Butor vê nas duas atividades a mesma função: "A obra atual nos ensina a fecundidade do passado: ela só pode mudar verdadeiramente o futuro se mudar o conjunto da história. A própria marca de uma profunda novidade é seu poder retroativo". Até aí, poderíamos crer tratar-se de uma atitude idêntica à de Pound e Borges.

Entretanto, a biblioteca de Butor não pode ser "limpa" livremente, jogando-se fora os livros que não interessam mais (Pound), nem é uma "biblioteca de Babel", onde se possam introduzir livros fictícios (Borges). Revolucionário em sua maneira de ler o passado literário, Butor é porém reverente com o legado da tradição (como Eliot) e tem uma forte tendência à conservação: "Minha própria invenção [...] será intervenção no interior desse meio óptico, reorganização por vezes brutal, fechando de repente armários inteiros, *sem jamais os suprimir*" (grifo meu). A "invenção" que ele valoriza, na leitura como na escritura, leva à revelação de aspectos constitutivos das obras do passado. A leitura é uma iluminação, um desvendamento, que traz a obra da obscuridade à claridade. Daí decorre a valorização, por Butor, da erudição e da modéstia crítica.

Essa atitude de Butor está intimamente ligada à sua concepção do tempo, que é linear e teleológica. Para Butor, escrever é continuar, é considerar as obras do passado como inacabadas, fragmentos solicitando uma completude ideal, situada no futuro. O escritor, para ele, participa de uma grande obra coletiva, prosseguida numa linha temporal ininterrupta. Em sua prática de crítico, porém, Butor age como os mais irreverentes defensores da história sincrônica, porque considera a leitura como óptica presente, e a escritura como a instauração de uma nova ordem, na literatura e no próprio real.

Italo Calvino desenvolve considerações próximas das dos anteriores. A tradição, para ele, é "uma continuidade cultural", mas que existe sempre a partir de um presente de leitura: "O dia de hoje pode ser banal e mortificante, mas é sempre um ponto em que nos situamos para olhar para a frente ou para trás. Para poder ler os clássicos, temos de definir 'de onde' eles estão sendo lidos, caso contrário tanto o livro quanto o leitor se perdem numa nuvem atemporal".[31]

Como Butor, Calvino verifica uma "explosão da biblioteca", decorrente do caráter sempre provisório e relacional da leitura. A leitura dos antigos, por Calvino, é decididamente informada por nosso tempo. Assim, Xenofonte lembra um "documentário de guerra" no cinema ou na televisão; a destruição do carro solar por Júpiter, nas *Metamorfoses* de Ovídio, é vista como um dos numerosos "acidentes de trânsito" da obra; os catálogos de Plínio se assemelham ao *Guinness Book of Records*; Candide é "um grande cinematógrafo mundial que Voltaire projeta em seus fulminantes fotogramas". Assim como Borges e Paz, Calvino propõe a leitura retroativa: Ovídio pode ser lido à luz de Robbe-Grillet, Cardano à luz de Proust.

Conceber a literatura como uma rede de relações é também o que postula Philippe Sollers, em nome do grupo Tel Quel. Sua teoria da leitura e da escritura, desenvolvida nos anos 60-70, pressupõe "uma ruptura precisamente situada na história",[32] no fim do século XIX, com Lautréamont e Mallarmé. A partir dessa data, que marcaria um "antes" e um "depois" na prática do escritor, a velha "literatura" estaria encerrada; assiste-se então ao início de uma nova prática poética, não representativa, não expressiva, em que o sujeito não é prévio mas se produz no próprio texto, em instâncias provisórias e não especulares. Essa nova prática, que se chamaria "escritura", obriga a uma nova leitura que redisponha o passado literário segundo uma outra economia. Mudar a escrita, de "literatura" para "escritura", implica "mudar o sistema de leitura".

O primeiro efeito dessa nova leitura é o de contestar a "história literária cursiva, opondo-lhe uma história monumental". A referência a Nietzsche é aí evidente. A história linear, opressiva e tributária de uma filosofia caduca (idealista), seria substituída por uma "história real", refeita segundo a óptica da "escritura" ou "texto". Essa nova história opõe-se à "história antiquária": ela não busca a "individualidade do passado", mas a do presente. A "história monumental" de Sollers é uma *mise en espace*, um espaço onde se formam figuras de leitura, como na crítica ideogramática de Pound.[33] Colocadas num mesmo espaço, as obras do passado coexistem com as do presente. Pode-se, pois, introduzir o "princípio da retroatividade"; não há mais texto "primeiro", "verdadeiro" ou "último". Dante pode ser lido à luz de Lautréamont.

Pelo fato de se inscrever, então, num projeto revolucionário marxista que transcendia a literatura, o "programa" de Sollers alia, de modo peculiar, uma concepção temporal-progressista com uma concepção espacial-retroativa da literatura. Sua recusa da história linear conflita com a postulação de que, em um momento preciso da história, houve uma ruptura... da linha. É só a partir dessa ruptura que a linha se torna espaço, e a sucessão é substituída por relações multidirecionais. Daí a classificação dos escritores, distinguindo aqueles que "anunciam" e aqueles que "prosseguem" essa ruptura — palavras que indiciam, no Sollers marxista daquela data, a persistência de uma visão linear do tempo e a supervalorização do momento revolucionário.

No Brasil, o poeta-crítico Haroldo de Campos vem desenvolvendo, há quarenta anos, uma reflexão teórica sobre a história literária que resulta na defesa de uma "história sincrônica". Informado principalmente por Pound, Jákobson e outros formalistas russos, Haroldo de Campos sintetizou essas propostas (que eram comuns ao grupo concretista dos anos 50) nos artigos enfeixados, em 1969, sob o título "Por uma poética sincrônica".[34]

O que desde logo se evidencia nas colocações de Haroldo de Campos é a ênfase dada à questão do valor heurético da leitura. O que fundamenta sua defesa de uma "história sincrônica" não é uma reflexão geral sobre o tempo e a história, mas a busca de uma dinamização da produção poética presente: "A operação sincrônica dá a medida funcional dessa escolha em cada caso considerado. Permite o desenho de novas tábuas inteligíveis de funções-relações". Falando dos críticos historicistas e esteticamente desinteressados, escreve:

> Não se sentindo solicitado por um sistema de valores estéticos que se haveria de pôr, necessariamente, no eixo que lhe é coetâneo (sincrônico) [...] o crítico diacrônico aceita a "média" evolutiva da tradição, o gráfico

já historicizado que esta lhe subministra quanto à posição dos escritores nos vários períodos. E olha com olho céptico (o "olho de Medusa" dos guardiães de cemitério, de que fala Sartre...) as revisões e outras tentativas de eversão da ordem constituída, à frente das quais se põem, geralmente, não críticos, mas criadores.

Posteriormente, essas formulações poundianas foram enfocadas à luz americana da "Antropofagia" proposta por Oswald de Andrade.[35] A defesa de uma poética sincrônica reafirma-se então como congenial à própria experiência dos poetas americanos, confrontados desde sempre, de modo mais conflituoso do que os europeus, com a tradição herdada de outrem, e obrigados, por sua condição colonial, a viver em anacronismos que muitas vezes resultaram em futurismos, complicando a suposta linha sucessiva e progressiva da literatura ocidental. O exemplo de Gregório de Matos serviu-lhe posteriormente para a defesa de "um enfoque não linear de evolução", contra a "história evolutivo-linear-integrativa".[36]

Ressalvadas as particularidades de suas contribuições, esses escritores-críticos coincidem na negação da pertinência e/ou da conveniência de uma história literária diacrônica e linear. Eliot afirma a permanência do melhor do passado no presente, propondo uma recuperação de todos os tempos no tempo atual. Pound também privilegia o presente, dando-lhe não só o direito mas o dever de reformular o passado, num processo permanente de revisão. Borges propõe uma inversão da linha temporal que é uma negação do tempo. Paz postula uma nova concepção do tempo na história literária, uma relativização que é, por um lado, comum a todas as ciências do século XX e, por outro, consubstancial ao modo de ser da poesia (temporal e atemporal). Butor defende uma reinvenção do passado com vistas a uma continuação aperfeiçoadora. Calvino propõe a releitura infinita e presentificadora dos clássicos. Sollers reprograma a escrita em função de uma ruptura filosófica, estética e política; o resultado é uma espacialização dessa história. Campos propõe uma *valor-ação* sincrônica antropofágica (só os vivos comem...).

A convergência dessas propostas indicia uma tendência forte da poética moderna. Por caminhos mais pessoais ou mais gregários, mais intuitivos ou mais conceituais, numa forma ora aforística, ora argumentativa, esses escritores-críticos chegam todos à mesma fundamental afirmação: a história literária não é concebível em termos de uma linha traçada e conhecida uma vez por todas, porque a literatura (recepção e produção) é sempre função da leitura, isto é, presentificação valorativa do passado.

PROGRESSO E PERMANÊNCIA

Não há progresso na arte, não há progresso na literatura. Esse é o postulado de base, quando se propõe uma história sincrônica da literatura. Mas será esse postulado tão óbvio quanto parece?

No século XX os filósofos colocaram em dúvida o progresso da própria história, que foi um dogma (primeiro religioso, depois racionalista) durante séculos. A teleologia cristã ou marxista tem sido cada vez mais questionada pelos historiadores atuais, que tendem a ver sua disciplina como a (re)construção discursiva de um inteligível, a partir de dados que, por si só, não indicam nenhuma ordem, nenhuma lógica, nenhum encaminhamento para uma finalidade futura. "Se a Providência dirige a história", diz Paul Veyne, "e se a história for uma totalidade, então o plano divino é indiscernível; como totalidade, a história nos escapa e, como entrecruzamento de séries, ela é um caos semelhante à agitação de uma grande cidade vista de avião."[37]

O questionamento do progresso da história começou no romantismo alemão. Opondo-se ao iluminismo de Voltaire e ao racionalismo de seu mestre Kant, Herder postulava que o desenvolvimento da história é inconsciente e irracional. O racionalismo positivista do fim do século XIX deixou à margem, por um tempo, tais postulações, mas elas ressurgiriam com força em nosso século. A "história serial", oposta à "história dos eventos", abandonou a noção de progresso e a própria pergunta sobre a racionalidade ou não da história: "Numa história cujos dados estão constituídos em séries, o evento já não se define por uma etapa na marcha para um progresso, para um fim. O evento define-se por sua comparabilidade com outro fato que o preceda ou que o siga".[38]

Embora constituída como disciplina no momento positivista, a história literária sempre teve dificuldades em submeter os fenômenos de sua área a uma concepção progressista da história. Mesmo os mais religiosos ou os mais racionalistas dos teóricos sempre se viram forçados a verificar que a literatura (a arte) não progride, apenas muda. As tentativas de explicar os êxitos artísticos em consonância com o avanço tecnológico das civilizações tiveram curto fôlego e têm sido contestadas, no gosto e na prática artística, ao longo de todo o século XX, desde a descoberta e a valorização da arte primitiva pelas vanguardas plásticas das primeiras décadas até as manifestações brutalistas ou minimalistas da arte contemporânea.

Em todos os escritores-críticos que aqui nos ocupam, há a negação explícita do progresso literário. E, em quase todos, há um certo mal-estar sobre a questão. Em 1917, Eliot afirmava: "Ele [o poeta] deve estar atento para o fato óbvio de que a arte nunca melhora, apenas o material da arte nunca é exatamente o mesmo"; "A mentalidade da Europa muda [...] Esse desenvolvimento, refinamento talvez, complicação certamente, não é, do ponto de vista do artista, nenhuma melhora. Talvez não seja nem mesmo uma melhora do ponto de vista psicológico, ou pelo menos não na extensão que se imagina; talvez se trate, finalmente, apenas de uma complicação da economia e da maquinaria".[39]

Podemos sentir uma certa hesitação nos "talvez" de Eliot. Situado historicamente ainda muito próximo da filosofia do progresso e amarrado a suas conviccções cristãs, Eliot reluta em levar a cabo a radicalidade da afirmação "a arte nunca melhora", que parece sugerir que o homem nunca melhora. Com efeito, vinte anos mais tarde, no artigo "O que é um clássico?" ["What's a Classic?"] (1944), seu neoclassicismo assumido o leva a colocar conceitos tais como "maturidade literária" e "progresso ordenado": "Uma literatura madura [...] tem uma história atrás de si: uma história que não é meramente uma crônica, uma acumulação de manuscritos e textos deste ou daquele tipo, mas um progresso ordenado, embora inconsciente, de uma língua para realizar suas próprias potencialidades dentro de suas próprias limitações".[40]

É curioso ver a volta de Eliot a posições clássicas, sua acomodação final a pressupostos culturais e religiosos que o afastam das colocações mais ousadas de seu famoso ensaio de 1917. Em 1944, encontramos um Eliot assentado, reformista e defensor do logocentrismo europeu: "Um clássico só pode ocorrer quando uma civilização está madura; quando uma língua e uma literatura estão maduras. Se somos suficientemente maduros, e pessoas educadas, podemos reconhecer a maturidade numa civilização e numa literatura, assim como nos outros seres humanos que encontramos" (p. 54). Imperialmente britânico.

Mas o Eliot que nos interessa é o de "Tradição e talento individual", o da proposta de uma história sincrônica que pulveriza a noção de progresso e coincide com outras propostas de escritores-críticos, de seu momento e de momentos posteriores. O Eliot tardio tem, para nossa discussão, apenas um interesse: evidenciar o quanto o abandono da noção de progresso coloca problemas éticos difíceis de resolver, na medida em que pode levar a um ceticismo "cínico", se o que se afirma para a história da arte for estendido para a história da cultura, e daí para a história do homem em geral. Ceticismo como o de Nietzsche, que afirmava ser o homem "um imperfeito jamais perfectível".

Pound também nega, peremptoriamente, a ideia de um progresso linear da literatura: "A poesia é sempre a mesma. As mudanças são superficiais".[41] A espacialização de seu método ideogramático, a simultaneidade dos elementos que aí são postos em relação, excluem a noção de progresso, ou pelo menos a relativizam.

Entretanto, na medida em que Pound propõe uma vanguarda corretiva, sua teoria tem uma tendência teleológica. Em "Minha opinião sobre os críticos", [42] ele se refere a uma "melhoria na arte [*amelioration in the art*]". Pound tem preocupações pedagógicas (veja-se seu artigo "A missão do professor");[43] ele pretende melhorar a poesia de seu tempo, pela erradicação de certos erros e indicação do bom caminho. Seu objetivo, várias vezes expresso, é "uma literatura melhor [*a better literature*]".

A aparente contradição entre uma proposta de aperfeiçoamento e a afirmação de que "a poesia é sempre a mesma" pode ser desfeita. Quando Pound fala em melhorar a arte ou em produzir uma literatura melhor, não se trata de fazer algo superior ao que foi feito no passado, mas de recuperar, numa literatura que ele considera decadente, um padrão de qualidade que foi o das grandes obras do passado, que é e deve ser o da grande literatura de todos os tempos e de todos os lugares. Nesse sentido, seu ensino é mais reparador do que aperfeiçoador. Ele vê em sua época uma obstrução daquele "fluido eterno" da poesia, obstrução devida a erros de avaliação. A desobstrução para a qual ele quer contribuir não é um progresso, mas uma retomada da linha de valores perenes.

De qualquer maneira, existe nele um lastro metafísico, a busca de uma "coerência final" e o desejo de compreender o todo ["*the whole*"] que implicam a busca de uma verdade e o combate vigoroso contra os erros. Mais difícil de conciliar com a negação da história e do progresso é a tentação finalista que se manifesta da supervalorização do "novo". Colocar a novidade como valor é assumir, implicitamente, uma concepção linear e dialética da história, como têm observado, mais recentemente, os teóricos do "pós-moderno".[44]

Diante dessa questão do progresso, Borges fica isento de contradições, na medida em que assume sua posição idealista. Dos escritores-críticos que nos ocupam, ele é o mais tranquilo na negação do progresso, já que nega o próprio tempo. Para anular a noção de temporalidade, Borges observa que certas imagens literárias podem repetir-se, idênticas, em diferentes épocas. Comentando uma obra escrita em 1867 por William Morris, Borges pinça a expressão "*roofed over by the changeful sea*"; essa imagem do mar como teto seria repetida por Valéry (*Le cimetière marin*). Quando? "Dois mil e quinhentos anos depois, ou somente cinquenta?"[45] A mesma afirmação de que certas formas se repetem intemporalmente é expressa no ensaio "Formas de uma lenda",[46] no qual se sugere que há uma ideia substancial expressa em formas acidentais.

As repetições de grandes momentos em que, por acidente, as palavras se arranjam nessas formas de verdade e beleza alimentam a utopia platônica (e mallarmaica) do Livro único e eterno: "Oxalá existisse algum livro eterno, pontual para nossa gustação e nossos caprichos, não menos inventivo na manhã populosa do que na noite isolada, orientado para todas as horas do mundo. Teus livros preferidos, leitor, são como rascunhos desse livro sem leitura final".[47]

Nenhum livro é completo, perfeito. Mas é justamente essa imperfeição que justifica, para Borges, o ato de escrever: "Não há poeta que seja a voz total do querer, do odiar, da morte ou do desespero. Ou seja, os grandes versos da humanidade ainda não foram escritos. Essa é a imperfeição com a qual deve alegrar-se nossa esperança" (p. 109).

Octavio Paz acredita firmemente na eternidade da poesia e opõe-se a qualquer ideia de progresso estético. Em *El arco y la lira* (título que alude precisamente à perenidade da lira-poesia, oposta à transitoriedade do arco-técnica), afirma: "A técnica é repetição que se aperfeiçoa ou se degrada: o fuzil substitui o arco. A *Eneida* não substitui a *Odisseia*. Cada poema é um objeto único, criado por uma 'técnica' que morre no exato momento de sua criação".[48]

O que evolui, sem no entanto progredir, é apenas essa técnica, meio histórico de captar a intemporal poesia. É justamente essa permanência da poesia que a coloca em posição antinômica com relação à história:

> A história é mudança violenta e essa mudança se chama progresso. Não sei se essas ideias serão aplicáveis à arte. Podemos pensar que é melhor dirigir um automóvel do que montar a cavalo, mas não vejo como se poderia dizer que uma escultura egípcia é inferior à de Henry Moore, ou que Kafka é inferior a Cervantes [...] É muito difícil — e mesmo grotesco — afirmar que as artes progridem.

É essa mesma recusa em afirmar um progresso da arte que o leva a duvidar dos valores da modernidade, sobretudo de seu principal valor, implícito no próprio termo pelo qual ela se designa: o "novo". Diz Octavio Paz: "Modernidade e progresso se assemelham, por serem manifestações do tempo retilíneo".[49]

Inversamente, a volta ao passado também é uma manifestação do tempo retilíneo. O regresso é correlato do progresso: "A ideia da imitação dos antigos é consequência da visão do suceder temporal como degeneração de um tempo primordial e perfeito. É o contrário da ideia de progresso: o presente é insubstancial e imperfeito frente ao passado, e amanhã será o fim do tempo" (p. 22).

Para Paz, assim como uma outra concepção do tempo, nem circular nem retilíneo, está em via de constituir-se na ciência contemporânea, a concepção do tempo da arte está em mutação: "Outra arte desponta [...] Passado, presente e futuro deixaram de ser valores em si; tampouco há uma cidade, uma região ou um espaço privilegiados" (p. 23). Essa arte que desponta não é melhor nem pior, é simplesmente outra: "Em perpétua mutação, a poesia não avança" (p. 71).

Para Michel Butor, o escritor é movido por um desejo de completude. A literatura é concebida por ele como uma obra coletiva. Todos os livros são fragmentos de um livro maior e melhor, cuja realização cabal se situa num futuro sempre recuado. Mas o objetivo de Butor não é apenas chegar ao Livro perfeito; a literatura, de invenção ou de crítica, tem uma função extraliterária, que é de aperfeiçoar o próprio mundo:

> A atividade crítica consiste em considerar as obras como inacabadas, a atividade poética, a "inspiração", manifesta a própria realidade como

inacabada. Praticamente. Cada vez que há obra original, invenção, por mais gratuita que ela possa nos parecer à primeira vista, sentimos a necessidade de arrumar, a partir dela, o mundo de que fazemos parte.[50]

Butor é assim um defensor de um certo progresso, da arte e do mundo. "Cada vez mais [*de plus en plus*]" é uma expressão frequente em sua ensaística. Ele não afirma que a literatura progride, mas sua concepção de que cada obra é apenas um fragmento de uma Obra coletiva maior é francamente teleológica, e sua crença num progresso da história é hegeliana.

Italo Calvino manifesta certa hesitação diante da questão do progresso. Progresso da literatura, certamente não, já que um clássico é sempre "novo", "inesperado", "inédito" e "se configura como equivalente ao universo, à semelhança dos antigos talismãs",[51] qualquer que seja a época em que foi escrito. Mas como a história, esta pode e necessita ser aperfeiçoada, a relação entre a obra literária e a história constitui problema e o preocupa. Escrevendo, em 1958, sobre "Pasternak e a Revolução", ele diz: "Talvez a importância de Pasternak esteja em advertir-nos disso: a história — no mundo capitalista como no socialista — não é ainda bastante história, não é ainda a construção consciente da razão humana, é ainda excessivamente um desenvolvimento de fenômenos biológicos, estado de natureza bruta, não reino das liberdades" (p. 201).

Assim sendo, conclui que "a ideia do mundo de Pasternak é verdadeira [...] e o seu livro tem uma utilidade superior à da grande poesia". Mas o ensaio termina em perguntas porque, se como cidadão essas questões preocupam Calvino, como artista seu gosto vai mais na direção da "grande poesia" de qualidade universal e intemporal.

Haroldo de Campos, apesar de colocar as grandes obras numa espacialidade sincrônica que exclui a noção de progresso, observa: "A arte da poesia, embora não tenha uma vivência função da história, mas se apoie num *continuum* meta-histórico que contemporaniza Homero e Pound, Dante e Eliot, Gôngora e Mallarmé, implica a ideia de progresso, não no sentido de hierarquia de valor, mas no de metamorfose vectoriada de transformação qualitativa, de culturmorfologia: *make it new*".[52]

A expressão "metamorfose vectoriada de transformação qualitativa" diz bem que os sucessivos cortes sincrônicos propostos constituiriam, numa linha diacrônica orientada para um futuro, um progresso qualitativo. Sem "retrocessos pusilânimes".[53] "Há uma transformação qualitativa de culturas. Nesse sentido — não no de uma hierarquia ascensional de valores — a arte evolui" (p. 54).

O próprio conceito de "vanguarda" se prende a uma concepção linear e progressista do tempo. Philippe Sollers, tentando juntar vanguarda e revolução, também postula, implicitamente, uma ideia de progresso, inclusive filosófico: a passagem da velha concepção idealista da "literatura" para a mais lúcida e eficaz prática materialista da "escritura".

Como se vê, essa questão do progresso é quase sempre problemática para os que propõem uma visada sincrônica da literatura. Ao perturbar a concepção linear da história pelo princípio da retroatividade e da coexistência, os escritores-críticos tendem a negar a ideia de progresso da história, abandonando o finalismo religioso ou marxista. Resta-lhes então, filosoficamente falando, assumir uma posição francamente idealista (é o que faz Borges), ou tentar uma acrobática conciliação da permanência da arte com o progresso da história (o que já preocupava Marx).[54] A questão da integração de uma arte intemporal com uma história revolucionária acarreta dilaceramentos de consciência no âmbito do político.

Fazendo uma crítica da visada estruturalista, que tende a substituir a visão do tempo pela do espaço, Derrida observou que tal postura "traduz uma metafísica".[55] A espacialização do tempo, segundo Derrida, corresponde à "imagem em superfície da verdade essencial do Universo, tal como ele é pensado e criado por Deus; essa verdade é simultaneidade absoluta". Segundo o filósofo, os estruturalistas, como o religioso Claudel, teriam "o gosto pelas coisas que existem juntas". "A simultaneidade", acrescenta ele, "é o mito provocado pelo ideal regulador de uma leitura ou de uma descrição totais. A busca do simultâneo explica essa fascinação pela imagem espacial: o espaço não é 'a ordem das coexistências' (Leibniz)?" (p. 42).

Também a utopia mallarmaica e borgesiana do Livro único e total, miragem que tenta os escritores-críticos, revela, segundo Derrida, essa teologia da modernidade, que é falta e desejo de uma escrita divina, "texto único da verdade", "manuscrito infinito lido por um Deus que, de modo mais ou menos diferido, nos emprestasse sua pena" (p. 21).

A poética sincrônica, a crítica ideogramática, a espacialização do tempo num quadro imobilizado, provisoriamente embora, como o bom e o verdadeiro, não seriam manifestações dessa teologia da modernidade? E a tentação de afirmar a intemporalidade da poesia, dificilmente conciliável com uma ética do progresso da história, não seria, em todos os escritores-críticos, um resíduo idealista?

FATOS GERAIS E FATOS PARTICULARES

Uma das maiores dificuldades da história literária decorre da singularidade de seu objeto. A história, como lembra Paul Veyne, se interessa pelo "específico", isto é, próprio de uma espécie e comum a todos os indivíduos e fatos dessa espécie. Assim, "é histórico tudo o que é específico; tudo é inteligível, com efeito, exceto a singularidade que faz com que Dupont não seja Durand e que os indivíduos existam um a um: eis um fato indeclinável, mas, uma vez enunciado, nada mais se pode dizer sobre isso".[56] Ora, a história literária lida bem com a especificidade (por exemplo, os poetas de um determinado período ou lugar), mas não sabe o que fazer dos espécimes singulares, cuja originalidade constitui um valor estético.

Lanson assinalava, como um dos "problemas de método" da história literária, a distinção entre "fatos gerais" e "fatos particulares". A historiografia oitocentista, aspirando ao estatuto científico, buscava os fatos gerais, condição da ciência tal como ela era então concebida. Mas os eventos históricos nunca se repetem, ou pelo menos nunca se repetem da mesma maneira, não sendo pois possível buscar a generalidade no próprio evento. Não podendo seguir o exemplo das ciências da natureza, restava a essa historiografia um modelo mecânico: buscar a generalidade nos efeitos, uma generalidade quantitativa e qualitativa, medida pelo alcance dos efeitos de um acontecimento nos tempos subsequentes. Assim, um fato era considerado geral (relevante) quando se podiam detectar seus efeitos, em extensão e em duração.

Como qualquer evento histórico, o fato que é o aparecimento de uma obra literária não se repete. E mais ainda: não é apenas por uma injunção heraclitiana que esse fato não se repete. Por sua própria natureza e projeto, o fenômeno artístico se produz como singular e, desde o romantismo, como busca de diferença e originalidade absolutas. Falando do ensino da literatura, Barthes comentava: "Ensinar o que só ocorre uma vez, que contradição nos termos! Ensinar não é sempre repetir?”.[57]

Além disso, não podemos medir com exatidão os efeitos de um acontecimento-obra na literatura subsequente. Esse fato único, a obra, renasce sempre diverso a cada leitura, e não podemos considerar as inúmeras e inverificáveis leituras passivas como efeitos mensuráveis do fato-obra. Nenhum critério quantitativo é válido nesse domínio, pelo menos se se pretender traçar uma história estético-valorativa da literatura. Na história geral, aceita-se que uma guerra atingindo um vasto território e por um longo tempo é um fato mais geral do que um atentado terrorista isolado; entre outras coisas, porque o número de pessoas envolvidas numa guerra é muito maior do que o das pessoas envolvidas em um atentado, o qual pode ser, no máximo, um episódio de uma sequência maior que seria o “fato”. Não se pode estabelecer um paralelo desse tipo com a literatura. Best-sellers como *Love Story* ou *O alquimista* atingiram um número bem maior de leitores do que *Madame Bovary* ou *Grande sertão — veredas*. E, se uma obra como a de Mallarmé fosse julgada pelo número de pessoas que ela alcançou, essa obra não mereceria registro na história.

Por outro lado, um número indefinido de fatores pode retardar ou mesmo impedir o efeito de uma obra. Segundo uma ilusão romântica, desfeita mais cedo do que outras (e por isso já a chamamos de ilusão), os escritores mais importantes seriam aqueles que encarnariam as aspirações dos homens de suas nações e de seu tempo. Se essa afirmação fosse verdadeira, deduzir-se-ia que os maiores escritores teriam o maior público imediatamente; ou, caso contrário, que o público não conhece suas verdadeiras aspirações.

Consideramos, hoje, que essa encarnação das aspirações gerais depende de muitos fatores extraliterários. O velho Lanson já tinha suas dúvidas: “Como se faz a seleção das obras e dos nomes destinados à imortalidade? As condições atuais da literatura tornam essa pesquisa mais picante. Qual o papel e a parte dos editores, dos diretores de teatro, da publicidade dos jornais, na glória dos escritores?”.[58] Que dizer então de nossa época de marketing, de comunicação de massa e indústria cultural? Cada vez mais as obras literárias inovadoras, ou pertencentes a gêneros “difíceis” como a poesia, se veem condenadas (ou se destinam voluntariamente) a um público restrito, de modo que elas podem, cada vez menos, ser consideradas como fatos gerais, segundo um critério quantitativo.

Embora proposta com muito refinamento, a história literária baseada nos efeitos, sugerida por Jauss em "A história da literatura: um desafio à teoria literária",[59] deixa grandes dúvidas quanto à sua aplicação. O efeito visado por Jauss é qualitativo. Segundo ele, o efeito poderia ser medido com base no sistema de "expectativa" da época, a partir do qual se buscaria aferir o grau de "ruptura" produzido pela obra nova, seu "desvio estético", o qual provocaria, por sua vez, uma "mudança de horizonte". Mas como fazer? Trata-se de "descobrir como o leitor do tempo pode ter visto ou compreendido a obra"; de comparar a grande obra com as obras menores que a cercam, para ver como ela se impôs. A proposta fundamental de Jauss é que se leve em conta o leitor real. Mas esse leitor não fica definido. Onde iríamos buscar suas marcas? Por que dados recuperaríamos, como propõe Jauss, sua sensibilidade, seu gosto, suas reações? E o objetivo final da arte, que para ele é modificar a vida cotidiana do leitor, é ainda menos verificável. O estudo do leitor concebido como "leitor médio" ou como "público" sempre desembocará numa história social da literatura, e não numa história da evolução das formas, como pretende Jauss.

Segundo Adorno, até mesmo a relação das obras com a sociedade deve ser estudada na produção e não na recepção:

> Não se deve buscar a relação da arte com a sociedade na esfera da recepção. Essa relação é anterior à recepção, e se situa na produção. O interesse do deciframento social da arte deve voltar-se para a produção, em vez de se contentar com sondagens e classificações dos impactos, que na maior parte das vezes, por razões sociais, divergem das obras de arte e de seu conteúdo social objetivo. Desde tempos imemoriais, as reações dos homens às obras de arte são mediatizadas ao extremo e não se referem imediatamente à coisa.[60]

Voltemos aos problemas da história literária tradicional. Ainda com o objetivo de captar os tais fatos gerais, que permitiriam harmonizar a história literária com a história geral, os historiadores consideraram relevantes as escolas e os movimentos que reuniriam um número considerável de fenômenos estéticos semelhantes (temáticos e estilísticos). No interior dessa história particular e restrita que é a da literatura, buscaram os grandes movimentos para neles situar, em seguida, os fatos particulares (escritores-obras). Esse é o procedimento dos manuais de ensino da literatura desde o século XIX, e sua artificialidade é evidente. A visada positivista do fim do século passado mistura uma valoração clássica (a busca do normativo e do modelar) com uma contraditória valoração romântica (a exaltação dos Gênios, únicos, individuais e excepcionais). Assim, a inclusão desses fenômenos únicos (os Gênios) nos fenômenos gerais (movimentos e escolas) sempre se faz, nos manuais, à custa de muitas acrobacias. Ao tentar encaixar os autores nos movimentos, escrevem-se duas histórias diferentes: a dos fatos gerais e a dos fatos particulares; e essas duas histórias quase nunca coincidem, porque os autores considerados grandes nunca são exemplares de uma generalidade. Parecem-se com os demais contemporâneos, mas apresentam características particulares, "atrasadas" ou "adiantadas", em combinações únicas. Para dar um único exemplo: Baudelaire é clássico ou moderno, romântico, parnasiano ou simbolista? Seus poemas permitem, topicamente, cada uma dessas leituras; e o conjunto invalida todas.

A história literária dos fatos gerais, baseada no princípio da causalidade, da regularidade das leis, do desenvolvimento-progresso, caiu pouco a pouco em descrédito. A busca da extensão dos efeitos desembocou no estudo sociológico, que por sua natureza se vê forçado a deixar de lado as questões propriamente estéticas. Os escritores-críticos modernos, na qualidade de leitores mais diretamente interessados nas questões estéticas, foram os que mais resolutamente se desinteressaram desse tipo de história. A opção pela visada sincrônica subentende uma concepção a-histórica da arte, da literatura. Leva a falar da eternidade da poesia, de sua essência perene. O velho Lanson se perguntava: "Quais serão as causas do sucesso? Todos dirão que são duas: o gênio do autor e as circunstâncias [...] Mas qual é a relação entre um e outras? [...] As circunstâncias bastam, talvez, para o primeiro êxito; para a duração do êxito, não será necessária uma força intrínseca?" (p. 258).

Todos os escritores-críticos que defendem a história sincrônica beiram esse idealismo. É difícil escapar ao idealismo quando se fala da permanência da arte, e talvez quando se fala de arte *tout court*. Recusando o determinismo das causas e efeitos em sucessão linear, os escritores-críticos reencontram formulações próximas às do idealismo alemão: permanência, volta recorrente do Espírito.[61]

O método comparativo de Pound pretendia imitar o da zoologia e chegar ao geral pelo "exame e comparação dos espécimes particulares", já que "o conhecimento NÃO pode ser transmitido por uma afirmação geral sem o conhecimento dos particulares".[62] A argumentação de Pound é de uma lógica impecável, mas, na aplicação de seu método, ele não permite que as generalidades apareçam livremente; o que ele busca são particularidades semelhantes, predeterminadas por uma poética forte, a sua. Assim, não há "história literária" mais pessoal e idiossincrática do que aquela fixada nas sucessivas listas de Pound.

Octavio Paz, por sua vez, observa que, se colocamos em relação os valores da literatura e os valores sociais, verificamos que, na literatura, tudo é "anormal" e "excepcional". Falando da literatura hispano-americana, diz:

> Descrevem-nos como espécies diferentes e únicas: uma coleção de monstros. Somos isso, mas toda literatura o é; a saúde, a moralidade, a normalidade só pertencem à literatura como exceções — isto é, como doenças particulares: Goethe não é menos excepcional do que Sade. A literatura francesa tem a fama de ser a mais racional e equilibrada, mas seus poetas se chamam Nerval, Rimbaud, Mallarmé, Apollinaire, os surrealistas...[63]

Mallarmé já dizia: "Sim, que a literatura existe e, por assim dizer, sozinha, à exceção de tudo". É justamente a exceção que será posta em destaque na "história monumental" de Sollers. Remanejando os dados (obras) da história cursiva, ele procura situar precisamente os "pontos estratégicos", as "margens [*bords*]" excluídas da história oficial da literatura, em nome de uma "normalidade" ditada, como autodefesa, pela ideologia dominante: os textos considerados como místicos, pornográficos, loucos. Para Sollers, um texto se inscreve na história monumental quando ele ultrapassa os limites de uma generalidade bem-aceita: "Com efeito, imediatamente, essa história textual decifra a história expressiva (cristã) que acredita poder dispensar a profundidade escrita [...] a escritura é percebida, em geral, como delírio, fantasma, poesia, hermetismo, desvio individual etc.".[64]

Levando a cabo essas afirmações, Sollers deu a uma coletânea de ensaios literários o título de *Teoria das exceções*.[65] E explica, na contracapa do livro:

> Finalmente, lembremos uma evidência: é falso que as obras literárias sejam esperadas, justificadas, normalmente produzidas em seu tempo para a satisfação ulterior do historiador, dos museus e dos professores. No começo, está a violência, a infração, frequentemente o escândalo.

Cada nome, aqui, representa uma realidade que não devia ter ocorrido, uma exceção que não confirma nenhuma regra.

A história literária proposta por Sollers, como a de Pound ou a de Haroldo de Campos, simplesmente não se interessa pelos fatos gerais (para eles, meros enganos de leitura do passado) e erige como fatos significativos determinados fatos particulares, que ganham sua significação "histórica" a partir de suas poéticas particulares e presentes. Para eles, essa é a "verdadeira" história da literatura ("*histoire réelle*", diz Sollers). O método é o mesmo, mas os valores são diversos. Pound e, na sua linhagem, Campos, valorizam os inventores de formas; Sollers valoriza os que subvertem a concepção do sujeito, infringem os tabus religiosos ou sexuais, perturbam a ordem das linguagens sociais.

Eliot, Paz, Butor e Calvino são mais "sociáveis". Embora remanejando os quadros da história literária oficial (e nem tanto), eles procuram justificar suas escolhas num conjunto maior que seria a "leitura moderna" (levando em conta a ciência, a política e a ética da sociedade contemporânea), o que lhes garantiria um certo grau de generalidade. O único que assume, impudentemente, a particularidade absoluta de sua antologia pessoal, sem se preocupar em nenhum momento com qualquer verdade histórica passada ou presente, é Borges.

A "história monumental", a "teoria das exceções", dos "monstros da literatura" ou a simples defesa do gosto pessoal (caso de Borges) têm todas um substrato romântico. São versões modernas do individualismo romântico, da concepção do artista como Gênio, defesas da originalidade e das "afinidades eletivas". São opções pelo particular contra o geral: a particularidade dos autores passados, a particularidade dos presentes que os elegem. Os nomes escolhidos pelos críticos-escritores tendem a assumir, naqueles que os designam com maior radicalidade, um valor sagrado ou uma função de fetiche. É o risco de injustiça e de dogmatismo, apontado por Nietzsche como inerente à "história monumental". Mas, como também aponta Nietzsche, é a condição da vitalidade do presente.

OBJETIVIDADE E SUBJETIVIDADE

A questão da objetividade na historiografia é das que fizeram correr mais tinta. A busca da objetividade tornou-se uma obsessão no momento em que a história surgiu como disciplina e pretendia afirmar-se como ciência, momento em que uma das condições da ciência era a objetividade. Atualmente, as próprias ciências exatas levam em conta a influência da subjetividade do pesquisador, e nenhum historiador aspira a mais do que uma relativa objetividade. A história sabe que ela mesma é histórica, isto é, dependente de seleções e juízos que variam conforme o momento em que ela se escreve.

Foi o próprio conceito da objetividade do cientista que se modificou, em nosso século. Como observa William Dray, todas as pesquisas são seletivas e pressupõem uma escolha do pesquisador, inclusive nas ciências exatas. Tanto mais nas ciências humanas, e em particular a história: "Nenhum historiador [...] pode colocar dentro de sua narrativa tudo o que ele sabe sobre o objeto de sua investigação; ele só pode dizer-nos aquilo que ele acha importante; e aquilo que ele nos conta traz, implícito, um determinado quadro de valores".[66] Que a escrita da história dependa dos valores do historiador, já o sabemos pelo menos desde Max Weber, retomado por Paul Veyne: "O que distinguiria dos outros acontecimentos aqueles que julgamos dignos da história seria o valor que lhes atribuímos".[67]

Quanto ao juízo estético, segundo Kant, "seu princípio determinante não pode ser senão subjetivo", porque a qualidade não está no objeto, mas no sujeito que lhe atribui valor estético. Entretanto, "o julgamento do belo não se contenta com o individual", mas solicita "uma adesão universal". O juízo estético "não comporta nenhuma quantidade objetiva, mas apenas uma quantidade subjetiva", e sua "universalidade" é apenas um "valor comum" (*Crítica do juízo*, § 7 e 8).

Quando o objeto da investigação é a literatura, atividade exercida na esfera dos valores estéticos e éticos, desde seu ponto de partida até seu ponto de chegada, as pretensões à objetividade do investigador sempre esbarram com problemas. No momento em que o próprio conceito de literatura se delineou, e com ele o campo particular que hoje chamamos de teoria literária, a questão de dar a esses estudos a objetividade da ciência se colocou, sem contudo se resolver. Os teóricos românticos alemães, "embora apregoando a impassibilidade científica do filólogo, do naturalista, do economista [eram] na verdade escravos do julgamento *a priori*, de *partis pris* morais e estéticos".[68]

Lanson, que cito sempre aqui como exemplo de historiador historicista, fez os maiores esforços para submeter a história literária ao rigor metodológico da historiografia de seu tempo, mas reconhecia a dupla dificuldade do historiador literário, decorrente de sua dupla função: historiador e leitor. Com efeito, observava ele, a obra literária se destina a uma leitura subjetiva, na qual ela atinge a plenitude de seus efeitos psicológicos e sensoriais. Mas o historiador, segundo ele, deveria purgar-se dessa subjetividade: "Todo o nosso método, já o disse, é constituído para separar a impressão subjetiva do conhecimento objetivo, para controlar aquela em proveito do conhecimento objetivo".[69] Esse *self control* do historiador literário ocasionaria, neste, um desdobramento esquizoide: "Em literatura, como em arte, devemos ter dois gostos, um gosto pessoal que escolha nossos prazeres, os livros e os quadros de que nos cercaremos, e um gosto histórico que sirva a nossos estudos, e que se pode definir como uma arte de discernir estilos e de sentir cada obra em seu estilo, em proporção à perfeição que este nela recebe" (p. 40).

A objetividade exigiria uma concepção linear do tempo, já que a sincronia do leitor com a obra do passado ocasiona a intervenção da subjetividade presente. Para Lanson, a ordem cronológica é uma garantia de objetividade: "Se a cronologia nos serve para não relacionar tudo conosco, a estudar cada século e cada escritor por eles mesmos, esse ponto de vista fornece uma direção nova à sensibilidade estética; ele lhe abre possibilidades infinitas de atividade sem perigo" (p. 39). Leia-se: sem perigo de escolhas ou julgamentos subjetivos.

Abolir a linearidade da cronologia e instituir uma simultaneidade que traz todo o passado a um espaço valorativo do presente é, portanto, uma atividade perigosa. Esse é o risco assumido pelos escritores-críticos modernos. Mas, de modo geral, eles se preocupam com a questão e buscam, de várias maneiras, legitimar suas escolhas com critérios mais abrangentes do que os do gosto individual.

É em nome de princípios gerais invariáveis que Pound pretende alcançar certa objetividade, a despeito da tendência personalista de suas ideias e escolhas. Em suas primeiras obras teóricas, Pound invocava o modelo da zoologia para "objetivizar" suas famosas listas. Mais tarde, em *Guide to Kulchur* (1938), ele reconheceria que ninguém pode ser constantemente objetivo e que ele mesmo tinha uma tendência aos julgamentos pessoais. Explicando certas ausências ilustres em suas listas de "inventores" e "mestres" (Shakespeare, por exemplo), ele observa: "Talvez essa dúvida [*query*] indique apenas meu componente de erro, minha humana fragilidade ao construir meu jardim particular ali onde a crítica contemporânea pulula menos abundantemente" (p. 149).

Uma certa subjetividade é então assumida por ele, não só como inevitável mas como desejável, quando se trata de traçar uma história viva e ativa, história do processo mais do que história dos fatos: "*Gli indifferenti non hanno mai fatto la storia*. Não estou satisfeito com meu próprio jornalismo. Desconfio que o colori com minhas convicções. O historiador indiferente ou 'frio' pode deixar um relato mais acurado do que acontece, mas nunca entender POR QUE isso acontece" (p. 195).

O Pound do *Guide to Kulchur* é menos assertivo e dogmático do que o das obras anteriores. O que ele mesmo reconhece:

> Acredito abertamente que, neste livro, estou fazendo algo diferente daquilo que tentei em *How to Read* ou em *ABC of Reading*. Ali eu estava declaradamente tentando estabelecer uma série ou conjunto de medidas, padrões, voltômetros; aqui eu estou tratando com um conjunto heteróclito de impressões, humanas, creio, embora não tão berrantemente [*bleatingly*] humanas. Viajando, uma pessoa fixa certas *maxima* e tenta não se apropriar de tudo. O encanto de nove entre dez opiniões reside no sentido da descoberta, uma apropriação moderada e temporária que deve ser deixada para o homem seguinte. [p. 208]

Estudando a relação da poética poundiana com a tradição literária, o pesquisador N. Christoph de Nagy não consegue resolver a questão da objetividade/subjetividade das escolhas do poeta-crítico:

> Qual a conexão entre as "listas" e as categorias? são as "listas" estabelecidas por meio de uma aplicação das categorias como critérios? Tem sido sugerido que a tradição de Pound é apenas um registro de seu excêntrico gosto literário. O autor destas linhas não partilha essa opinião; mas também não acha que se possa falar numa aplicação consistente nem mesmo das categorias mencionadas por Pound em conexão com as "listas" de *How to Read* [...] Em minha opinião, os poetas das "listas" poundianas são selecionados a partir de todos os "inventores" e "mestres" conhecidos da história da poesia, seleção feita pela aplicação de critérios tomados parcialmente da poética de Pound, juntamente com outros que não podem ser racionalizados.[70]

A questão da objetividade das escolhas poundianas é portanto espinhosa. Em sua fase de afirmações mais peremptórias, às vezes era difícil, mesmo para seu amigo Eliot, endossar suas exclusões. Na verdade, o projeto poundiano repele, por sua própria natureza, os juízos neutros, "imparciais". Pound não é um historiador, mas alguém que quer fazer avançar essa história, pôr as "ideias em ação". Considerando-se esse objetivo, as omissões ou "injustiças" são a contrapartida da energia que ele injetou nessa história. O que se perde em objetividade (a qual seria apenas consenso institucional), ganha-se em entusiasmo, no sentido nietzschiano do termo.

Para Eliot, diferentemente, não é na assunção de uma forte personalidade que se deve fazer ou ler a poesia, mas, pelo contrário, na despersonalização. A "objetividade" do poeta, como a do crítico, é garantida pela generalidade intemporal da poesia. Quanto ao poeta: "É nessa despersonalização que a arte pode aproximar-se da condição da ciência". E quanto à crítica: "A crítica honesta e a apreciação sensível estão dirigidas não para o poeta mas para a poesia".[71] Segundo ele, ninguém está mais bem preparado para escapar ao subjetivismo do que o verdadeiro poeta, já que "a poesia não é o derramamento da emoção, mas um escape à emoção; não é a expressão da personalidade, mas um escape à personalidade" (pp. 10-1). Já vimos o quanto essa posição é assumida, pelo próprio Eliot, como religiosa, baseada na "transubstancial unidade da alma".

Na obra teórico-crítica de Paz, encontramos também constantes considerações sobre a impessoalidade do poeta e a consequente despersonalização exigida do crítico. Nele, a teoria da impessoalidade do poeta não tem uma fundamentação mística, como em Eliot, mas decorre de sua concepção da linguagem como anuladora do individual: "Não somos nós que dizemos o mundo com a linguagem: a linguagem nos diz, o mundo se diz a si mesmo na linguagem".[72] O poeta, para Paz, é literalmente "ninguém": "A linguagem cria o poeta e só na medida em que as palavras nascem, morrem e renascem em seu interior ele é, por sua vez, criador" (p. 331). Daí sua admiração por Fernando Pessoa, poeta que levou ao extremo sua condição de "muitos e ninguém".

Essa concepção de uma linguagem geral e soberana, que diz coisas permanentes e verdadeiras pela boca de indivíduos particulares, é, em Octavio Paz, decorrente do materialismo esotérico do surrealismo, movimento que influenciou profundamente tanto sua poesia como sua teoria. A objetividade, para Paz, é aquela do "acaso objetivo", comandada pelas forças organizadas e invisíveis da matéria (super-real). A realidade como uma constelação de símbolos,[73] concepção cara ao romantismo alemão, atravessara um século para se recolocar, com bases materialistas, no surrealismo francês. Essa "profunda unidade", quer ela seja sobrenatural (divina), como no romantismo, quer ela seja material, como no surrealismo, garante, aos homens, a possibilidade objetiva de percebê-la. E o pesquisador dessa verdade objetiva deve necessariamente despersonalizar-se, mergulhar nas faculdades coletivas de exploração.

Existe pois, para Paz, uma objetividade do mundo que se diz na linguagem, e o poeta é o porta-voz de verdades objetivas. Buscando dizer a si mesmo, o poeta encontra sempre, na linguagem, a alteridade [*otredad*]: "Escrevemos para ser o que somos e aquilo que não somos. Num ou noutro caso, buscamos a nós mesmos. E se temos a sorte de encontrar-nos — sinal de criação — descobrimos que somos um desconhecido. Sempre o outro, sempre ele, inseparável, alheio, com tua cara e a minha, tu sempre comigo e sempre só" (p. 111). Assim como o poeta, ao buscar a si mesmo, encontra sempre o outro, o leitor, indo ao encontro do outro (o poeta), nele se reconhece. É "o autoconhecimento pela obra alheia" (p. 153).

Todas essas postulações garantiriam a objetividade do poeta--crítico, cujas escolhas e julgamentos estariam fundamentados na experiência da generalidade da linguagem e na perenidade da poesia. Assim, quando o poeta se volta para a tradição e vai em busca de seus predecessores, é a si mesmo que ele vai encontrar; com a condição de que ele cesse de ser aquele "ele mesmo" individual, aprisionado em sua existência, para se juntar à voz comum de todos os poetas. Para Paz, o conhecimento dos poetas do passado é um reconhecimento, no qual a maior subjetividade (conhecer a si mesmo) coincide com a mais larga objetividade (conhecer a poesia).

Michel Butor fundamenta a objetividade da crítica na capacidade de "se instalar como janela iluminadora" na grande biblioteca universal.[74] A iluminação do passado, que ele propõe, não provém de um olhar individual isolado, mas de uma consciência coletiva. Butor vê a atividade crítica, e também a atividade criativa, como trabalho coletivo de revisão, de reinvenção, em razão de uma transformação--aperfeiçoamento igualmente coletiva da sociedade, do mundo.

Italo Calvino considera como "clássicas" ou historicamente relevantes as obras "que se ocultam na memória, mimetizando-se como inconsciente coletivo ou individual". Quanto mais as obras pertencem à memória, mais elas têm valor; por isso ele privilegia as leituras feitas na idade madura com relação àquelas feitas na juventude: "A juventude comunica ao ato de ler como a qualquer outra experiência um sabor e uma importância particulares; ao passo que na maturidade apreciam-se (deveriam ser apreciados) muitos detalhes, níveis e significados a mais". Entretanto, como os livros permanecem os mesmos, e nós mudamos, reler um clássico é sempre lê-lo pela primeira vez.

A objetividade na escolha dos clássicos, para Calvino, está no reconhecimento de sua história, na memória das gerações: "Os clássicos são aqueles livros que chegam até nós trazendo as marcas das leituras que precederam a nossa e atrás de si os traços que deixaram na cultura ou nas culturas que atravessaram (ou mais simplesmente na linguagem ou nos costumes)".[75] Esta é, afinal, uma visão bastante clássica da tradição, como tesouro coletivo reconhecível, consensualmente, por seus herdeiros. Mas, atento aos fenômenos de seu tempo, Calvino assinala o fim da educação clássica e a "explosão da biblioteca", que nos leva a escolhas subjetivas: "Só nos resta inventar para cada um de nós uma biblioteca ideal de nossos clássicos" (p. 16). Com isso, como em outros pontos, ele se aproxima da posição radicalmente subjetiva de Borges, instalado em sua "biblioteca personal".

Para Sollers e sua "teoria da escritura" a questão do sujeito é central. Tratava-se, naquele momento (anos 60 e 70), de reconhecer a "ruptura" ou "corte epistemológico" do fim do século XIX e de colocar a alteridade, manifesta em todos os tempos na prática dos poetas, a serviço de uma nova concepção do sujeito materialista, não narcísico, não especular, não expressivo, em suma, não cristão.[76]

No que concerne, então, ao "sistema de leitura" da história literária adotado por Sollers, é essa experiência comum aos poetas, de vacilação do sujeito na linguagem, que será a garantia de escolhas "objetivas". A "lógica" dessas escolhas se evidenciaria na medida em que se olhasse a produção poética do passado em busca não do autor ou de nós mesmos, mas da linguagem, que é um bem comum: "Para demonstrar a dualidade, verdade-erro que rege a economia expressiva, trata-se de atingir aquele ponto em que não sou mais eu quem interessa, mas minha linguagem".[77]

Falando de Mallarmé, e apoiando-se em suas teorias, Sollers define "uma nova economia" da escritura-leitura:

> Esse desaparecimento do autor na escritura, que por outro lado o produz, ocorre em vista de uma leitura que não é qualquer. Ler, para Mallarmé,

> é uma prática, uma prática desesperada. É necessário primeiramente que o leitor, em vez de se deixar levar a representações, tenha acesso diretamente à linguagem do texto (e não a suas imagens, a suas "personagens"), é preciso que ele compreenda que o que ele lê, é ele [...] nessa multidão (e somente tornado possível por ela), o indivíduo que lê comunica-se com sua própria linguagem, reencontrada naquilo que ele lê. [p. 78]

É por essa leitura pessoal-impessoal que o tempo se abole e se transforma num espaço: um espaço em que o sujeito é sempre o mesmo e outro. A "história monumental", ao contrário da "história cursiva" que pretendia ser ciência histórica, seria a verdadeira ciência desse espaço da escritura, onde aquele que lê é provido da objetividade impessoal da linguagem. O uso, por Sollers, de palavras como *lógica*, *economia*, *ciência*, indicia essa busca de um sujeito objetivo, na escritura como na leitura. Que em sua própria enunciação o texto sollertiano seja marcado pelo individualismo, e mesmo pelo narcisismo (no modo como ele remete tudo a sua própria obra e a suas certezas individuais), constitui uma contradição que não invalida, porém, a coerência interna de sua teoria.

Apesar das diferentes soluções que os escritores-críticos propõem para o problema da objetividade de seus juízos, estes, como todos os juízos estéticos, só podem pretender à objetividade ratificada por outras subjetividades, isto é, por um consenso contemporâneo ou ulterior.

ALGUMAS CONCLUSÕES

É pois uma outra história literária, bem diversa daquela dos manuais institucionais, que se delineia na obra crítica desses escritores modernos. Conscientemente ou não, o modo como eles olham o passado literário corresponde às propostas mais recentes da historiografia. Historiadores desenvoltos, eles afirmam, sem hesitar, sua opção pela visada sincrônica contra a diacronia fixada uma vez por todas; o descontínuo que cria figuras, constelações, contra o contínuo que alinha; a busca da generalidade no particular, no original, no único, no excepcional mesmo; a assunção de uma objetividade por uma subjetividade que não é a da personalidade narcísica, que traria tudo à sua unicidade, mas a de uma experiência individual que se desmente, como tal, na experiência impessoal da linguagem.

Sobretudo, a história proposta pelos escritores-críticos modernos não é a de um observador neutro; é a de alguém engajado não apenas numa narrativa mas também numa ação que faz prosseguir o próprio objeto da narrativa histórica. Eles têm a consciência de prosseguir essa história por seus atos de escrita. Tratando-se de agir, uma ética é necessária, daí eles não evitarem a questão dos valores, sob uma pretensa neutralidade, mas reconhecerem que essa questão é fundadora. A ação poética, quer ela seja concebida apenas no âmbito especificamente literário, quer nos efeitos indiretos produzidos pela literatura no "mundo real", é fundamentada em valores. Mesmo se alguns escritores-críticos revelam, por vezes, uma concepção teleológica da história do mundo, eles sabem que, na literatura, não há objetivo final a alcançar, nem progresso a aspirar. O Apocalipse já se realizou, inúmeras vezes, na história literária: cada grande obra é a realização total da história anterior. O que muda, a cada momento histórico, são apenas os meios de atingir esse apocalipse e, ao mesmo tempo, os apocalipses anteriores vão variando, segundo novos sistemas de leitura.

É na afirmação da leitura presente como fundação, sempre provisória, da "verdadeira" história do passado, que esses escritores-críticos — tão diversos por outros aspectos — assumem uma idêntica atitude. E é na afirmação da provisoriedade dessas leituras que todos eles reconhecem a historicidade da literatura. A resposta de Umberto Eco à crítica de Derrida, referente ao idealismo a-histórico dos estruturalistas, serviria também para aquela que se poderia fazer ao a-historicismo e à tendência à espacialização dos escritores-críticos:

> A crítica estrutural reduz o que foi um movimento (a gênese) àquilo que será um movimento (a infinidade de leituras possíveis), a modelo espacializado porque só em tal sentido pode deter aquele inefável que era a obra (como mensagem) em seu fazer-se (na fonte) e em seu refazer-se (junto aos destinatários). A decisão estruturalista intervém para eliminar o impasse da inefabilidade que pesava sobre o juízo crítico e sobre a descrição dos mecanismos poéticos.[78]

Toda história é uma leitura do passado. Na história literária, a leitura é *constitutiva* do fato, já que os fatos literários (obras) só encontram sua realização plena na leitura; eles são programados para (re) acontecer na leitura, criando sentidos que renascem e variam a cada época. "O poema", diz Octavio Paz, "é uma virtualidade trans-histórica que se atualiza na história, na leitura."[79]

Como os escritores de outros tempos, os escritores-críticos modernos prosseguem a história da literatura em suas obras poéticas. Mas não somente em suas obras poéticas. Suas obras críticas são também atos históricos, requalificações existenciais, história vivida e história consignada, registro. Registro dos valores de nosso século, que se caracteriza, entre outras coisas, pelo fato de se saber provisório e incerto.

O próprio fato de os escritores de nosso tempo terem sido levados a consignar a escrita de suas leituras é um fenômeno histórico considerável, característico de seu momento na história literária. A obra leitural desses escritores não é um aspecto lateral, coadjuvante ou simplesmente curioso de sua intervenção na história literária, mas um aspecto fundamental de sua inscrição nessa história. Para esses escritores, escrita e leitura são inseparáveis, e eles consideram que erros de leitura são fatais para a escrita.

Ler é dar sentido, sincronizar, vivificar, escolher e apontar valores. A leitura ativa é construtiva porque ela pretende orientar os rumos do futuro; e é destrutiva, porque ultrapassa e invalida as regras de medida vigentes. Viva, e por isso arriscada, a "história literária" dos escritores-críticos é fruto de um julgamento com vistas a uma ação. Em suas teorizações, eles pertencem àquela categoria que Nietzsche chamava de "filósofos do perigoso": aqueles que não aceitam tábuas previamente ordenadas e se aventuram na invenção de critérios para a instauração de uma nova (e provisória) ordem. Se os critérios e os valores podem ser totalmente novos, é o que procuraremos ver mais adiante.

2

O CÂNONE DOS ESCRITORES-CRÍTICOS

LISTAGENS, CÂNONE, PAIDEUMA

A proposta geral de meu trabalho, tal como foi apresentada na "Introdução", implica o mapeamento das leituras valorativas dos escritores-críticos. Aí eu dizia: "Em cada coletânea crítica, determinados nomes formam uma figura, fragmentada e lacunar com relação aos 'quadros completos' das histórias da literatura, uma figura que sugere uma outra história". O esboço dessa figura e seu comentário constituem o assunto deste capítulo.

Estabelecer a lista dos autores consagrados é uma prática tão antiga quanto a da escrita poética, e muito mais antiga do que a que chamamos de literatura. Em nossa tradição, a listagem dos mestres da arte de escrever é praticada desde a Antiguidade greco-latina. Ernst Robert Curtius, em sua monumental *Literatura europeia e Idade Média latina*,[1] dedica um capítulo à questão da formação do cânone (capítulo XIV, "Classicismo").

A palavra *cânone* vem do grego *kanón*, através do latim *canon*, e significava "regra". Com o passar do tempo, a palavra adquiriu o sentido específico de conjunto de textos autorizados, exatos, modelares. No que se refere à Bíblia, o cânone é o conjunto de textos considerados autênticos pelas autoridades religiosas. Na era cristã, a palavra foi usada no direito eclesiástico, significando o conjunto de preceitos de fé e de conduta, ou "matéria pertinente à disciplina teológica da patrologia, que examina os antigos autores cristãos quanto ao seu valor testemunhal de fé" (Curtius, p. 267). No âmbito do catolicismo, também tomou o sentido de lista de santos reconhecidos pela autoridade papal. Por extensão, passou a significar o conjunto de autores literários reconhecidos como mestres da tradição.

Curtius informa que se conhecem algumas relações de autores dos tempos helenísticos (p. 256), e que "os filólogos alexandrinos foram os primeiros a preparar uma seleção da literatura anterior como matéria de leitura para as escolas de gramática" (p. 257). Entre os alexandrinos, esses autores eram chamados "os aceitos". Quintiliano, no século I de nossa era, estabeleceu a lista dos autores modelares, sem no entanto forjar nenhum termo específico para denominá-los. O epíteto *clássico* aparece pela primeira vez em Roma, no século II, na obra de Aulo Gélio (*Noctes Atticae*, XIX, 8, 15). Trata-se aí de uma classificação dos cidadãos conforme sua fortuna. Os da primeira classe são os "clássicos". Os "proletários", segundo Aulo Gélio, não pertencem a nenhuma classe que pague imposto.[2] Na Antiguidade, o conceito de escritor-modelo obedecia ao critério da correção da linguagem, estando pois a serviço do ensino da gramática (p. 258).

Curtius informa que a palavra *cânone*, no sentido de "relação de escritores", ocorre pela primeira vez no século IV (p. 264, n. 25). Na Idade Média, Dante enumera os autores da *bella scuola*, habitantes do *nobile castello*; aos autores latinos, Dante acrescenta os gregos e os árabes. Chaucer estabeleceu dois catálogos de autores (p. 271). Curtius examina, em seguida, a formação do cânone literário moderno, que começa no Renascimento italiano e daí irradia sobre a teoria francesa dos séculos XVI e XVII. O cânone italiano do século XVI era mais aberto (mais variável de autor para autor) do que o francês do século XVII, devido à centralização acadêmica e "a vontade de regular sistematicamente" que caracteriza o classicismo francês. A postulação de um cânone prossegue, na França, por intermédio de Fénelon e Voltaire. O conceito francês de cânone clássico só se abala no século XVIII, com a abertura para os autores ingleses e alemães, e com a adoção do conceito de *Weltliteratur*, de Goethe. Mas, se o cânone clássico passou a ser relativizado ou contestado por vários escritores, tem, ainda hoje, enorme influência no ensino literário da França. A Espanha distinguiu-se dos demais países europeus na formação do cânone, por apenas considerar sua própria tradição ou aquilo que para ela contribuiu; o conceito europeu de classicismo lhe é alheio (pp. 276-7). A vantagem foi a abertura para a cultura árabe e tudo o que esta trazia da Antiguidade.

A partir do século XVIII, o juízo estético deixou de ser considerado universal, e os "clássicos" perderam a condição de modelos absolutos e eternos. Segundo Kant, é justamente porque o juízo estético não pode ser determinado por conceitos e preceitos que ele necessita "encontrar exemplos daquilo que, no desenvolvimento da civilização, recebeu o mais longo assentimento". Assim, os autores chamados "clássicos" constituem "uma nobreza cujos exemplos são leis para o povo", e "uma fonte *a posteriori* do gosto" (*Crítica do juízo*, § 32). Trata-se de um "critério empírico fraco", mas é o de que dispomos para conseguir alguma unanimidade de juízo. O modelo supremo, "o arquétipo do gosto", é apenas o ideal de "um máximo, que não pode ser representado por conceito mas somente numa apresentação singular" (§ 17). Os "clássicos" são exemplos de uma regra universal impossível de enunciar (§ 18).

Essa breve excursão histórica serve apenas para lembrar o extenso *background* do que aqui estamos discutindo. Chegados ao século XX, deparamos com o fenômeno dos escritores-críticos. Suas escolhas não são ditadas por nenhuma autoridade institucional, mas pelo gosto pessoal, justificado por argumentos estéticos e pela própria prática; é o que a modernidade herdou do romantismo teórico-crítico. Apesar de assumirem a precariedade de suas escolhas, os escritores-críticos modernos têm a preocupação pedagógica de fornecer aos mais jovens um currículo mínimo de leituras formadoras; e esse traço pedagógico está presente em qualquer listagem de autores, desde a Antiguidade.

De todos os escritores-críticos modernos aqui estudados, foi sem dúvida Ezra Pound quem mais se ocupou, de maneira constante e sistemática, da questão da escolha, da listagem de autores básicos, do estabelecimento de um cânone com fins didáticos, da utilidade de uma "crítica ideogrâmica".

Pound começou por fazer listas, em função de seu gosto e de sua experiência individual como poeta; por influência de Fenollosa[3] passou a considerar essas listas como ideogramas críticos; finalmente, inspirado em Frobenius, deu-lhes a função pedagógica de *paideuma* (do grego *paidos* = criança).[4] A obra crítica de Pound contém uma parte conceitual e uma parte demonstrativa, uma combinação de princípios e referências. O conjunto forma, em suas próprias palavras, "uma estética mais ou menos sistemática". A conceituação poundiana é menos desenvolvida do que sua exemplificação. "Não posso declarar minhas convicções sobre arte de modo mais sucinto do que fiz, nomeando obras e autores."[5] Os critérios, segundo ele, deveriam emergir das listas, como sua justificação (por parte dele mesmo) e como aprendizagem imediata (por parte dos leitores, que deveriam ir diretamente aos textos indicados para ver, ouvir, comparar e assim compreender os critérios que determinaram suas escolhas). É o que ele chama "crítica por demonstração".

A poética de Pound é eminentemente pragmática. Tendo por objetivo corrigir os erros do ensino da literatura e melhorar a própria literatura de seu tempo, destina-se primeiramente aos jovens e futuros poetas.

Em "How to Read" (1929),[6] as primeiras listas poundianas nascem da constatação da falência do ensino da literatura em seu país. Numa nota posterior, ele chama as instituições de ensino de "instituições para a obstrução da aprendizagem".[7] Segundo ele, em vez de ensinar as "belezas" esparsas da literatura, os professores deveriam preocupar-se com a literatura como um todo, ressaltando nesse todo apenas as partes fortes e os nexos significativos, os "pontos luminosos": "Quando estudamos física não somos obrigados a pesquisar a biografia de todos os discípulos de Newton que se interessaram pela ciência mas não fizeram nenhuma descoberta" (p. 15). Estava já evidente sua busca de uma "história monumental" da literatura (no sentido nietzschiano), e iminente a produção de listas de nomes de *inventores*, que corresponderiam, na história literária, ao nome de Newton na física.

Pelo fato de partir da comparação de espécimes, sua proposta era de "literatura comparada". Mas não aquela que já então figurava em alguns currículos universitários, pois a comparação poundiana deveria exercer-se privilegiando a qualidade e não a quantidade, num comparatismo seletivo e não obediente aos cânones institucionais: "Para tranquilizar o leitor preocupado, deixe-me dizer logo que não desejo perturbá-lo fazendo-o ler mais livros, mas permitir-lhe ler menos livros com melhores resultados" (p. 16).

Como pontos de partida, Pound afirma: 1) a função da literatura é manter a linguagem em boa forma, e disso depende a saúde do próprio pensamento; 2) "a grande literatura é simplesmente linguagem carregada de sentido no mais alto grau possível" (p. 23). Suas propostas são "profiláticas", e as metáforas usadas o indicam claramente: "É tão importante para garantir o pensamento manter a linguagem eficiente como, em cirurgia, manter o bacilo do tétano longe das ataduras" (p. 22); e, mais adiante, ele fala em "vacinas" contra as doenças do ensino e da crítica. Essas vacinas se apresentam sob a forma de "currículos", nos quais só constam nomes criteriosamente escolhidos. O crítico ou professor de literatura deveria apresentar, como credenciais de sua capacitação, "seu ideograma do bom", daquilo que ele considera válido no repertório das obras já escritas.

Em *ABC of Reading* (1934), Pound retoma e desenvolve essas propostas. Os escritores são por ele dispostos em classes: inventores, mestres, diluidores, bons escritores sem qualidades salientes, escritores de *belles-lettres*, criadores de modas passageiras etc. Suas listas de leituras básicas se reformulam e se afinam. "Minhas listas", diz ele, "são um ponto de partida e um desafio" (p. 43). Apesar do tom peremptório que lhe é característico, Pound faz questão de explicar o porquê dessas listas e admitir que elas têm omissões: "Os autores e livros que eu recomendo nesta introdução ao estudo das letras devem ser considerados COMO medidas e voltâmetros. Os livros relacionados são livros para se ter em mente ANTES de tentar medir ou avaliar outros livros. Eles NÃO são — sublinhe-se — os únicos livros dignos de leitura".[8]

Em *Guide to Kulchur* (1938), Pound adota definitivamente o termo *paideuma*, forjado pelo antropólogo Frobenius, que ele interpreta à sua maneira: "Eu usarei Paideuma para as raízes cartilaginosas de ideias que estão em ação" (p. 58). O *paideuma* é aquilo que deve ser ensinado, não meramente para se conhecer o passado, mas para uso do presente e do futuro. "Uma vasta massa de aprendizagem escolar está MORTA. Isso é tão mortal como a infecção de um cadáver." O "novo ensino" que Pound propõe é aquilo que "qualquer homem de minha geração pode oferecer aos seus sucessores como meios de uma nova compreensão" (idem).

Já em "Date line" (1934), ainda sem referir expressamente Frobenius, Pound escrevia algo que é a própria definição de *paideuma*: "A organização do conhecimento de modo que o próximo homem (ou geração) possa achar, o mais rapidamente possível, a parte viva dele e gastar o mínimo de tempo com questões obsoletas".[9]

Em "For a New Paideuma" (1938),[10] Pound recapitula:

> O termo Paideuma foi ressuscitado em nossos tempos por uma necessidade. O termo *Zeitgeist* ou Espírito do Tempo pode ser usado para incluir atitudes e aptidões passivas de uma era. O termo Paideuma [...] tomou o sentido do elemento ativo de uma era, o complexo de ideias que é, num dado momento, germinal, que alcança a época seguinte, mas condicionando ativamente todo o pensamento e a ação de seu próprio tempo. [p. 284]

Ao estabelecer as listas dos autores preferenciais dos escritores-críticos, dei um *layout* poundiano, sintético, ideogramático, aos milhares de páginas de seus ensaios respectivos. Ao propor uma visualização conjunta e relacional de suas preferências, convido o leitor a uma leitura comparatista. As coincidências, divergências e omissões nos permitirão, mais adiante, outras considerações.

QUADRO GERAL DAS ESCOLHAS DOS ESCRITORES-CRÍTICOS

POUND	*ELIOT*	*BORGES*	*PAZ*	*CALVINO*	*BUTOR*	*CAMPOS*	*SOLLERS*
Homero		Homero	Homero	Homero	Homero	Homero	Homero
					Hesíodo		
Safo			Safo				
						Píndaro	
Sófocles							
	Eurípides						
				Xenofonte			
						Licofron	
		Heródoto		Heródoto			
				Tucídides			
	Virgílio	Virgílio	Virgílio		Virgílio		Virgílio
				Luciano			
				Lucrécio			Lucrécio
Ovídio				Ovídio		Ovídio	
Catulo							
Propércio							
	Sêneca						Sêneca
Épic.angl.sax.							
El Cid		Sagas nórd.		Sagas nórd.			
Arn. Daniel						Arn. Daniel	
Cavalcanti				Cavalcanti		Cavalcanti	
Dante	Dante	Dante	Dante	Dante		Dante	Dante
		Ariosto		Ariosto			
Chaucer							

POUND	*ELIOT*	*BORGES*	*PAZ*	*CALVINO*	*BUTOR*	*CAMPOS*	*SOLLERS*
Villon							
			San Juan				San Juan
Shakespeare	Shakespeare	Shakespeare					Shakespeare
Donne	Donne		Donne		Donne	Donne	
					Rabelais		
				Montaigne	Montaigne		Montaigne
		Cervantes	Cervantes		Cervantes		Cervantes
	Marlowe			Marlowe			
		Gôngora	Gôngora				Gôngora
		Quevedo	Quevedo	Quevedo			
	Milton						
			Sor Juana				
	Swift	Swift					
				Card. Retz			Card. Retz
						Greg. Matos	
					Racine		
				Saint Simon			Saint Simon
		Defoe		Defoe			
Voltaire		Voltaire		Voltaire	Voltaire		Voltaire
							Sade
		De Quincey					De Quincey
				Diderot			
	Goethe			Goethe	Goethe	Goethe	
	Blake	Blake	Blake				
		Coleridge	Coleridge	Coleridge			
				Balzac	Balzac		Balzac

POUND	ELIOT	BORGES	PAZ	CALVINO	BUTOR	CAMPOS	SOLLERS
			Hölderlin			Hölderlin	
			Novalis				
				Leopardi			
Stendhal							Stendhal
	Byron			Stendhal			
					V. Hugo		
		Keats					
Gautier							
	Dickens			Dickens			
	Yeats						
	Poe	Poe				Poe	
			Nerval				
Whitman		Whitman					
	Baudelaire		Baudelaire		Baudelaire		
Flaubert		Flaubert		Flaubert	Flaubert		Flaubert
		Dostoiévski		Dostoiévski	Dostoiévski		Dostoiévski
		Villiers					
Swinburne	Swinburne						
						Sousândrade	
		Mallarmé	Mallarmé	Mallarmé		Mallarmé	Mallarmé
H. James		H. James		H. James			H. James
Corbière	Corbière						
		Conrad		Conrad			
			Lautréamont		Lautréamont		Lautréamont
Rimbaud			Rimbaud				Rimbaud
Laforgue	Laforgue						
					Zola		

POUND	*ELIOT*	*BORGES*	*PAZ*	*CALVINO*	*BUTOR*	*CAMPOS*	*SOLLERS*
	Kipling	Kipling					
	Valéry	Valéry		Valéry			
		Chesterton					
		H. G. Wells					
					R. Roussel		R. Roussel
				Proust	Proust		Proust
Joyce	Joyce	Joyce			Joyce	Joyce	Joyce
		Kafka		Kafka		Kafka	Kafka
					Apollinaire		
	Pound		Pound		Pound	Pound	Pound
Eliot			Eliot				
			Pessoa				
						Maiakóvski	
						Oswald de A.	
						Mário de A.	
			A. Breton		A. Breton		
							Céline
							Artaud
							Bataille
			Cummings			Cummings	
		Michaux	Michaux				
				Ponge		Ponge	Ponge
					Faulkner		Faulkner
				Borges			Borges
						Guim. Rosa	
						João Cabral	

COMO FOI ESTABELECIDO O QUADRO

Tendo percorrido as obras críticas dos críticos-escritores, delas extraí os nomes dos escritores privilegiados. O resultado desse levantamento é uma listagem em que se pode, ao mesmo tempo, ver as escolhas de cada um dos críticos-escritores e comparar essas escolhas com as dos outros. No estabelecimento dessa listagem, foram observados critérios quantitativos e qualitativos: 1) existência de ensaio (livro ou artigo) dedicado exclusivamente a um autor; 2) referências recorrentes e elogiosas a um autor; 3) repercussão da obra de um autor na obra poética ou ficcional do escritor-crítico; 4) traduções de um autor feitas pelo escritor-crítico. A existência de um único texto sobre determinado autor só foi levada em conta quando esse texto o apontava, explicitamente, como de primeira importância na literatura mundial.

Outro critério que adotei foi o de não incluir, nas listas do quadro, os nomes de filósofos que alguns dos escritores-críticos citam em suas próprias listas ou contemplam com ensaios monográficos: Confúcio, em Pound; Pascal, Berkeley e Swedenborg, em Borges; Descartes, em Calvino; Kierkegaard, em Butor; Pascal, Kierkegaard e Nietzsche, em Sollers. A indistinção entre texto filosófico e texto poético constitui uma tendência relevante desde o romantismo. A eleição de determinados filósofos pelos modernos se deve, às vezes, à leitura de seus textos como textos literários (Butor dá forma poética ao texto de Descartes, Campos faz o mesmo com Hegel); mas, muitas vezes, de maneira mais tradicional, os filósofos são referidos pelos escritores devido à inspiração conceitual que deles receberam. Como meu objetivo, aqui, é o levantamento dos valores poéticos, a inclusão dos filósofos nas listas exigiria o comentário de cada caso, o que perturbaria a "legibilidade" imediata do quadro. Essa relação dos escritores-críticos com os filósofos exigiria (e mereceria) um estudo à parte.

Essas listas e o quadro geral em que elas se inscrevem não têm nenhuma pretensão "científica". O que eu estou fazendo aqui, para falar como Pound, é mais um "périplo" do que um "mapa".[11] A aplicação de "rigorosos" princípios estatísticos a esse tipo de discurso foi desde logo descartada. Já duvidosos, quando se trata de análise semântica de qualquer discurso, esses princípios seriam aqui inoperantes. O critério puramente quantitativo, baseado no número de ocorrências de determinado nome próprio nos textos examinados, não daria nenhum resultado conclusivo. Um nome qualquer, que chamaremos de "fulano", poderia aparecer numa formulação do tipo "Fulano foi o maior escritor de todos os tempos", numa alusão como "Fulano disse que...", ou na afirmação "Fulano não oferece hoje nenhum interesse". O critério qualitativo, o único conveniente para meus objetivos, é necessariamente empírico e sujeito a uma margem, mesmo mínima, de subjetividade.

As características particulares da obra crítica de cada um desses escritores forçaram-me a proceder, na elaboração das listas, de modo diferente em cada caso. Evidentemente, foi mais fácil extrair as listas daqueles que têm uma obra crítica menos extensa e mais seletiva; mais difícil quando a obra é abundante e motivada por razões às vezes alheias a uma valoração definitiva. Alguns dos críticos-escritores estabeleceram eles mesmos listas parciais, como as de Pound. Mas o fato de o escritor ter elaborado listas só facilitou parcialmente meu trabalho, porque essas listas evoluem e se alteram através do tempo, segundo as circunstâncias.

A lista dos autores preferidos de Pound, por exemplo, foi menos fácil de estabelecer do que poderia parecer à primeira vista. Desde muito cedo, Pound declarou suas preferências com base em reações heterogêneas, ora conceituais, ora psicológicas. Já em 1915, no Prefácio a *Poetical Works of Lionel Johnson*, ele declarava:

> Acho que fui escolhido para escrever este prefácio principalmente porque sou conhecido por defender teorias que algumas pessoas acham novas, e muitas sabem que são hostis a boa parte daquilo que até agora foi aceito como "clássico" na poesia inglesa; isto é, eu reverencio Dante, Villon e Catulo; quanto a Milton, os vitorianos e a suavidade [*softness*] dos anos 90, tenho por eles diferentes graus de antipatia e até de desdém.[12]

De maneira mais programática, em *ABC of Reading* Pound arrola não apenas os grandes "mestres" e "inventores", mas também aqueles que, segundo ele, têm algo a ensinar num aspecto particular da criação poética, ou que têm algumas páginas notáveis, ou um papel de intermediador dentro de uma literatura nacional. Assim, de Stendhal, ele recomenda a primeira metade de *Le rouge et le noir* e as primeiras oitenta páginas da *Chartreuse de Parme*. No mesmo livro, a lista dos "autores por meio dos quais se pode rastrear a metamorfose da arte do verso inglês" contém 24 nomes, dos quais nem todos são, para ele, indispensáveis de modo absoluto. Um pouco mais tarde, em *Guide to Kulchur*, ele reduz a lista a um "*fairly solid pentagon*": Confúcio, Homero, Ovídio, Dante, Shakespeare.[13] Mas nunca dedicou muita atenção ao último, por achar que ele estava suficientemente valorizado e estudado. Os critérios são, assim, variados. O critério que eu mesma adotei, para a elaboração da lista de Pound, foi o de manter aqueles aos quais dedicou ensaios monográficos ou que traduziu, e aqueles em cujos nomes ele insiste sempre, em todas as suas obras.

Borges também elaborou uma lista, quando foi convidado por uma editora a escolher cem obras de leitura imprescindível. Desse projeto nasceu a coleção "Biblioteca Personal".[14] Um volume publicado posteriormente[15] reúne os prólogos escritos por ele. Na apresentação, o editor nos informa que "Borges se dedicou a fazer e refazer inúmeras listas de títulos e autores, omitindo da seleção determinados escritores — entre eles Dante e Shakespeare — por considerar que sua inclusão seria demasiadamente óbvia" (p. I). Também nos informa que "o critério de conformação dessa biblioteca seria indiscutivelmente seu, que só havia de ligar-se ao prazer da leitura e à memória de suas leituras, à margem da cronologia ou de classificações de qualquer tipo" (idem). No fim do volume, estampa-se a lista de títulos pré-selecionados por Borges e eliminados da seleção definitiva.

As listas de Borges não têm função de *paideuma*. Ao efetuar essas escolhas, o escritor não pretendia ensinar ou orientar outros escritores; a coleção destinava-se a leitores em geral. Borges considera a leitura um prazer, uma felicidade, mais do que uma aprendizagem ou um aperfeiçoamento cultural. Diz ele: "Esta série de livros heterogêneos é uma biblioteca de preferências"; são "livros cuja leitura foi uma felicidade para nós, e que gostaríamos de compartilhar". O escritor se desmarca explicitamente do "professor", que não quer ser: "Os professores, que são os dispensatários da fama, interessam-se menos pela beleza do que pelos vaivéns e datas da literatura, e pela análise prolixa de livros escritos para essa análise, não para o gozo do leitor" (p. III).

Por várias razões, seria descabido colocar, na coluna relativa a Borges, essa quase centena e meia de nomes. Alguns foram selecionados por ele como curiosidades; outros, por valor sentimental, apego a leituras da juventude ou argentinidade. (O mesmo ocorre em seus ensaios, motivados às vezes por admiração pessoal mais do que literária; é o caso, por exemplo, de Macedonio Fernández e Rafael Cansinos-Asséns.) Retive, então, dessa longa lista da *Biblioteca Personal*, aqueles nomes a que Borges já havia dedicado ensaios importantes, e aqueles que ele qualifica, expressamente, no prólogo correspondente, como escritores fundamentais. Por exemplo: "Como a descoberta do amor, como a descoberta do mar, a descoberta de Dostoiévski marca uma data memorável de nossa vida" (p. 35). Ou sobre Conrad: "*Heart of Darkness*, talvez o mais intenso dos relatos que a imaginação humana elaborou" (p. 49). Ou sobre os *Relatos* de Kipling: "Não há um único conto, nesse volume, que não seja a meu ver uma obra-prima" (p. 84). Ou: "A literatura atual é inconcebível sem Whitman e sem Poe" (p. 117). Esses nomes não podiam, assim, faltar em meu quadro.

Outro caso de extrema abundância de nomes, com variada motivação, é o de Sollers. Como colaborador regular do suplemento literário do jornal *Le Monde*, ele tem escrito centenas de artigos. Alguns deles foram reunidos num volume de 642 páginas.[16] É evidente que, se todos os autores comentados lhe interessam, nem todos fazem parte de seu *paideuma*. Alguns artigos são comemorações de centenários de autores clássicos franceses, outros são provocações decorrentes de sua estratégia pessoal em determinado momento da vida literária parisiense.

A lista completa de Sollers seria, pois, abundante e heteróclita. A verdade é que Sollers é muito desigual em sua crítica (como em sua obra de criação). Até os anos 70, podemos ver em suas escolhas um "núcleo duro" (Dante, Sade, Lautréamont, Joyce, Ponge), defendido com argumentação teórica em seus livros de ensaios. Nas duas últimas décadas, suas intervenções críticas no jornalismo cultural têm frequentemente razões imediatistas e intuitos provocadores, que o levam a elogios aparentemente gratuitos (por exemplo, os concedidos a um autor fútil e mundano como Paul Morand). Sollers pode ser admirável de inteligência, de cultura, de brilho na formulação, como pode julgar com base na posição social ou política semelhante à sua própria (sendo a primeira a alta burguesia francesa, e a segunda, variável) ou até mesmo no tipo de vinho que bebe tal escritor.[17]

Quando foi publicado *Théorie des exceptions*,[18] Jean-Paul Enthoven fez o seguinte comentário:

> Sollers nunca renunciou a uma duplicidade literária que resume, ela mesma, todas as nuanças que separam o modernismo da tradição. *Côté cour*, os prazeres do recreio: ele aí brincava de vanguarda com todos os adereços de praxe, fiel às cumplicidades mediáticas e às agitações da

época. *Côté jardin*, era a postura nobre, resolutamente clássica: diálogo com os escritores incontestáveis, afinidades de elite.[19]

Apesar da ironia, Enthoven adverte: "Estaríamos enganados, entretanto, se subestimássemos a importância dos estudos aqui reunidos. Sollers é um leitor generoso, sincero, sutil". Adotei, para estabelecer a lista de Sollers, o critério da fidelidade a autores sobre os quais ele escreveu longamente alhures (Dante, Lautréamont, Sade etc.) e o do elogio com base em argumentação estético-literária.

Calvino também escreveu muitos artigos jornalísticos circunstanciais, motivados por obras recém-publicadas na Itália ou por aniversários. Escreveu ainda alguns prefácios encomendados. Mas sua produção crítica mantém coerência e qualidade, de modo que todos aqueles de quem tratou puderam ser abrigados, sem destoar, sob o título geral de *Por que ler os clássicos*. No ensaio que dá o título a esse livro, ele esboça, indiretamente, uma lista que coincide, em boa parte, com os temas de seus ensaios: "É claro que se pode formular a hipótese de uma pessoa feliz que dedique o 'tempo-leitura' de seus dias exclusivamente a ler Lucrécio, Luciano, Montaigne, Erasmo, Quevedo, Marlowe, o *Discours de la méthode*, *Wilhelm Meister*, Coleridge, Ruskin, Proust e Valéry, com algumas divagações para Murasaki ou para as sagas islandesas".[20]

Extrair uma lista da obra de Octavio Paz foi extremamente difícil, pela abundância torrencial de sua escrita, pela vastidão do campo abrangido e pela busca, por parte do crítico, de conclusões gerais de ordem teórica. O índice de *Los signos en rotación* ou o de *Versiones y diversiones* se prestam melhor ao estabelecimento de uma lista, pelo fato de o primeiro conter ensaios monográficos e o segundo, traduções que são escolhas valorativas. Entretanto, alguns dos nomes ali homenageados com um ensaio ou uma tradução nunca mais retornaram em sua ensaística, não merecendo, assim, um lugar definitivo em sua lista. *El arco y la lira*, *Los hijos del limo* e outras tantas obras de Paz são obras de caráter geral, em que foi necessário pescar as referências mais importantes. A edição de 1990 de *El arco y la lira*[21] contém índice onomástico que permite verificar os mais citados. Mas, para não ficar dependente apenas da quantidade, foi necessário verificar, em cada caso, o que é dito a respeito desses autores, e cotejar com o que é dito em outros livros. Veja-se como exemplo: "Diante de Calderón, o pensamento de Racine ou de Shakespeare é mero balbucio" (p. 209). Três nomes citados, e apenas um valorizado. E ainda assim, no restante da obra de Paz, Calderón não é referência constante. O mesmo vale para os índices onomásticos eventuais de obras de outros escritores-críticos.

Michel Butor não oferece dificuldades maiores, pelo fato de seus ensaios críticos terem sido recolhidos na série *Répertoire*, e outros em livros monográficos. A ensaística de Butor nunca é de tipo jornalístico, por isso tem sempre um peso valorativo mais afirmado. Apesar de sua vasta cultura literária, ao longo de sua extensa obra Butor é bastante fiel ao seu repertório pessoal, relativamente restrito, permitindo pois que se estabeleça sua lista preferencial com certa facilidade.

Haroldo de Campos escreve ou traduz tendo sempre em mente o conceito poundiano de *paideuma*, e é portanto extremamente seletivo. Seus ensaios ou traduções nunca são motivados por circunstâncias ocasionais ou por complacência, havendo mesmo em sua atitude (como em Pound) uma intransigência que raia o dogmatismo, mas que é justificada por um projeto criativo, crítico e pedagógico necessariamente radical. A dificuldade, no seu caso, consiste na grande abrangência do campo em que ele efetua sua colheita poliglota. E o interesse, para nós brasileiros, no modo como ele vem incluindo no *paideuma* nomes esquecidos ou negligenciados de nossa literatura, avaliando-os segundo padrões internacionais e não apenas locais.

Não há, portanto, homologia de extensão, de motivação ou de destinação entre as obras críticas dos escritores. Mas suas afinidades estão naquelas características que chamei inicialmente de "retrato falado" e se confirmam *a posteriori* nas coincidências do quadro. As listas não podem ser consideradas definitivas. Alguns desses escritores-críticos estão, felizmente, ainda vivos e produtivos. Quanto aos já falecidos, a publicação de inéditos ou uma releitura mais atenta sempre poderão revelar omissões. Entretanto, como essas listas foram submetidas a sucessivas revisões, e expostas à apreciação de variados "leitores de minhas leituras", acredito que elas tenham atingido um grau de exatidão suficiente e operacional.

COINCIDÊNCIAS, DIVERGÊNCIAS E OMISSÕES

Nas preferências desses escritores, notam-se muitas coincidências. Os autores mais estudados ou citados por eles são, por ordem de frequência no quadro (mais de quatro ocorrências): Homero (7), Dante (7), Joyce (6), Virgílio (5), Donne (5), Voltaire (5), Flaubert (5), Mallarmé (5), Pound (5), Shakespeare (4), Cervantes (4), Goethe (4), Dostoiévski (4), Henry James (4), Kafka (4).

O conjunto do quadro, no que se refere à literatura do passado (até o século IX) não apresenta uma modificação radical do cânone clássico, mas apenas mudanças de ênfase. Homero, Virgílio, Dante e Shakespeare não são novidades. Ou, como diria Pound, são "novidades que se mantêm novas". Mas Safo e Lucrécio são mais valorizados do que eram nos séculos passados; Cavalcanti e Donne foram introduzidos no cânone do qual estavam ausentes havia séculos. E alguns nomes consagrados pela tradição sofrem um pequeno rebaixamento, ou nem aparecem.

A menor atenção concedida pelos escritores-críticos modernos a determinados autores não significa um desapreço absoluto; pode haver uma estima tácita. Mas a maior atenção a determinados autores significa sempre que estes são reconhecidos como ainda ativos, inspiradores de escrita na modernidade. Alguns nomes entram na lista por terem sido explicitamente citados pelos escritores-críticos como indispensáveis; mas eles não dedicaram ensaios a eles, por considerá-los suficientemente conhecidos e reconhecidos. É o caso de Homero e de Virgílio e, em certa medida, de Shakespeare.

Se compararmos o quadro dos escritores-críticos com o "quadro completo" da literatura ocidental, notam-se algumas mudanças e até alguns "brancos". A Idade Média é predominantemente italiana. Do Renascimento, quase se esquecem de Rabelais e conservam Montaigne, por seu coloquialismo e sua informalidade. Camões só é lembrado por Pound e Borges, e mesmo assim sem a ênfase que justificaria sua presença nas listas respectivas. O classicismo francês dos séculos XVII e XVIII lhes interessa pouco. E neste, não são os teatrólogos consagrados que mais os atraem, mas memorialistas como Saint Simon e o pouco conhecido Cardinal de Retz. Milton, que gozou de imensa estima até o romantismo, só entra na lista de Eliot. Do século XVIII, ficam com Voltaire, mas não é o Voltaire ideólogo, e sim o Voltaire narrador ágil e imaginativo que, como tal, figura ao lado de Swift e Defoe. O barroco espanhol merece sobretudo a atenção dos ibéricos, mas o barroco como estilo interessa a quase todos.

Os romancistas e poetas europeus do século XIX (ou atuantes até o início deste) são citados de modo esparso. Nenhum dos reconhecidos pelo consenso letrado é totalmente esquecido; mas a ênfase é posta sobre alguns deles (os que figuram pelo menos três vezes no quadro): Goethe, Blake, Coleridge, Balzac, Stendhal, Poe, Baudelaire, Rimbaud. O romantismo oficial não goza de grande estima. Autores que já foram considerados gigantes, como Byron e Hugo, merecem pouca atenção. E outros, extremamente populares e frequentes nas antologias, são desprezados: Lamartine, Vigny, Musset, Wordsworth e seus congêneres em outras literaturas.

Se algumas épocas e autores se eclipsam, outros, em compensação, são resgatados: John Donne ganha um lugar comparável ao de Shakespeare. No lugar dos românticos mais populares, vemos aparecer Novalis, Hölderlin, Nerval. Baudelaire, assim como Poe, é mais valorizado por sua influência teórica do que por sua influência na prática poética. Mallarmé assume o lugar de verdadeiro introdutor da poesia do século XX. E vemos aparecer no quadro, com certo destaque, nomes que até muito recentemente mereciam apenas poucas linhas nos manuais de literatura: Lautréamont, Corbière, Laforgue, Raymond Roussel. Entre os ficcionistas modernos, eles dão uma honrosa posição a Henry James, reconhecem Proust e Kafka, mas privilegiam Joyce. Entre os contemporâneos, destacam Faulkner e Borges. Os poetas modernos mais apreciados são Pound, Eliot, Breton, Cummings, Michaux e Ponge.

Dentre as peculiaridades desses escritores-críticos modernos, nota-se seu apego aos textos religiosos e místicos enquanto textos poéticos, a Bíblia em particular (Campos, Sollers), os Evangelhos apócrifos (Borges). Eles também revelam, em seus ensaios e traduções, um interesse pelas literaturas orientais e um conhecimento das mesmas bem diverso do "orientalismo" apenas ornamental do século passado. A literatura chinesa é referida e/ou traduzida por Borges, Paz, Campos e Sollers; a japonesa, por Borges, Paz e Campos; a indiana, por Borges, Paz e Sollers; os contos árabes por Borges e Sollers; os persas por Calvino. Essas excursões para fora do cânone europeu anunciam o descentramento pós-moderno.

COMPARAÇÃO COM OUTRAS LISTAS

Para termos uma ideia mais clara das transformações do cânone propostas pelos escritores-críticos modernos, podemos efetuar uma rápida comparação de suas listas com outras, passadas e contemporâneas.

O cânone didático da Antiguidade baseava-se em princípios de correção gramatical. O cânone medieval, marcadamente cristão, esteava-se em valores morais. Ambos tinham em mira o ensinamento que se podia extrair das obras. Os currículos escolares ampliaram-se e modificaram-se ligeiramente do século VIII ao XIII. Segundo Curtius,[22] Valter de Speyer lia na escola, por volta de 957: Virgílio, Homero, Marciano Capela, Horácio, Pérsio, Juvenal, Boécio, Estácio, Terêncio e Lucano. Conrado de Hirsau, no começo do século XII, nomeia 21 autores: Donato (gramático), Catão, Esopo, Aviano, Sedúlio, Juvenco, Próspero de Aquitânia, Teódulo, Arátor, Prudêncio, Cícero, Salústio, Boécio, Lucano, Horácio, Ovídio, Juvenal, Homero, Pérsio, Estácio, Virgílio. Curtius dá outros exemplos de currículos da Idade Média e do Renascimento. Para nós, que estamos refletindo aqui sobre a Modernidade, é instrutivo ver quantos desses autores desapareceram da memória dos leitores e notar os poucos que se mantiveram incólumes.

O cânone de Dante, explicitado na *Divina comédia*, era composto de cinco autores principais: Homero, Virgílio, Horácio, Ovídio e Lucano e alguns secundários: Estácio, Juvenal, Terêncio, Cecílio, Plauto, Vário, Pérsio, Eurípides, Antifonte, Simônides e Agatão. Quantos deles ainda são lidos hoje? Note-se que esses autores, anteriores ao cristianismo, estavam todos no Inferno ou no Purgatório. Chaucer foi outro escritor medieval que declarou seu *paideuma*. Na atividade que hoje chamamos de literatura, ele destacou: Estácio, Homero, Virgílio, Ovídio, Lucano. Seu *paideuma* é, como se vê, quase igual ao de Dante.

O cânone moderno (séculos XVI a XVIII) firmou-se com ligeiras diferenças em cada país europeu. Na Itália, acrescentaram-se aos antigos: Dante, Petrarca, Bocácio, Ariosto e Tasso. Na França do século XVII, a Academia mantém os antigos como modelos e Boileau, crítico oficial, decreta que Malherbe é superior a Villon e Ronsard, preparando assim o caminho para um ensino da literatura que, nos dois séculos seguintes, valorizaria os clássicos do XVII e negligenciaria os medievais, os renascentistas e os barrocos. No século XVIII, Voltaire (futuro canonizado, como Dante e Chaucer) elegeria por modelos Virgílio,

Lucano, Tasso, Racine e descobriria, com muitas oscilações de juízo, mas com efeitos práticos certos, Shakespeare. Diderot admirava Homero, Ésquilo, Sófocles, Horácio, Tácito, Lucrécio, Terêncio, Racine e, apesar de interessar-se pela literatura inglesa, destacando nesta Richardson, considerava Shakespeare grosseiro e sem gosto.

Na Espanha, Gracián (*El Criticón*, 1651) lista como "*autores de buen genio*": Homero, Esopo, Sêneca, Luciano, Ariosto e os quase contemporâneos (e hoje praticamente desconhecidos) Boccalini e Barclay. Na Inglaterra do século XVIII, Samuel Johnson admira Shakespeare e Pope, mas desvaloriza Milton por insinceridade, Fielding, Sterne e Swift por imoralidade, e os poetas metafísicos por falta de emoção.

Chegando mais perto de nosso século, é bastante elucidativo considerar mais algumas listas extraídas das leituras preferenciais de autores que, como os escritores-críticos modernos, eram poliglotas e tinham uma cultura literária vasta, abrangendo várias épocas e vários países. Pela importância que tem, ainda hoje, sua concepção geral da literatura e da crítica, os irmãos Friedrich e August Wilheim Schlegel podem ser considerados como os "avós" dos escritores-críticos modernos. A lista dos irmãos é quase a mesma, com pequenas variações. A escolha de Friedrich Schlegel sofreu oscilações através das três fases por que passou (a de filólogo da Antiguidade grega, a do grupo *Athenaeum* e a católica-mística), mas é, fundamentalmente, a que segue. Até a virada do século XVI para o XVII: Homero, Sófocles, Bocaccio, Dante, Cervantes, Shakespeare, Camões. A partir daí, há um período totalmente rejeitado: o classicismo do século XVII, francês ou inglês. (Note-se que esse desapreço ou desinteresse permanece nos modernos.) No século XVIII, valorizava Rousseau e Goethe. Além disso, Friedrich já procedia a um alargamento da área de leituras, que prenuncia o da Modernidade: interessava-se pelas literaturas russa, tcheca, húngara e indiana.

August Wilheim Schlegel apresenta maior estabililidade e coerência em suas escolhas: Homero, Sófocles, Aristófanes, Propércio, as *Nibelungenlied*, Dante, Cervantes, Shakespeare. Como o irmão, rejeita o teatro clássico francês; do século VII, resgata apenas o espanhol Calderón. Com relação a seu próprio século, é ainda menos indulgente, salvando apenas Goethe.[23]

Na segunda metade do século XIX, Victor Hugo deixou registrada uma lista impressionante de 95 "poetas". Essa lista figura em *William Shakespeare* (1864), obra que devia ser um prefácio e acabou sendo um livro sobre o conceito de "gênio". A lista começa por poetas gregos míticos, como Museu e Orfeu, passa pelo indefectível Homero, continua com os gregos e latinos mais conhecidos, mas estes se misturam com os profetas da Bíblia; mais adiante, vemos surgir o apócrifo Ossian, e os persas Saadi e Firdusi. Dos italianos medievais, cita Petrarca e Dante. A partir do Renascimento, Hugo revela uma abertura europeia maior, com os espanhóis Cervantes, Calderón, Lope de Vega e o português Camões. A literatura inglesa vem largamente representada, desde Chaucer, passando evidentemente por Shakespeare, e a alemã comparece no século XVIII. Dentre seus contemporâneos, Hugo destaca: Chateaubriand, Byron, Shelley, Wordsworth, Burns, Walter Scott, Balzac, Musset, Béranger, Pellico, Vigny, Dumas, George Sand e Lamartine. A lista se detém, pois, no primeiro romantismo. Seria pedir demais se censurássemos o já velho e exilado Hugo por não incluir em sua lista Nerval, Baudelaire e Flaubert. Entretanto, estranha-se a ausência de Stendhal. A lista de Hugo é significativa porque nela se manifestam algumas tendências românticas já consolidadas, que se manteriam na modernidade: a dissolução dos gêneros e a identificação poesia-prosa (Balzac, Dumas etc. aí aparecem como poetas); o interesse pelo texto bíblico como texto poético; a ideia de uma literatura europeia com representação de vários países e várias línguas; a abertura (embora discreta) para o Oriente. Poucos nomes, da longa lista de Hugo, estão hoje esquecidos, o que mostra que os valores da modernidade não são tão diferentes dos seus. Ao empreender, no mesmo livro, estudos particulares de "gênios" poéticos, Hugo efetua uma seleção no interior de sua lista maior, chegando aos seguintes nomes: Homero, Jó, Ésquilo, Isaías, Ezequiel, Lucrécio, Juvenal, Tácito, o evangelista João, o epistolário Paulo, Dante, Rabelais, Cervantes, Shakespeare. A genialidade, como se vê, só é confirmada com alguns séculos de distância.

Na mesma época, um leitor igualmente poliglota e onívoro foi Karl Marx. Marx lia todas as línguas europeias e tinha uma grande bagagem literária. Por declarações explícitas (como as que se encontram nas respostas dadas a um questionário elaborado por suas filhas, em 1860-65, e que foi depois publicado sob o título de *Confissão*), por juízos expressos em vários pontos de sua obra, ou por depoimentos de amigos íntimos, conhecemos suas preferências literárias. A lista essencial é a seguinte: Ésquilo, Shakespeare, Diderot, Goethe, Balzac. Além desses, e por motivos diversos: Dante, Cervantes, Robert Burns, Fielding, Walter Scott, Alexandre Dumas, Púchkin, Gogol e outros russos. Marx relia Ésquilo, no original, todos os anos. Sabia de cor e declamava longos trechos da *Divina comédia* e das peças de Shakespeare. Detestava os românticos franceses.[24]

Minha intenção não é, e nem pode ser aqui, uma extensa e rigorosa comparação de cânones. Os exemplos apresentados pretendem apenas fornecer ao leitor alguns traços de um percurso histórico que lhe permitam aquilatar certas permanências e variações, até chegarmos aos escritores-críticos modernos. Para completar esse percurso, cabe agora comparar os quadros dos escritores-críticos com algumas listagens recentes, emanadas de grupos encarregados da informação. Como se sabe, em nosso século os veículos de comunicação tornaram-se poderosos formadores de opinião.

Em 1984, cinco grandes periódicos europeus (a revista francesa *Lire*, o jornal espanhol *El País*, o alemão *Die Zeit*, o inglês *The Times* e o italiano *La Stampa*) fizeram uma pesquisa junto a seus respectivos críticos literários para eleger os escritores europeus mais importantes de todos os tempos (entenda-se Europa moderna).[25] O resultado foi o seguinte, por ordem de número de votos: 1) Shakespeare; 2) Goethe; 3) Cervantes; 4) Dante; 5) Kafka; 6) Proust e Thomas Mann (empatados); 7) Molière; 8) Joyce; 9) Dickens. Também foram lembrados, com menos votos: Camus, Hermann Hesse, Oscar Wilde, Sartre, Montaigne, Zola, Grimm, Bernard Shaw e Orwell. Nota-se, no projeto e no resultado, uma orientação diplomática para apoiar a Comunidade Europeia; ao mesmo tempo, reflete-se nesse resultado o peso dos países na Comunidade naquele momento. A orientação diplomática transparece, por exemplo, no fato de *The Times* ter indicado Cervantes e não Shakespeare como o primeiro. O peso dos países reflete-se na distribuição: três de língua alemã, três de língua inglesa, dois franceses, um italiano e um espanhol. Como Portugal ainda não havia ingressado na Comunidade, o pobre Camões fica esquecido.

Apesar do caráter jornalístico dessa lista e de suas circunstâncias extraliterárias (ou, do ângulo sociológico, justamente por isso) é curioso compará-la com a dos escritores-críticos. Shakespeare, Cervantes, Dante, Kafka, Proust e Joyce aparecem no quadro dos escritores-críticos com destaque; Dickens, Montaigne e Zola pelo menos uma vez. Os outros dez, nem uma vez. Se as escolhas dos periódicos é geopolítica (só europeus da Comunidade, nenhum russo, nenhum nórdico, nenhum grego etc.), ela serve ao menos para confirmar que alguns nomes são de consenso em qualquer grupo que trate de literatura, e que esses se mantêm com constância através do século XX.

Outra lista que podemos confrontar com o nosso quadro é a da *Enciclopédia Britânica*, edição de 1990,[26] elaborada por votação entre pesquisadores do mundo inteiro. Em ordem cronológica: 1) Homero; 2) Ésquilo; 3) Sófocles; 4) Eurípides; 5) Aristófanes; 6) Virgílio; 7) Dante; 8) Chaucer; 9) Rabelais; 10) Shakespeare; 11) Cervantes; 12) Milton; 13) Molière; 14) Racine; 15) Swift; 16) Voltaire; 17) Diderot; 18) Goethe; 19) Balzac; 20) Jane Austen; 21) George Eliot; 22) Dickens; 23) Melville; 24) Mark Twain; 25) Tolstói; 26) Dostoiévski; 27) Ibsen. Do século XX: 1) Henry James; 2) Bernard Shaw; 3) Conrad; 4) Tchekov; 5) Pirandello; 6) Willa Cather; 7) Thomas Mann; 8) Joyce; 9) Virginia Woolf; 10) Kafka; 11) Lawrence; 12) T. S. Eliot; 13) O'Neill; 14) Fitzgerald; 15) Brecht; 16) Hemingway; 17) Orwell; 18) Beckett.

Esta lista já é geograficamente mais abrangente; afinal, a coleção da *Enciclopédia Britânica* se chama *Grandes Livros do Mundo Ocidental*. Mas, como nenhuma listagem é inocente, esta privilegia os autores de língua inglesa, ignora Portugal e a América Latina (não somos ocidentais?); mas pelo menos, diriam as feministas, inclui umas poucas mulheres.

Na comparação com as escolhas dos escritores-críticos, verificamos que essa lista (de consenso apesar de tudo bastante amplo) confirma alguns "campeões" do quadro (mais de quatro ocorrências): Homero, Virgílio, Dante, Shakespeare, Cervantes, Voltaire, Dostoiévski, Henry James, Joyce; mas não contempla outros: Donne, Flaubert, Mallarmé e Pound. Inversamente, os escritores-críticos deixaram de lado mais da metade dos nomes citados pela *Enciclopédia Britânica*.

As listas de consenso amplo são mais fiéis aos escritores mais distantes no tempo e mais oscilantes quando chegam à contemporaneidade. O que é normal, se compreendermos o cânone como o resultado de "um longo assentimento" (Kant). E os escritores modernos, apesar de procederem à repescagem de antigos merecedores de releitura, também assim o consideram. Em *ABC of Reading*, Pound adverte:

> O ciúme dos homens de grande energia vital talvez tenha levado, em todos os tempos, a uma deformação da crítica e a uma distorcida glorificação do passado. As causas não nos interessam, o erro, sim. Os glorificadores do passado erram comumente em suas computações porque querem medir a obra de uma DÉCADA atual com a melhor obra de um século passado ou mesmo de todo um grupo de séculos.
>
> Como é óbvio, nem um homem, nem meia dúzia deles podem produzir tantos triunfos métricos em 5 anos ou em 20, como 500 trovadores, sem cinema, romances ou rádio para distraí-los, produziram entre 1050 e 1300. E isso é válido para todos os departamentos artísticos.[27]

Borges também acentua o papel do tempo na fruição dos textos e, portanto, na constituição do cânone: "O tempo, tão conhecido como solapador, tão famoso por suas demolições e suas ruínas de Itálica, também constrói". Os "imortais", diz ele, com o tempo "se tornam pobres e perfeitos como um algarismo. Tornam-se abstrações. São apenas um ramalhete de sombra, mas o são com eternidade".[28] Borges não ignora, porém, que essa eternidade é apenas uma longa duração histórica. O que ele exprime com sintética ironia: "alguns livros prometem uma longa imortalidade".[29] Ou com irresistível humor: "Salvo o ambiente do Quixote, do Fausto *criollo* e até teu próximo livro (se és autor), nada conheço que seja digno de uma imortalidade de renome".[30]

3
CASOS EXEMPLARES

Os leitores que me acompanharam até este ponto terão percebido a extrema ambição e a necessária modéstia deste livro. Os ensaios críticos dos escritores analisados perfazem, juntos, milhares de páginas. Cada assunto tratado abre a possibilidade de entrar em outros tantos, vastos e vertiginosos. Meu trabalho consiste em condensar, em afunilar as questões de modo que elas desemboquem em conclusões restritas ao corpus examinado. Com esse intuito, veremos agora o que disseram os escritores-críticos de alguns "campeões" do quadro geral da página 66, buscando as razões que fundamentam essas preferências. Quatro escritores foram por mim selecionados por constituírem, como se verá, "casos exemplares". São eles: Dante, Donne, Mallarmé e Joyce.

O exame será apresentado de forma sintética. Interessa-nos comparar as análises dos escritores-críticos entre elas, e não confrontá-las com a enorme bibliografia passiva de cada um dos "eleitos". Também não é meu objetivo examinar detidamente a influência desses "mestres" sobre a obra de criação dos escritores-críticos. Cada um desses tópicos constitui assunto para outro ou outros livros (alguns já escritos por especialistas); bastam-nos, portanto, algumas breves incursões nos mesmos.

UM CASO DE CONFIRMAÇÃO: DANTE ALIGHIERI (1265-1321)

Com Homero e Shakespeare, Dante forma o trio imbatível de permanência nos cânones. São valores estáveis na Bolsa Literária.

Pelo menos até agora. Essa Bolsa também está sujeita a flutuações e a ataques especulativos.

A *Divina comédia* é um monumento da cultura ocidental, celebrado e estudado em milhares de páginas desde o seu aparecimento até os dias de hoje. Foi fartamente analisada por teólogos, filólogos, historiadores e críticos de todos os matizes. Vejamos o que dizem de Dante alguns escritores-críticos de nosso século.

Eliot dedicou vários ensaios a Dante.[1] No primeiro desses ensaios, "Dante como um líder espiritual" ["Dante as a Spiritual Leader"] (1920), ele declarava que a poesia de Dante contém "a mais compreensiva e a mais *ordenada* apresentação das emoções jamais realizada".[2] No ensaio "Dante" (1929), ele afirma que o florentino é o maior dos mestres, comparável em grandeza a Shakespeare, mas mais universal do que este: "Dante é o mais universal dos poetas em língua moderna".[3] Eliot explica o sentido em que está usando a palavra *universal*. Dante é o mais universal, primeiramente porque o italiano da Idade Média era uma língua muito próxima do latim, e o latim era uma língua que "concentrava aquilo que homens de várias raças e países podiam pensar juntos". Embora profundamente italiano, Dante é antes de tudo europeu. Quando Eliot fala de "universalidade", está pensando na Europa.

Uma das qualidades ressaltadas por Eliot na *Divina comédia* é a "completude": a visão que Dante nos dá das emoções humanas, embora muito larga, constitui um "todo" ["*a whole*"], e cada trecho particular de sua obra é incompleto, a menos que conheçamos o todo. Outra qualidade é a "clareza": Dante é fácil de ler e fácil de traduzir, porque seu estilo é "translúcido": "O estilo de Dante tem uma lucidez peculiar — uma lucidez poética, diversa da lucidez intelectual. O pensamento pode ser obscuro, mas a palavra é lúcida, ou melhor translúcida" (p. 201).

As imagens de Dante são "claras", porque ele emprega o método alegórico, que colabora para a inteligibilidade: "Para um poeta competente, a alegoria significa claras imagens visuais. E claras imagens visuais ganham intensidade muito maior quando têm um sentido [...] Dante é uma imaginação visual [...] As línguas variam, mas nossos olhos são sempre os mesmos" (pp. 204-5).

O "todo" da *Divina comédia* possui uma grande "coerência": a obra apresenta paralelismos, ecos de um verso a outro, e cada imagem reforça as precedentes. O estilo de Dante se caracteriza pela "elegância": Dante obtém o máximo de efeitos com o mínimo de meios ("força de compressão", "economia de palavras", "austeridade no uso da metáfora"). A "surpresa", qualidade que Poe declarava essencial para a poesia, está presente em Dante. Ele nos surpreende, no "Inferno", quando despacha duramente seu mestre Brunetto, ou quando ouve o relato de Ulisses.

Segundo Eliot, não é necessário partilhar a ideologia de Dante para apreciar seu poema: "Não se podem ignorar as crenças filosóficas e teológicas de Dante [...] Mas não somos obrigados a tê-las nós mesmos. Pois há uma diferença entre crença filosófica e assentimento poético" (p. 218).

Também não é necessário que o leitor seja um erudito: o desejo da erudição virá como uma consequência da primeira leitura, a leitura ingênua. A maior declaração de amor de Eliot a Dante é a seguinte: "A experiência de um poema é, ao mesmo tempo, a de um momento e de uma vida inteira [...] Superamos e sobrevivemos à maior parte dos poemas, como superamos e sobrevivemos à maioria das paixões. Dante é um daqueles com os quais apenas esperamos crescer até o fim de nossa vida" (p. 212).

Em outro ensaio sobre Dante, muito posterior ("Dante", 1950), Eliot salienta seu "ofício" ["*the craft*]: "A primeira lição de Dante é que, dos pouquíssimos poetas de estatura similar, não há nenhum [...] que tenha sido um estudioso mais atento da arte da poesia, nenhum mais escrupuloso, cuidadoso e consciente na prática do ofício".[4]

A segunda lição de Dante é a da "amplitude do alcance emocional". No que se refere às emoções, o escritor-crítico reitera, aí, o que já escrevera em 1920: "Dante é a mais compreensiva e a mais ordenada apresentação de emoções que jamais foi feita".[5] Dante é o modelo máximo do grande poeta, tal como Eliot o define:

> O grande poeta [...] deve perceber vibrações para além do alcance dos homens comuns, e ser capaz de fazer com que os homens vejam e ouçam mais do que poderiam ver ou ouvir sem a sua ajuda [...] A tarefa do poeta, a de fazer as pessoas compreenderem o incompreensível, exige imensos recursos de linguagem; desenvolvendo a linguagem, enriquecendo o sentido das palavras e mostrando o quanto elas podem fazer, ele está tornando possível, para outros homens, uma extensão maior de

emoção e de percepção, porque ele lhes dá a fala na qual mais coisas podem ser expressas.[6]

Em "O que Dante significa para mim" ["What Dante means to me"], conferência pronunciada no Italian Institute de Londres no mesmo ano de 1950, Eliot reitera suas afirmações anteriores. Considera que a maior lição recebida por ele, de Dante, foi uma lição de humildade: "O poeta deve ser o servo da linguagem, mais do que o mestre da mesma".[7] A segunda lição (e esta nenhum poeta pode ensinar) é "a lição da amplitude do campo emocional". O grande poeta é um explorador que vai além das fronteiras da consciência ordinária e volta para fazer o relato a seus concidadãos ["*his fellow-citizens*"] (p. 134).

Comparando novamente Dante com Shakespeare, Eliot define a função do grande poeta: "Passar para a posteridade sua própria língua mais desenvolvida, mais refinada e mais precisa do que ela era antes de ele haver escrito, esta é a mais alta realização possível do poeta enquanto poeta" (p. 133).

Numa conferência de 1961, Eliot lembra a influência precoce de Dante sobre sua obra: "Em minha juventude, creio que a espantosa economia e a visada direta de Dante — sua flecha, que vai infalivelmente ao centro do alvo — forneceram-me uma espécie de corretivo para as extravagâncias dos autores elisabetianos, jacobianos e carolinianos que também me deleitavam".[8]

Eliot aprendeu muito com Dante, e sua maior obra, *The Waste Land* (1922), deve muito de sua arquitetura e de seu estilo à *Divina comédia*.[9] Na conferência referida, ele declarava: "Depois de quarenta anos passados, eu ainda considero sua poesia a influência mais persistente e profunda sobre meus versos" (p. 125). E seu amigo Pound dizia dele: "Eliot é a verdadeira voz dantesca do mundo moderno".[10]

Para Pound, Dante é um *inventor* e um *mestre*.[11] O nome de Dante é a referência mais constante nas obras ensaísticas de Pound,[12] e figura em todas as suas listas. A lista de *How to Read* já incluía a *Divina comédia*, e Dante figura, com destaque, no "currículo mínimo" de *ABC of Reading*: "Sem conhecer Dante, Guido Cavalcanti e Villon ninguém será capaz de julgar os mais altos índices de certas espécies de escrita".[13] No volume *Literary Essays*, Dante é, de longe, o autor mais citado. No ensaio "Inferno" ["Hell"],[14] aí contido, ele declara: Dante "é uma das três maiores reputações em toda a literatura; quem não conhecer a *Comédia* é portanto *ignoramus*" (p. 203).

A primeira qualidade de Dante aí ressaltada por Pound é a "sonoridade": a *Divina comédia* tem uma musicalidade formidável ["*tremendous music*"]; Dante é também "um mestre em harmonias delicadas"; existe "um acordo perfeito entre a sonoridade de seus versos e um estado de espírito".

A segunda qualidade de Dante é a "visão exata": a precisão de Dante decorre da "reprodução exata daquilo que ele entreviu claramente". A visualidade do poema nada perde na tradução, enquanto a sonoridade só pode ser apreendida na língua original. A visualidade de Dante é ressaltada por Pound em prejuízo de Milton: "Comparem o caráter definitivo da apresentação de Dante com a retórica de Milton" (p. 7).

Outra qualidade é a "completude": é preciso apreender a obra como um todo [*a Whole*]; observação idêntica à de Eliot mas mais enfática. Também é notada, por Pound, a "concisão": Dante diz muita coisa em poucas palavras, em palavras curtas e comparações breves. E a "intensidade": "Nenhum momento chato [*Not a dull moment*]" (p. 207). O "sentido de construção" é outra qualidade da *Divina comédia*: além de ter um esquema diagramático ou cartográfico, a obra se esteia em paralelismos. Dante é "um mestre consciente de sua arte".

A maior qualidade da obra talvez seja sua "materialidade": tudo está ali, na página ["*it is really THERE ON THE PAGE*"] (p. 208). Pound está tão convencido dessa evidência que sua crítica de Dante consiste frequentemente em apenas citar o texto original. Por essa mesma razão, ele aconselha o leitor a não ficar "hipnotizado" pelo aparato crítico secular que acompanha a *Divina comédia*; o conhecimento direto da obra basta.

Dante deixou marcas profundas na obra poética de Pound,[15] em especial nos *Cantos*, que se apresentam como uma *Comédia* moderna. Entrevistado pela *Paris Review*, em 1962, Pound dizia dos *Cantos*: "Seis séculos não haviam sido empacotados. Era uma questão de lidar com o material que não estava na *Divina comédia*".

Desde 1949, Borges é definitivo em seu julgamento da obra de Dante: "O melhor livro que os homens escreveram"; e, ainda: "O conhecimento direto da *Divina comédia* é a felicidade mais inesgotável que a literatura nos pode dar".[16] Quase trinta anos mais tarde, na primeira das sete conferências feitas, em 1977, no Teatro Coliseo de Buenos Aires, ele reafirmava:

> Se elegi a *Comédia* para esta primeira conferência é porque sou um homem de letras e acredito que o ápice da literatura e de todas as literaturas é a *Comédia* [...] A *Comédia* é um livro que todos devemos ler. Deixar de fazê-lo é privarmo-nos do melhor dom que a literatura nos pode dar, é entregarmo-nos a um estranho ascetismo. Por que negar a nós mesmos a felicidade de ler a *Comédia*?[17]

No fim dos anos 30, quando era bibliotecário em Buenos Aires, Borges fazia o percurso de ida e volta, no bonde, lendo a *Divina comédia*.[18] Em 1949, no "Estudio preliminar" escrito como introdução à obra de Dante, fez desta uma ousada leitura, que não é uma análise literária, mas uma interpretação psicológica. Borges assim explica a origem da obra: "Morta Beatriz, perdida para sempre Beatriz, Dante jogou com a ficção de encontrá-la, para mitigar sua tristeza; estou convencido de que edificou a tríplice arquitetura de seu poema para intercalar esse encontro". Mas, "como num pesadelo", o que ocorre é um novo desencontro. Beatriz se mostra severa, e seu cortejo é "de uma complicada fealdade". Dante compreende então que "apaixonar-se é criar uma religião cujo deus é falível"; "Infinitamente existiu Beatriz para Dante; Dante, muito pouco, talvez nada, para Beatriz". Por isso, Borges acredita que Dante sentiu inveja de Paolo e Francesca, unidos para sempre no Inferno: "*Questi, che mai da me non sia diviso*... Com espantoso amor, com ansiedade, com admiração, com inveja, terá forjado Dante esse verso".[19]

Por sua vez, o crítico Emir Rodríguez Monegal liga essa interpretação de Borges a suas próprias experiências amorosas e ficcionais. Monegal considera o conto "El Aleph" (publicado no mesmo ano que esse "Estudio preliminar") "uma redução paródica da *Divina comédia*". A heroína do conto, Beatriz Viterbo, é uma mulher que despreza o narrador. O nome do herói, Daneri, seria uma abreviação de Dante Alighieri. O conto é dedicado a Estela Canto, uma jovem escritora argentina cujo nome é composto de duas palavras-chave da obra de Dante: *stella* e *canto*.[20] "El Aleph" seria, assim, uma obra *à clef*, cujas chaves Borges, interrogado mais tarde por Monegal e outros, continuaria negaceando, com habilidade e malícia.[21]

O "Estudio preliminar" de Borges contém as leituras de determinados episódios da *Comédia*, em particular os de Ulisses e de Ugolino. Borges vê uma identificação de Dante com o herói da *Odisseia*. Em sua temerária viagem-livro, "Dante foi Ulisses e no fundo da alma pôde temer o castigo de Ulisses", e "a essa carga emocional a fábula deve sua tremenda virtude" (p. XX). A mesma interpretação (assim como a do episódio de Paolo e Francesca) foi retomada em *Siete noches*: "Dante sentiu que Ulisses, de algum modo, era ele" (p. 31).

Já o episódio de Ugolino permite a Borges especular sobre a "verdade" da ficção, diversa da do real por sua ambiguidade. Ugolino devorou ou não seus próprios filhos?

> No tempo real, na história, cada vez que um homem se defronta com diversas alternativas, opta por uma e elimina e perde as outras. O mesmo não ocorre no ambíguo tempo da arte, que se parece com o da esperança e o do esquecimento [...] Ugolino devora e não devora os amados cadáveres, e essa ondulante imprecisão, essa incerteza, é a estranha matéria de que está feito. Assim, com duas possíveis agonias o sonhou Dante, e assim o sonharão as gerações. [pp. XXIII-XXIV]

Reconhece-se, nessa leitura de Borges, a especulação sobre as virtualidades da narrativa que ele explorara, em 1941, no conto "El jardín de senderos que se bifurcan" (*Ficciones*, 1956).

São várias as qualidades apontadas por Borges em Dante. A "universalidade": a *Divina comédia* é por ele comparada a um mítico quadro oriental em que se encontra tudo o que é, foi e será. A "precisão": tudo está ali fixado em traços precisos ["*rasgos precisos*"]. A "verossimilhança": tudo o que Dante conta é verossímil. A "honestidade": "Essa verossimilhança é probidade" (pp. IX, XIV e XV).

Na conferência de *Siete noches*, Borges reitera esses julgamentos e agrega outras qualidades. A "intensidade": "Nos cem cantos do poema, parece realmente um milagre que essa intensidade não decaia, salvo em alguns lugares do Paraíso, que para o Poeta foram luz e, para nós, sombra" (p. 14). A "delicadeza": "A obra está cheia de delícias, de deleites, de ternura" (idem). A "fabulação": "O que sustenta a obra é o fato de ela ser narrativa" (p. 16). A "concisão": "Um romance contemporâneo requer quinhentas ou seiscentas páginas para nos fazer conhecer uma personagem, se é que chegamos a conhecê-la. A Dante, basta um instante. Num instante a personagem é definida para sempre" (p. 20).

Borges aconselha uma leitura ingênua da *Divina comédia* ("com uma fé infantil") e a leitura posterior de seus comentadores, como um prazer suplementar. Uma vez conhecida, essa obra nos acompanhará para o resto de nossa vida: "A mim, acompanhou-me durante tantos anos, e sei que assim que a abrir, amanhã, encontrarei coisas que não encontrei até agora. Sei que esse livro existirá para além de minha vigília e de nossas vigílias" (p. 32). Essa declaração final é como que uma glosa da declaração de Eliot, em seu primeiro ensaio. Outras coincidências com as apreciações de Eliot e Pound se devem certamente à leitura dos mesmos por Borges. O que não o impediu de reformular as apreciações de modo original, absolutamente borgesiano.

A influência de Dante, em sua obra de escritor, foi constante e duradoura.[22] Em *El hacedor* (1960), aparece esta divagação ficcional sobre Dante:

> Anos depois [...] Dante morria em Ravena, tão injustificado e tão só como qualquer homem. Num sonho, Deus lhe declarou o secreto propósito de sua vida e de seu labor: Dante, maravilhado, soube enfim quem era e o que era, e bendisse suas amarguras. Diz a tradição que, ao despertar, sentiu que havia recebido e perdido uma coisa infinita, algo que não poderia recuperar, nem sequer vislumbrar, porque a máquina do mundo é demasiadamente complexa para a simplicidade dos homens.[23]

Octavio Paz não escreveu nenhum estudo particular sobre Dante, mas suas obras contêm frequentes referências ao mestre florentino. Em *El arco y la lira*, há dez referências a Dante. Este aparece aí como um valor tranquilo, exemplar de seu tempo; não é encarado como um autor que interessa à Modernidade. Em *Versiones y diversiones*, livro que reúne traduções feitas por Paz, é a ausência de Dante que é significativa, já que o próprio autor adverte: "O grande ausente deste livro é Dante, talvez o maior poeta do Ocidente".[24]

Em *Los hijos del limo*, Dante é um dos autores mais citados. Ele é aí chamado de "mestre incomparável", mas é também qualificado como "o mais inatual dos grandes poetas de nossa tradição". Preocupado com a encarnação da poesia na história, Paz chama a atenção para a diferença entre a concepção dantesca do tempo e a nossa:

> No Canto x da Comédia, Farinata degli Uberti diz: "quando se fecharem as portas do futuro" [...] essa ideia alternativamente me faz tremer e rir [...] Para Dante, o presente fixo da eternidade é a plenitude e a perfeição; para nós, é uma verdadeira condenação, pois nos encerra em um estado que, se não é a morte, tão pouco é a vida [...] Além, no futuro, onde o ser é pressentimento de ser, estão nossos paraísos... Podemos dizer agora com certa segurança que a época moderna começa no momento em que o homem se atreve a realizar um ato que faria tremer e rir, ao mesmo tempo, Dante e Farinata degli Uberti: abrir as portas do futuro.[25]

Este comentário de Paz é exemplar como atitude moderna diante do tempo. Enquanto, para a Idade Média cristã, o Apocalipse seria o fim e a realização da história dos homens, operados por Deus, para a modernidade leiga, o presente é o lugar onde os homens preparam um futuro melhor.

Assim, mais do que pela permanência, a *Divina comédia* interessa a Paz pela diferença que ela evidencia com relação à modernidade poética: "Para a Idade Média, a poesia era uma serva da religião; para a idade romântica, a poesia é sua rival, e mais, é a verdadeira religião, o princípio anterior a todas as escrituras sagradas" (p. 80). O escritor-crítico moderno, que já não pode ver a poesia como serva da religião, faz uma leitura leiga de Dante: "O poeta é o geógrafo e o historiador do céu e do inferno: Dante descreve a geografia e a população do outro mundo" (idem).

A *Divina comédia*, segundo Paz, corresponde à "tradição central do Ocidente", e o grande mérito de Pound e Eliot foi o de terem retomado, cada um à sua maneira, essa tradição:

> A grandeza de Pound e, em menor grau, a de Eliot — embora este último me pareça, finalmente, um poeta mais perfeito — consiste na tentativa de reconquistar a tradição da *Divina Comédia*, isto é, a tradição central do Ocidente. Pound se propôs a escrever o grande poema de uma civilização, mas — *make it new!* — utilizando os procedimentos e achados da poesia mais moderna. Reconciliação de tradição e vanguarda: o simultaneísmo e Dante, o Shy-King e Jules Laforgue. [p. 182]

Paz reflete longamente sobre o que fizeram, a partir de Dante, Eliot e Pound. Essas reflexões são extremamente interessantes para a análise que estou desenvolvendo neste livro, porque concernem não apenas a um nome tutelar do *paideuma*, mas também aos dois autores fundadores de nosso corpus de escritores-críticos. Ao analisar a herança dantesca em Eliot e Pound, Paz toca em questões centrais da relação da modernidade com a tradição e da poética sincrônica. Eliot, segundo Paz, buscava a "reconstituição de uma tradição que vai dos poetas provençais a Baudelaire: não uma assembleia de fantasmas, mas de obras vivas. No centro: Dante. É a balança, a pedra de toque. Eliot lê Baudelaire à luz de Dante, e *Les fleurs du mal* se convertem num comentário moderno do Inferno e do Purgatório".

Quanto a Pound, Paz é mais severo:

> *Coincé* entre a *Odisséia* e a *Comédia*, Pound escreve um poema épico que é também um inferno, um purgatório e um paraíso. A *Comédia* não é um poema épico, mas alegórico [...] uma alegoria da errança da alma humana, por fim redimida pelo amor divino. O tema da *Comédia* é o do regresso ao Criador; o dos *Cantos* também é o regresso, só que a onde? No curso da viagem, o poeta esqueceu o ponto de destinação. A matéria dos *Cantos* é épica; a divisão tripartida é teológica. Teologia secularizada: política autoritária. O fascismo de Pound, antes de ser um erro moral, foi um erro literário, uma confusão de gêneros. [p. 189]

Apesar da admiração pelo mestre florentino e pelos modernos que retomaram sua tradição, o poeta Paz tem outros interesses e mantém, em geral, uma distância respeitosa com relação a Dante. Este só é verdadeiramente reconhecido por Paz à luz da teoria romântica das correspondências, a mesma que ele reencontra e admira no surrealismo: "A visão analógica havia inspirado tanto Dante quanto os neoplatônicos renascentistas. Seu reaparecimento na era romântica coincide com o repúdio dos arquétipos neoclássicos e a descoberta da tradição poética nacional" (p. 40).

Embora propondo, em teoria, uma leitura sincrônica das obras do passado, Paz se refere a Dante sempre dentro de uma interpretação que não se afasta da que a tradição consagrou. Mas a contradição é apenas aparente, já que essas considerações sobre Dante se abrem com a afirmação: "Dentre todas as maneiras de ler os grandes livros do passado, há uma que eu prefiro: a que busca neles não o que somos, mas justamente o que nega aquilo que somos" (p. 97). Sua leitura é, assim, dialética: o passado de Dante lhe permite uma melhor compreensão de nosso presente. Não se pode dizer, entretanto, que a obra de Dante tenha deixado marcas reconhecíveis na obra poética de Paz.

Sollers apresenta, através dos anos, uma fidelidade a Dante que é verdadeiramente espantosa num escritor-crítico considerado volúvel. Dante está constantemente presente, em seus ensaios e em seus romances. Sollers faz uma leitura decididamente sincrônica de Dante. "Poucas obras estão tão separadas de nós como a *Divina comédia*", diz ele; mas sua "visibilidade, ainda problemática, anuncia-se, talvez, apenas para nós".[26] Segundo Sollers, é a ruptura efetuada na literatura, na segunda metade do século XIX, que torna a *Divina comédia* legível como "comédia da linguagem e do caminho que pode percorrer, através dela, um sujeito que tente esgotar todas as suas dimensões num desvendamento ativo" (p. 46). A fragilidade lógica de tal afirmação reside não no fato de se eleger um momento da história (o nosso) como lugar de onde se veem determinados aspectos da obra (o que constitui o postulado da história sincrônica), mas de declarar que esse momento é o *único* capaz de ver a *verdade* da obra.

Vejamos os valores que Sollers atribui a Dante. A "atualidade": é um livro calculado pelo escritor a partir do ponto de vista do leitor. O caráter de "ruptura", efetuada por Dante com relação à Idade Média, de onde a "novidade revolucionária" de sua obra. A "transgressão", comparável às que efetuariam mais tarde Hölderlin, Nerval, Baudelaire e Bataille. A "força de percussão": "A obra foi pensada também como significante bruto (como não tendo nenhuma significação)". A "despersonalização": a experiência do escritor leva à não individualidade, em Dante como na literatura moderna. A "autorreferência": "A linguagem, nesse ponto de simbolização extrema, se indicará e se descreverá a cada instante, e disporá o conjunto como metáfora dela mesma" (p. 66).

Toda a *Comédia* será então interpretada à luz dessa questão da linguagem. O Inferno é o silêncio, a confusão das línguas, a não comunicação, a ilusão da identidade. "O Paraíso, pelo contrário, será o lugar das ligações mais do que dos liames (é lá que Deus, ou o amor, ou o sentido etc., escreve o volume revolucionário dos astros e dos signos)." E o Purgatório é "o sofrimento em vista da fala". Em suma: "A *Comédia* inteira é uma aprendizagem do pensamento, da visão e da escritura". Para Sollers, Deus é antes de tudo verbo, não no sentido bíblico, mas no sentido linguístico; a linguagem humana é colocada no lugar de Deus: "O Amor que move o céu e as outras estrelas remete à constelação do sentido e das palavras"; "Aquele que ignora sua linguagem serve a ídolos, aquele que visse sua linguagem veria seu deus" (p. 76).

A leitura de Sollers é, assim, um exercício de aplicação da teoria autotélica da linguagem que era então a do grupo Tel Quel; um exercício levado a efeito com um brio inegável, mas que deixa muitas dúvidas ao leitor. O crítico acaba por provar, com seu texto, o que ele mesmo diz da *Divina comédia*: "A bem dizer, Dante se presta a tudo o que se quiser: a universidade, o academicismo e o modernismo podem cada qual reivindicá-lo sem grandes riscos" (p. 45).

Mesmo terminada a fase programática e polêmica de Tel Quel, Sollers manteve inalterada sua admiração por Dante. Em 1990, por ocasião da publicação da tradução francesa do *Paraíso* por Jacqueline Risset, ele voltou a falar de Dante com o mesmo encantamento: "A primeira palavra do Paraíso de Dante é *glória*. A primeira palavra do último verso: *amor*. Entre as duas se desenrola, por séries de acelerações fulgurantes, a viagem mais fabulosa de todos os séculos, implicando a transformação progressiva da experimentação".[27]

A obra criativa de Sollers está permeada de referências e alusões a Dante (uma de suas obras se intitula *Paradis*).[28] Em seu romance *Le coeur absolu*,[29] Sollers imagina uma adaptação da *Divina comédia* para a televisão japonesa, o que lhe permite confrontar Dante com a sociedade mediática, globalizada, e com a indústria cultural contemporâneas. O escritor coloca, na boca das personagens, discussões eruditas ou delirantes sobre a obra. Poderíamos considerar esse romance como uma versão pós-moderna da leitura de Dante por Sollers.

Haroldo de Campos e seus companheiros "concretos", desde sempre e à luz de Pound, incluíram Dante em seu *paideuma*. Em *Traduzir e trovar*,[30] o poeta traduziu as quatro canções das chamadas *Rime Petrose*, acompanhadas de um breve ensaio: "Petrografia dantesca". Aí se lê uma declaração esclarecedora da relação mantida pelo poeta moderno com o passado em geral e com a poesia de Dante em particular:

> A tradição é uma coisa aberta. Não pode ser deixada à custódia sedentária de curadores acadêmicos, sem o faro do fazer criativo [...] A vanguarda literária, tal como a compreendo, envolve uma interpretação crítica do legado da tradição, através de sua ótica integrado no presente e feito contemporâneo. Não artefato de museu (para a contemplação), mas objeto linguístico vivo, para uso produtivo imediato (para a ação). Assim, no caso das *rime petrose*, importa salientar como os poetas das

mais recentes gerações italianas mostram-se sensíveis à sua atualidade [por exemplo: Alfredo Giuliani e Arrigo Lara Totino]. [p. 65]

Assim, mais do que escrever ensaios sobre Dante, sempre interessou a Haroldo de Campos o exercício da tradução-crítica do poeta, homenagem e aprendizado constantes. Essa antiga admiração por Dante culminou com uma tradução do "Paraíso".[31] Na introdução, intitulada "Luz: a escrita paradisíaca", ele faz uma leitura sincrônica de Dante. Partindo da consideração de que o "Paraíso" é atualmente a parte da obra menos popular e menos lida, ele propõe que a encaremos como um "poema *op*", um "verdadeiro poema abstrato" correspondente, portanto, a uma corrente das artes plásticas que vem de Malevitch e Kandinsky até as manifestações mais recentes da "arte óptica":

> O olho de Dante, aqui, é o de um artista óptico, cinético, apto a divisar a luz na luz, o íris no íris, o fogo no fulgor: espécies luminosas, "distinções em claridade". (Lembro das lúcidas esculturas de Vantongerloo, Paris, 1959, Impasse du Rouet, às quais ele preferia, por vezes, as fotos delas mesmas, pois só nestas — dizia — capturava-se um ectoplasma radiante, nimbo ou fluorescência, a dissolver o cristal no cristal.) E o mistério, o enigma teológico, se resolve em epifania, faneroscopia, escrita paradisíaca: luz.

A visão do rosto de Cristo, no fim do poema, é a "reconversão do cinético em figural, do óptico em icônico". Haroldo de Campos lê a *Divina comédia* à luz de Peirce. Lúcifer é culpado de uma trangressão semiológica: "transpor os limites sígnicos: *il trapassar del segno*". O anjo rebelde teria pretendido transformar-se em "interpretante final" do Signo Supremo (Deus), "querendo sobre-excedê-lo como novo Super-Signo". A originalidade da leitura do "Paraíso" por Haroldo de Campos é a aproximação com as artes plásticas contemporâneas e a visada semiótica moderna aplicada aos signos sagrados evocados por Dante.

As qualidades de Dante como poeta, para Haroldo de Campos, decorrem todas do "trabalho do significante", nos níveis sonoro e visual. A "invenção verbal": Dante leva o italiano ao extremo de sua metamorfose, inventa verbos e advérbios para efetuar curtos-circuitos de ideias. A "produção de informação nova", por intensificação da redundância. O "estranhamento" (a *ostranienie* do formalismo russo): Dante nos surpreende cortando as palavras no fim dos versos etc. A "orquestração do texto": aliterações, paronomásias, dispersões anagramáticas.

As marcas de Dante na obra de Haroldo de Campos se encontram não apenas em sua "transcriação" do Paraíso, mas em sua própria poesia. Em *Signantia: quasi coelum/ Signância: quase céu*,[32] o poeta refaz o percurso dantesco em sentido inverso: parte de estados paradisíacos, passa por um interregno purgatorial (*Status viatoris*) e termina por uma descida ao inferno ("Esboços para uma *nékuia*").

Assim como os escritores-críticos de língua inglesa são sucintos ao falar de Shakespeare, Calvino não se detém demasiadamente em Dante. A grandeza dos escritores pátrios é de tal forma reconhecida que eles não julgam necessário nem oportuno insistir em sua celebração. Shakespeare está plenamente assimilado pelos escritores de língua inglesa, e Dante, pelos italianos.

Em suas *Lezioni americane — Sei proposte per il prossimo millennio* (1988), Calvino invoca Dante para exemplificar todas as qualidades que propõe como desejáveis na literatura presente e futura: leveza, rapidez, exatidão, visibilidade, multiplicidade. Contrapondo Cavalcanti a Dante, Calvino mostra como o primeiro é um mestre da leveza, enquanto em Dante "tudo adquire consistência e estabilidade". E diz que "não podemos admirar a leveza da linguagem se não soubermos admirar igualmente a linguagem dotada de peso". Mas a oposição, segundo ele, só "funciona em linhas gerais: a riqueza dos recursos de Dante e sua extraordinária versatilidade exigiriam inúmeras exemplificações [...] quando Dante quer exprimir leveza, até mesmo na *Divina Comédia*, ninguém sabe fazê-lo melhor que ele".[33] Prosseguindo no paralelo com Cavalcanti, Calvino define em que consiste a "genialidade" de Dante:

> em extrair da língua todas as suas possibilidades sonoras e emocionais, tudo o que ela pode evocar de sensações; em capturar no verso o mundo em toda a variedade de seus níveis, formas e atributos; em transmitir a ideia de um mundo organizado num sistema, numa ordem, numa hierarquia em que tudo encontra seu lugar [...] Dante empresta solidez corpórea até mesmo à mais abstrata especulação. [p. 28]

Mais adiante, tratando da "visibilidade", Calvino também recorre ao exemplo de Dante: "O que Dante está procurando definir será portanto o papel da imaginação na *Divina comédia*, e mais precisamente a parte visual de sua fantasia, que precede ou acompanha a imaginação verbal" (p. 99).

E, ao tratar da "multiplicidade", é novamente a Dante que ele recorre, para mostrar a diferença do conceito, na Idade Média e na modernidade:

> Diferentemente da literatura medieval que tendia para obras capazes de exprimir a integração do saber humano numa ordem e numa forma de densidade estável, como a *Divina comédia*, em que convergem uma riqueza linguística multiforme e a aplicação de um pensamento sistemático e unitário, os livros modernos que mais admiramos nascem da confluência e do entrechoque de uma multiplicidade de métodos interpretativos, maneiras de pensar, estilos de expressão [...] Como fica provado exatamente pelos dois grandes autores de nosso século que mais se referem à Idade Média, T. S. Eliot e James Joyce, ambos cultores de Dante. [p. 131]

São referências breves, mas definitivas, como comprovação da importância de Dante para Calvino.

Por esses exemplos podemos ver que a admiração por Dante continua intacta, na modernidade: "Os escritores modernos continuam a reverenciar Dante como Dante reverenciava Virgílio: '*Tu se' lo mio maestro e il mio autore*'".[34] Shelley já observara, no século XIX: "A poesia de Dante pode ser considerada como a ponte lançada sobre a corrente do tempo, unindo o mundo antigo ao moderno".[35]

A relação desses escritores-críticos com Dante nos dá algumas respostas acerca dos valores que presidem às suas escolhas, e nos revela as razões, explícitas e implícitas, pelas quais eles mantêm certos clássicos do passado como mestres do presente.

Os valores reconhecidos por eles na *Divina comédia* são os seguintes: *universalidade* (Eliot, Borges, Paz); *completude* (Eliot, Pound, Calvino); *concisão* (Eliot, Pound, Borges, Calvino); *clareza* (Eliot, Pound); *força da visão* (Eliot, Pound, Calvino, Campos); *materialidade* (Pound, Calvino); *verossimilhança* (Borges); *surpresa* (Eliot, Campos); *sonoridade* (Pound, Sollers, Calvino, Campos); *despersonalização* (Paz, Sollers); *novidade com relação a seu tempo* (Pound, Borges, Campos); *atualidade* (todos). Vários desses valores são os reconhecidos desde Aristóteles e mantidos ao longo dos séculos: a unidade, a coerência, a completude, a verossimilhança, a impessoalidade do poeta épico, o ritmo e a musicalidade do verso. Entretanto, esses valores aparecem, por assim dizer, reciclados à luz do presente, e essa operação sincrônica (ou anacrônica, como diriam os historicistas) altera o sentido e o peso desses valores no conjunto.

A completude e a coerência do esquema teológico são chamadas de "sentido de construção", e assim laicizadas. A verossimilhança se torna "concretude". Peripécias e reconhecimentos são "surpresas" da fabulação, o engenho, "surpresas" da formulação. O poder visionário se torna "acuidade visual", "imaginação visual", "pintura abstrata". A elegância clássica é chamada de "precisão", "economia de recursos", "força de compressão". A musicalidade é vista como "orquestração do texto" e "trabalho do significante". A modéstia do autor-personagem é encarada como "despersonalização" ou mesmo "desaparecimento do sujeito". Quanto à "atualidade" e à "novidade", estes são valores totalmente modernos. Os valores clássicos, reinterpretados a partir de uma concepção da linguagem e da literatura inexistente na época de Dante, são não apenas renomeados, mas transformados, reinventados pelos modernos.

Esses escritores-críticos do século XX não desconhecem os comentários tradicionais da obra de Dante; pelo contrário, revelam todos uma grande erudição. Mas eles substituem os comentários dos especialistas por sua visão própria, baseada no gosto e na prática pessoais, ou nas teorias recentes da linguagem e da literatura. Sem dar demasiada importância à grande massa de escritos filológicos e exegéticos que a *Divina comédia* tem suscitado através do tempo e que, de certa forma, a ela se agregaram (e por vezes a ocultaram), esses escritores leem o texto aqui e agora, para o leitor-poeta de hoje. As liberdades que eles tomam na interpretação do texto (desde o respeito distanciado de Paz às ousadias interpretativas de Sollers e Campos) decorrem dessa atualização que implica o valor moderno da "invenção", defendido tanto na escrita como na leitura.

A *Divina comédia* não é lida como um texto religioso (nem mesmo pelos escritores cristãos), mas como um *texto* no sentido moderno da palavra, como um tecido verbal revelador de um formidável "ofício" e dotado de uma capacidade infinita de produção de novos sentidos. A linguagem não é mais encarada como um meio, mas como um fim.

Dante não é, para eles, um mestre de teologia e de moral, mas um mestre de linguagem, e é como tal que ele é fonte de prazer e de conhecimento permanentes. A releitura de Dante à luz dos grandes teóricos de nosso século (Freud, Peirce, Jákobson) talvez seja uma traição ao Dante histórico, mas ela nos prova que seu texto continua vivo, isto é, legível e *escriptível* (estimulante de novos textos, segundo Barthes).

Essa operação de leitura sincrônica não é uma novidade na história da literatura. Um espectador das tragédias "gregas" de Racine não se espantava nada de ver o herói usando um chapéu de plumas do século XVII. Stendhal, no início do século XIX, afirmava tranquilamente que Ésquilo, Racine e Shakespeare eram "românticos" (*Racine et Shakespeare*, 1823). Foi, paradoxalmente, a consciência histórica desenvolvida do século XIX aos nossos dias que tornou ousadas as liberdades de leitura dos modernos. Por outro lado, o próprio conceito de história está no centro do fascínio exercido por Dante sobre a maioria desses escritores-críticos.

Finalmente, essas leituras de Dante nos esclarecem menos sobre o próprio do que sobre seus leitores, e sobre os valores literários de nosso século. E o que seria o "próprio" Dante, senão uma longa série de leituras do mesmo? Como dizia Tiniánov: "Uma época escolhe sempre os fenômenos que lhe são necessários, mas a utilização desses materiais só caracteriza a ela mesma". [36]

UM CASO DE RECUPERAÇÃO: JOHN DONNE (*1572-1631*)

John Donne e os outros chamados "poetas metafísicos" ingleses ficaram quase totalmente esquecidos durante quatro séculos, até serem redescobertos e revalorizados pelos modernos. A denominação "poetas metafísicos" e o desapreço por sua obra se devem ao temível e respeitado Samuel Johnson (1709-84), que os declarou ilegíveis. Como explica René Wellek, "o termo 'metafísico' vem originariamente de Dryden, mas tornou-se geralmente aceito só com a *Life of Cowley* (1780), de Johnson. Significava, para Johnson, 'nada que fosse referente à metafísica', mas 'metafísico', 'além da natureza', ou verdadeiramente 'inatural', o contrário de 'natural' no sentido neoclássico de universal". [37]

O julgamento negativo do dr. Johnson está resumido nesta afirmação: "Eles não copiam a natureza nem a vida; nem pintam as formas da matéria, nem representam as operações do intelecto".[38] Dentre os defeitos apontados pelo crítico inglês na obra desses poetas, estariam o pedantismo, a obscuridade, a falta de decoro, o abuso do *wit* ou engenho em metáforas estranhas. Em suma, era o caráter barroco dessa poesia que repugnava aos neoclássicos. E como, logo em seguida, a avassaladora onda romântica tomou conta da poesia inglesa e europeia em geral, privilegiando a poesia expressiva em detrimento da poesia engenhosa, os "metafísicos" ficaram esquecidos, ou apenas lembrados na qualidade de curiosidades históricas.

Foram justamente alguns dos "defeitos" apontados pelo dr. Johnson, e ratificados pelos críticos seguintes, que atraíram a atenção dos poetas do início do século XX e causaram a revalorização dos "metafísicos", e de John Donne em particular. A poesia analítica era condenada pelo dr. Johnson por apresentar uma fragmentação das imagens e ter um efeito de dispersão, ambiguidade e ironia, "coisas de que parecemos gostar hoje em dia", comenta Wellek.[39] O crítico Hugh Kenner aponta, entre as causas da recuperação de Donne, uma pelo menos curiosa. Diz ele que certas conquistas tecnológicas do fim do século XIX e do início do XX, como o raio X, tornaram menos estranhos certos autores considerados obscuros no passado: "Quando, no início de nosso século, os poemas de John Donne começaram a reviver, depois de mais de um século de total abandono, os 'olhos-raios de luz' [*eye-beams*] dos amantes em *The Ecstasy* não pareciam mais tão distantes da realidade física como quando tudo o que era real era feito de tijolo".[40]

O caso de Donne é, portanto, diverso daquele de Dante, cujo prestígio nunca decaiu, modificando-se apenas a maneira de ler sua obra, reconhecida sempre como "obra-prima". A leitura de Donne pelos modernos é um caso de recuperação e de nova inserção no cânone. Numa reedição inglesa recente das obras de Donne,[41] uma "Introdução" não assinada registra esse fenômeno:

> A reputação atual de Donne é alta, mas esse é um fenômeno relativamente recente. Sucessivas gerações acharam seus versos muito estranhos, ásperos, demasiadamente "incorretos" para serem agradáveis ou edificantes, e seu erotismo, seu ludismo e seu cinismo repugnavam a muitos no século XIX. Foram modernistas como T. S. Eliot que, achando sua ousadia, suas qualidades cerebrais e sua rugosa dicção consoantes

com suas próprias preocupações, iniciaram sua reabilitação. Hoje em dia, Donne é ensinado nas escolas.

Mas Eliot nega que tenha sido o principal responsável pelo resgate de Donne; que, antes dele, Coleridge, Browning, Lamb e Swinburne o admiravam, e que, quando ainda estudava em Harvard, alguns de seus mestres já dedicavam estudos eruditos ao poeta elisabetiano.[42] Um estudo geral sobre a fortuna crítica de Donne em nosso século, por Deborah Aldrich Larsen,[43] demonstra que o poeta permanece firmemente inserido no cânone, e que o modo de encará-lo tem variado, de Eliot até os universitários atuais. A recuperação de Donne se realizou num *crescendo*. Entre 1903 e 1905, George Saintsbury publicou seu monumental *Minor Poets of the Caroline Period*. Em 1912, Herbert John Clifford Grierson publicou os *Poems of John Donne* em dois volumes. Na década de 20, coincidindo com sua redescoberta pelos poetas modernistas, os estudos eruditos sobre os "poetas metafísicos" se multiplicaram até se tornarem, segundo Eliot diria mais tarde, uma moda. Quanto ao próprio Donne, os *new critics* continuaram a estudá-lo como um precursor da poesia moderna, até que os *scholars* mais recentes dele se apoderaram com um novo furor historicista e erudito. Inúmeros estudos têm sido escritos para elucidar os mistérios da biografia e do texto do poeta, e as opiniões divergentes continuam originando controvérsias acaloradas.

A biografia de Donne permanece, em muitos pontos, obscura. Sabe-se que, nascido numa família católica, num momento em que o catolicismo sofria forte perseguição na Inglaterra, Donne renunciou ao catolicismo por volta de 1593. Os biógrafos continuam discutindo a sinceridade ou o oportunismo dessa abdicação, que lhe permitiu ascender socialmente. Seu casamento com Ann More, a sobrinha de seu protetor Sir Thomas Egerton, arruinou sua carreira e levou-o à prisão. Suas obras também causaram e causam perplexidades. Como ministro da Igreja Anglicana, escreveu obras piedosas; como poeta, escreveu obras eróticas. O próprio texto de suas obras, nunca suficientemente estabelecido, tem sido objeto de disputas filológicas.

Entretanto, o que interessava e continua interessando aos poetas-críticos é a "atualidade" de Donne como poeta. Foi como poeta "vivo" e "moderno" que Donne foi reabilitado. O ensaio de Eliot que deu início a esse processo de reabilitação data de 1921: "The Metaphysical Poets".[44] As qualidades vistas por Eliot em Donne são as seguintes: "uma rápida associação de pensamento que requer considerável agilidade por parte do leitor", "palavras breves e súbitos contrastes", "telescopia de imagens e múltiplas associações". Reconhecem-se, nessas qualidades, aquelas prezadas pelos movimentos poéticos em que Eliot e Pound estavam engajados: o imagismo e o vorticismo. Tais qualidades, anteriormente vistas como "defeitos", são para Eliot próprias da poesia em geral: "Um certo grau de heterogeneidade do material, compelido para a unidade pela operação da mente do poeta, é onipresente na poesia" (pp. 242-3).

Comparando Donne com outros poetas, Eliot distingue os "poetas intelectuais" dos "poetas reflexivos" e explicita: "Tennyson e Browning são poetas, e pensam; mas eles não sentem seu pensamento tão imediatamente como o odor de uma rosa. Um pensamento, para Donne, era uma experiência que modificava sua sensibilidade". Os poetas do início do século XVII "possuíam um mecanismo de sensibilidade que podia devorar qualquer espécie de experiência". Seus predecessores eram Dante, Cavalcanti e outros poetas italianos. Essa fusão do pensamento com a sensibilidade perdeu-se a partir do século XVIII; os românticos "pensavam e sentiam intermitentemente, eles refletiam". Como os poetas "metafísicos", a poesia moderna é "complexa" e "difícil", mas ao mesmo tempo recorre à linguagem corriqueira da experiência: "Daí termos algo que se parece muito com o conceito — temos, de fato, um método curiosamente similar ao dos 'poetas metafísicos', similar também no uso de palavras obscuras e fraseado simples" (pp. 248-9). Os "cânones de gosto" não eram mais os do dr. Johnson. Passados mais dois séculos, o engenhoso, o lúdico, o inesperado, a fusão do registro alto com o registro baixo, da especulação abstrata com a experiência, da "alma" com o "corpo", voltaram a ser qualidades positivas para os poetas modernos.

Em 1926, Eliot ministrou uma série de palestras no Trinity College, em Cambridge ("The Clark Lectures"), sobre Donne e os "poetas metafísicos". Em 1930, realizou três programas de rádio sobre o assunto, na BBC de Londres. E em 1933, fez outra série de conferências na Johns Hopkins University ("The Turnbull Lectures"). Essas conferências, preparadas e pronunciadas num período difícil da vida pessoal do poeta-crítico, deveriam redundar num livro intitulado *The School of Donne*, que integraria uma trilogia sob o título geral de *The Desintegration of the Intellect*. A obra acabou nunca sendo escrita. Ficaram registrados textos provisórios e notas de curso, que Eliot considerava muito imperfeitos e, por isso, impublicáveis. Só recentemente essas conferências foram reunidas em volume.[45]

O projeto geral de Eliot era ambicioso e fascinante: estudar, relacionando-os entre si, poetas que, em épocas diferentes, escreveram uma poesia filosófica na qual as ideias são corporificadas sensualmente: Dante, no século XIII; Donne, no XVII; Laforgue e Corbière, no XIX.

Na primeira das "Clark Lectures", Eliot situa o lugar e os objetivos de sua fala, diversos daqueles que ocupavam e mobilizavam os *scholars*, ao tratarem dos mesmos assuntos:

> Meu ponto de vista não é o da *scholarship*, mas o da crítica literária, e em particular de um tipo de crítica literária. Minha atitude é a de um artífice que tem tentado, por dezoito anos, escrever versos ingleses, estudando a obra de artesãos mortos que fizeram versos melhores. O interesse do artífice está centrado no presente e no futuro imediato: ele estuda a literatura do passado com o fim de aprender como deve escrever no presente e no futuro imediato; e, por mais profundos e desinteressados que sejam seus estudos, eles sempre saem, por assim dizer, na ponta dos dedos e encontram sua completude na ação do cinzel, do pincel ou da máquina de escrever [...] Meu interesse em buscar uma definição da poesia metafísica se deve ao fato de eu querer saber que valor o termo *metafísico*, aplicado ao verso, pode ter no dia presente. [*The Varieties of Metaphysicial Poetry*, pp. 44-5]

Assim, o que lhe interessa obsessivamente em Donne, como nos outros poetas que ele considera afins, é algo que, finalmente, caracteriza todos os grandes poetas: "uma qualidade de pensamento sensual, ou de pensamento através dos sentidos, ou de sentidos que pensam, cuja exata fórmula resta definir". [46] Nas "Clark Lectures", ele desenvolve o paralelo Dante-Donne. Dante "é o primeiro notável exemplar desse tipo de poesia"; e não apenas desse tipo, "mas de *todos* os tipos" (p. 56).

Quanto a Donne:

> Uma das ideias capitais de Donne, aquela que é talvez seu dom peculiar à humanidade, é a da união, fusão e identificação das *almas* no amor sexual. Afirmar isso, expor isso gnomicamente ou analisá-lo não é nada; exprimi-lo, evocá-lo, é tudo. Quase não chega a ser um pensamento [...] mas quantos séculos de trabalho intelectual foram necessários, quantos dogmas, quanta especulação, quantos sistemas tiveram de ser elaborados, antes que tal ideia fosse possível! A própria alma tinha de ser construída primeiro: e desde que a alma desapare-

ceu, temos muitas outras coisas, a análise de Stendhal, a loucura de Dostoiévski, mas não isso. [p. 54]

Outras conferências são dedicadas aos temas "Donne e a Idade Média", "Donne e o *Trecento*", "O conceito em Donne" e "Os poemas mais longos de Donne". Em todas as conferências são ressaltadas as qualidades de Donne perante seus contemporâneos, e essas qualidades são as que reconhecemos como "modernas". Eliot se encanta com as *trouvailles* do poeta: "Ao capturar a ideia, Donne consegue frequentemente trazer à luz aspectos e conexões que, de outra maneira, não seriam vistos; é como se ele infundisse a dose de bismuto que torna a posição do intestino aparente ao raio X" (p. 86). É o que Eliot chama de "atiçar a ideia" [*teasing the idea*]. Ou com a fusão de tons: "em Donne, o humor e a seriedade estão fundidos" (p. 135). Ou com a intransitividade de seus conceitos: "O interesse sensual de Donne por seus próprios pensamentos como objetos [...] levam-no a exprimir-se por conceitos. Um conceito é o extremo limite de um símile ou metáfora que é usada por ela mesma, e não para tornar mais clara uma ideia ou mais definida uma emoção" (p. 138).

A tese central desses estudos é a de que existe uma linhagem de poesia em que se unem o intelectual e o espiritual, que se exprime numa linguagem surpreendente e engenhosa. Essa linhagem vai de Donne aos "simbolistas menores" franceses, tendo se perdido, momentaneamente, nos poetas românticos ingleses e franceses, aos quais Eliot, como a maioria dos modernos, não dedica uma grande estima.

Apesar de ter sido o grande responsável pela revalorização de Donne, o Eliot maduro, neoclássico e religioso, tornou-se menos entusiasta do poeta. No ensaio dos anos 50, "Donne in our time" [Donne em nosso tempo],[47] mais do que valorizar o poeta "metafísico", Eliot insiste na superioridade de Dante sobre ele. A valorização é moral, e Eliot, que sempre distinguira o valor estético do moral, dá finalmente a prevalência ao último. Nas conclusões de suas "Turnbull Lectures", em 1936, ele já dizia que, segundo uma escala de valores "na vida", Dante mereceria dez páginas, Donne uma, e Laforgue uma nota de rodapé (p. 290).

Pound concorda com Eliot na recuperação de Donne, mas sempre foi menos entusiasta do que Eliot a esse respeito. No *ABC of*

Reading, Donne é valorizado à luz dos mestres italianos (Dante, Cavalcanti), mas fica sempre um pouco aquém destes na estima do poeta-crítico; e isso dum ponto de vista técnico, e não moral, como em Eliot. Mesmo assim, Pound coloca Donne na lista extremamente restrita dos poetas ingleses cuja leitura é considerada útil. O poema "The Ecstasy" (segundo Pound, "um daqueles que não fazem dormir") é um dos "documentos" oferecidos aos aprendizes de poesia; e Pound comenta:

> Crença absoluta na existência de uma alma extracorpórea e na sua encarnação. Donne formula uma tese em termos precisos, quase técnicos. Os imbecis corriqueiros, sempre à cata de despropósitos, se assustam com a linguagem de Donne. Temos aqui um texto claro, digno de figurar ao lado de "Donna mi prega" de Cavalcanti pela sua precisão, embora seja menos interessante do ponto de vista métrico, não o é, de modo algum, quanto ao conteúdo [...] A obra de Donne é desigual, volumosa; todavia é o único dos poetas metafísicos ingleses que se eleva acima dos demais. Isso não significa que Donne, quando estava no seu ponto mais baixo, não fizesse parelha com seus frívolos contemporâneos.

Ainda segundo Pound, "nas melhores obras de Donne, encontramos de novo um autor de verdade, que diz o que pensa e não vive simplesmente à caça de sentimentos que se adaptem a seu vocabulário".[48]

Nos demais ensaios de Pound, Donne aparece eventualmente: como exemplo de que a inteligência nunca reprimiu a poesia;[49] como prova de que determinados grupos de poetas ampliam a gama da sensibilidade e da inteligibilidade humanas (p. 86); como assunto para quem entende de poesia: fulano, diz ele, é "um editor adequado ao seu lugar, mas não um homem com quem se possa falar de John Donne".[50]

Os escritores-críticos hispano-americanos tinham mais de uma razão para se interessarem por Donne. Além da recomendação recebida de Eliot e Pound, Donne se beneficiava, para eles, do reconhecimento de uma tradição que é central na língua espanhola: o barroco. Familiarizados com Gôngora e Quevedo, Borges e Paz não veem dificuldades e "defeitos" em Donne, mas qualidades há muito suas conhecidas.

Desde *Discusión* (1932), Donne é uma referência para Borges. Nesse livro, Donne é lembrado por sua obra *Do progresso da alma* [*Of the Progress of the Soul*], que o coloca entre aqueles que sonharam com o Livro absoluto:

> O exercício das letras pode promover a ambição de construir um livro absoluto, um livro dos livros que inclua a todos como um arquétipo platônico, um objeto cuja virtude não seja minorada pelos anos. Os que alimentaram essa ambição elegeram elevados assuntos [...] Donne, o círculo das transmigrações de uma alma, segundo o dogma pitagórico.[51]

Em *Otras inquisiciones* (1952), Donne é citado várias vezes. No ensaio "El Biathanatos", Borges refere "o grande poeta John Donne" e remete a uma nota: "Que foi deveras um grande poeta, podem demonstrar estes versos". E cita três versos da famosa "Elegia XIX — *Going to Bed*". [52]

Sempre preocupado com a poesia na história, Octavio Paz, em *El arco y la lira* (1956), cita Donne como um dos grandes poetas em época de crise ou decadência social.[53] Em *Corriente alterna* (1967), Donne é citado cinco vezes. *Puertas al campo* (1972) abre com o ensaio datado de 1958-65: "Un poema de John Donne". [54] O poema é o mesmo citado por Borges, "Going to Bed", cuja tradução, por Paz, é apresentada no fim do artigo.

Paz afirma que Donne encontrou, na escrita, a solução para seu problema pessoal, a conciliação do misticismo com a sensualidade: "Condenado à contradição e à busca da unidade, Donne encontra um equilíbrio: o conceito, a metáfora, o estilo [...] Se não é uma libertação, seu estilo é uma consciência" (p. 24). Paz afirma que "Donne é um dos grandes poetas eróticos da Europa", e que suas maiores qualidades são a "fúria verbal" e a "precisão intelectual" (p. 25).

O crítico aponta as afinidades entre os "metafísicos" ingleses e os conceptistas e gongóricos espanhóis. Lembra que o próprio Donne declarava ter lido mais livros da Espanha do que de qualquer outra nação. Remete à obra de Gracián, *Agudeza y arte de ingenio*, "um livro cuja leitura deveria ser obrigatória para todos os nossos poetas jovens". E define, ele mesmo, a agudeza, praticada pelos barrocos espanhóis e por Donne:

> A agudeza é um conceito que maravilha ao próprio entendimento, que nela se contempla e se assombra. A maravilha da agudeza consiste em descobrir relações escondidas e assim nos faz ver que não sabíamos, em verdade, aquilo que acreditávamos saber. É um artifício que alternativamente descobre e recobre as coisas. De ambos os modos, mostra-as como se fossem inéditas [...] Ninguém foi mais agudo do que os metafísicos ingleses. [p. 26]

Ficam evidentes, nessa definição, tanto as afinidades dos metafísicos ingleses com os barrocos e conceptistas ibéricos quanto suas semelhanças (aí não indicadas, mas importantes para o poeta Paz) com a poesia surrealista, de Lautréamont a Breton. Afinal, o famoso encontro do guarda-chuva com a máquina de costura, evocado nos *Chants de Maldoror* e inspirador do surrealismo, era uma "agudeza" de Lautréamont.[55] Paz informa que foi animado pelas excelentes traduções de Donne, publicadas por Jaime García Terrés na *Revista de la Universidad de Mexico* em 1958 que, naquele mesmo ano, fez a tradução do poema que agora reapresenta.

Sobre o vocabulário desbocado de Donne, que chocou a Inglaterra até a época vitoriana, Paz comenta:

> Apesar do uso e abuso de palavrões com que pretendem assombrar-nos os escritores atuais, as línguas do século XX são menos louçãs e terrestres, mais pobres e tímidas que as dos séculos passados. Os modernos explicam o espírito pelo corpo, no que talvez tenham razão, mas não conseguem reconciliar-se com seu corpo. A linguagem reflete essa situação. As coisas têm um nome, e quando esse nome se torna indizível, é que a infecção da vida alcançou também a das palavras. [p. 28]

Em *Los hijos del limo* (1974), Donne é citado duas vezes. Em *Versiones y diversiones* (1974), Paz traduz dois poemas de Donne: "Elegía: Antes de acostarse" e "El aniversario". Nesta última tradução, torna-se ainda mais evidente a afinidade de Donne com os barrocos espanhóis: "*Todos los reyes, todos sus privados/ Famas, ingenios, glorias, hermosuras* [etc.]". [56]

Desde muito jovem, Michel Butor se interessou por Donne, talvez por aquela mesma busca indicada por Paz (a conciliação da religião com a sensualidade) e certamente por aquela mesma afinidade do conceptismo com o surrealismo, corrente na qual Butor estreou como poeta.

O artigo "Sur le 'Progrès de l'Ame' de John Donne"[57] é de 1954. Butor começa por declarar: "O 'Progresso da Alma' é o mais ambicioso e o mais estranho de todos os textos que Donne nos deixou. É também um dos mais difíceis de ler, por sua densidade rugosa e sua gramática desenvolta" (p. 20).

Butor lembra que o tema do poema é a transmigração de uma alma, desde a maçã colhida por Eva até o corpo da rainha Isabel I, passando por vários corpos de animais. O tema é portanto satírico e herético. Butor vê, na obra, uma "autobiografia fantástica". Donne, que tendo nascido católico se convertera de modo um tanto oportunista ao anglicanismo, se consideraria tão herege e traidor quanto a rainha. A mudança de tom, no fim da obra, de sarcástico a apologético (o livro termina por justificar a "raça maldita de Caim"), se explicaria por esse aspecto autobiográfico e pela mudança de projeto no decorrer da escrita.

As qualidades que impressionam Butor nessa obra são "seu espantoso poder descritivo, a faculdade que ele tem de retratar a vida animal, por assim dizer, do interior". E, concluindo:

> Enfim, em nenhum outro dos textos de John Donne aparece mais claramente essa qualidade que escandalizava tão profundamente seus leitores dos séculos passados, quero dizer: essa negação sarcástica, essa incongruência deliberada, esse questionamento tão profundamente ressentido. Donne sentiu-se ele mesmo num mundo que desabava, como os poetas franceses do fim do século XIX, e exprimiu sua aflição por meio de um humor muito particular, que merece ser aproximado do deles. Se Donne se tornou inteligível, é porque o *écran* que vários séculos de compromisso tinham estabelecido diante de algumas questões fundamentais, de que ele tinha plena consciência, desabou. [p. 27]

Como vimos acima, ao resgatar Donne, Eliot também o fazia à luz de poetas franceses do fim do século XIX, Laforgue e Corbière, ambos "recuperados" num passado mais recente. A escolha e valorização dos escritores do passado pelos escritores-críticos se efetuam, uma vez mais, pela leitura sincronizada com o presente. A leitura sincrônica dos escritores-críticos não ignora a diacronia; apenas seleciona, nesta, momentos que evidenciam a evolução das atitudes e formas literárias e, ao mesmo tempo, apontam as afinidades com o presente que tornam legíveis autores esquecidos do passado.

O conhecimento de Donne no Brasil se deve a Augusto, mais do que a Haroldo de Campos. Mas, o *paideuma* dos irmãos Campos sendo praticamente o mesmo, não é abusivo colocar Donne na lista de Haroldo. As referências a Donne, na ensaística de Haroldo, constituem contrapontos às traduções efetuadas, concomitantemente, por Augusto. No ensaio "O geômetra engajado" (1963),[58] Haroldo refere a aproximação entre João Cabral de Melo Neto e Donne, estabelecida por Augusto, pela "técnica de conversão de emoção abstrata em imagens concretas" (p. 86). Em "Poética sincrônica" (1967),[59] o poeta-crítico cita Donne entre as "presenças vivas no atual mundo poético da língua inglesa" (p. 207).

Juntos, em *Traduzir e trovar* (1968), Augusto e Haroldo de Campos incluíram Donne entre os poetas dignos de tradução, e Augusto apresentou três traduções do poeta, a primeira das quais, "O êxtase", ele já havia traduzido como um dos "documentos" do *ABC da literatura*. No ensaio "Atualidade dos 'metafísicos'" (pp. 101-11), Augusto de Campos define a importância dessa "poesia com sabor de novo" para a Modernidade: uma poesia em que intervém o pensamento, na qual "repontam os traços dessa lúcida luta com a linguagem, em contraposição àquela poesia satisfeita, na qual a linguagem não passa de mero recipiente passivo de assentes sentimentos sentimentais" (p. 105). O ensaio de Augusto termina com a evocação de Gregório de Matos, que "continua a esperar que as gerações mais novas arranquem a máscara de ferro dos 'sonetos de piedade e arrependimento' que, em nome do 'humano' e do decoro, lhe afivelaram à genial boca do inferno" (p. 110).

Em *O anticrítico*,[60] Augusto de Campos retoma Donne, traduz mais seis poemas e compõe dois poemas críticos sobre o poeta: "John Donne: o dom e a danação" (pp. 39-43) e "Donne em dobro" (pp. 73-7). A legibilidade de Donne em língua portuguesa, permitida pelas excelentes traduções de Augusto de Campos, aumenta com o paralelo que ele estabelece entre Camões/Sá de Miranda e Shakespeare/Donne. E o poeta referido em seguida é Gregório de Matos, de quem Haroldo se encarregaria em sua ensaística posterior. Divisão de trabalho dentro de um mesmo *paideuma*. E prova de que a fidelidade ao *paideuma* de Pound, longe de ser mera repetição, foi e é para os irmãos Campos uma aprendizagem que desemboca numa releitura vivificadora da poesia em língua portuguesa. Da tradução de Augusto de Campos, a "Elegia XIX" de Donne passou para a versão cantada por Caetano Veloso,[61] num fenômeno de transmigração estética, do erudito, difícil ao popular de massa, que uma cultura "antropofágica" como a nossa pode, em seus melhores momentos, produzir.

Os valores reconhecidos pelos escritores-críticos modernos em Donne são, acima de tudo, qualidades de inteligência, de técnica verbal e de enunciação. Inteligência: *agilidade* (Eliot); *inteligência* (Pound); *precisão intelectual* (Paz). Técnica verbal: *complexidade*, *dificuldade* (Eliot); *técnica*, *precisão* (Pound); *estilo barroco*, *agudeza* (Paz); *gramática desenvolta*, *poder descritivo* (Butor); uso de um vocabulário "desbocado" (Paz, Butor); *sensualidade* (Eliot); conversão *de emoção abstrata em imagens concretas* (Campos). Enunciação: mistura de registros alto e baixo, *fusão de humor e seriedade* (Eliot); *fúria verbal* (Paz); *sarcasmo* (Butor). De um modo geral, a recuperação de Donne corresponde a uma revalorização do estilo barroco na Modernidade, anunciando o neobarroco pós-moderno.

Paralelamente a essas qualidades expressivas, são reconhecidas determinadas características do poeta que coincidem com outras apreciadas pelos modernos: a transgressão e a decorrente marginalidade de Donne (Butor, Campos), a inclusão da sexualidade e da experiência cotidiana na poesia (Eliot), a ambição da totalidade contida num Livro (Borges). Por essas razões, todos os escritores-críticos aqui estudados se referem, explícita ou implicitamente, à "modernidade" e à atualidade de Donne.

UM CASO DE RECONHECIMENTO: STÉPHANE MALLARMÉ (1842-98)

Stéphane Mallarmé foi o último grande poeta francês do século XIX. Mas somente os poetas do século XX puderam entender o alcance de sua experiência e perceber as possibilidades inéditas que ela abria aos modernos. Reconhecido em seu tempo como o mestre da geração simbolista, como poeta refinado, precioso e hermético, ele foi visto, pelas gerações seguintes, como o agente de uma mutação radical do próprio conceito de poesia, e sua obra maior, *Un coup de dés jamais n'abolira le hasard* (1897), como a inauguração de um gênero novo. Alguns de seus contemporâneos reconheceram, de imediato, sua grandeza: Gide, Claudel e sobretudo Valéry. Mas a maioria dos que o frequentaram admirava-o mais por sua concepção da poesia e por sua postura pessoal do que por sua obra, cujo alcance lhes escapava.

Já a crítica institucional francesa, e os manuais literários decorrentes, até meados do século XX conservaram, de Mallarmé, uma imagem atenuada, a da primeira fase do poeta, parnasiana-simbolista, e deram pouca atenção a *Un coup de dés*, considerando essa obra apenas como uma experiência curiosa para uns, malograda para outros. Foi somente na década de 50 que se aquilatou o aspecto revolucionário dessa experiência, e se atentou para o projeto irrealizado mas teorizado do *Livre*: um livro "premeditado", "arquitetural", "impessoal", no qual a substância concreta das coisas se apagaria, deixando só "o conjunto das relações existentes em tudo". Os principais responsáveis por essa revisão (ou visão mais aguda) de Mallarmé foram alguns dos poetas-críticos que nos ocupam.

Nas primeiras décadas de nosso século, dentro e fora da França, foi a imagem minorada do poeta que predominou. Conhecido por antologias em que figurava ao lado dos decadentes e simbolistas, e quase sempre representado por seus primeiros poemas ou por seus sonetos menos herméticos, Mallarmé diluía-se no conjunto desses poetas. Essa parece ter sido a imagem que dele tiveram, inicialmente, Eliot e Pound.

Na obra crítica de Eliot há referências favoráveis a Mallarmé, mas não há uma reflexão crítica sobre o poeta. No ensaio "From Poe to Valéry",[62] Eliot fala dos descendentes franceses de Poe: Mallarmé, Baudelaire e Valéry; mas pouco diz do primeiro e se detém mais no último. Dos poetas franceses do século XIX, Baudelaire é o que mais interessa ao poeta-crítico, que sobre ele escreveu longamente. Mallarmé também não consta das listas e *paideumas* de Pound. Dos franceses do século XIX, Pound privilegia Gautier, Rimbaud, Corbière e Laforgue (em *ABC of Reading* e *How to Read*). N. Christoph de Nagy, especialista em Pound, comenta brevemente essa relação idiossincrática do poeta com a poesia francesa do século XIX. Diz que Eliot teria protestado pelo fato de Pound não incluir Baudelaire em suas listas. A resposta de

Pound consta numa carta a H. Monroe, de 1913: "Nenhum deles tem a menor utilidade pedagógica. Eles provocam imitação e não se pode aprender nada com eles". O plural indica um segundo poeta francês negligenciado, mas Nagy não deixa claro se o outro seria Verlaine ou Mallarmé.[63] Parece-me não haver dúvida de que se trata de Mallarmé. Basta ler a "Introdução" de Eliot aos *Literary Essays* de Pound, escrita muitos anos mais tarde, para entender a velha polêmica entre ambos, sobre esse ponto preciso. Diz Eliot: "Ele [Pound] foi rápido na apreciação da originalidade de Laforgue e Corbière. Mostrou um gosto arguto com relação aos poetas menores do 'movimento simbolista'. Mas ignora Mallarmé e não se interessa por Baudelaire".[64]

Haroldo de Campos, narrando sua visita a Pound em 1959, registra que este "subitamente passa a falar de Mallarmé, na edição do *Jeu de dés* (sic) — a edição original, da revista *Cosmopolis* (1897) —, que chegara até suas mãos através das complicadas peripécias de um tio de sua mulher". E observa que a versão oficial segundo a qual Pound nunca se interessou por Mallarmé "parece, antes, uma tática de circunstância contra o Mallarmé da interpretação simbolista, o Mallarmé 'obscuro', de léxico 'vago', o esteticismo pós-mallarmiano, na diluição de um Arthur Symons, por exemplo".[65]

Borges, nutrido de literatura e crítica inglesas, não tinha grande estima pela poesia francesa, nem ao menos achava que a língua francesa se prestasse à poesia. Emir Rodríguez Monegal diz que Borges, segundo testemunho dele mesmo a De Milleret em 1967, leu Mallarmé em sua juventude, numa antologia da poesia francesa publicada pelo *Mercure de France*, e sabia vários desses poemas de cor, especialmente os de Rimbaud. Sobre Baudelaire, ele declarou a Murat, em 1964, que também o leu nessa antologia, mas que "agora [1964] me sinto longe de Baudelaire" e que, se tivesse de citar um poeta francês, seria Verlaine.[66] Preferência que se manteve até o fim, pois em sua conferência no Collège de France, nos anos 80, o único poeta francês que mereceu citação foi Verlaine, atitude de que não estava ausente um propósito de provocação, dado o aspecto um tanto *démodé* dessa preferência.

Entretanto, Mallarmé está presente na obra crítica e na própria obra ficcional de Borges. Diz Monegal: "Mais tarde, Borges citava ocasionalmente Mallarmé e sempre num contexto importante. Sua *persona* (o poeta totalmente dedicado à escrita e para quem o mundo só tinha sentido num livro) influenciou o próprio conceito de literatura de Borges e sua mente literária. Traços de Mallarmé podem ser detectados na invenção de Pierre Menard" (p. 122).

Se rastrearmos a obra crítica de Borges, veremos que Mallarmé aí está muito presente, e não apenas nas obras tardias, como diz Monegal. Em *Discusión* (1932), o poeta está entre os nomes mais citados. E quando Borges cita Mallarmé (nisso Monegal tem toda a razão) é sempre num contexto em que ele se identifica com as posições do poeta. No importante ensaio "El arte narrativo y la magia", por exemplo, Mallarmé é invocado com apreço e humor: "*Nomear um objeto*, dizem que disse Mallarmé, *é suprimir as três quartas partes da fruição de um poema, que reside na felicidade de ir adivinhando; o sonho é sugeri-lo*. Nego que o escrupuloso poeta tenha redigido essa numérica frivolidade das *três quartas partes*, mas a ideia geral me convém".[67]

Ao expor a ideia, que lhe era cara, de um Livro que fosse "o livro absoluto, o livro dos livros que inclua a todos como um arquétipo platônico", a referência a Mallarmé não poderia faltar: "Gôngora, creio, foi o primeiro a julgar que um livro importante pode prescindir de um tema importante [*Soledades*]. A Mallarmé, não bastaram os temas triviais; buscou-os negativos: a ausência de uma flor ou de uma mulher, a brancura da folha de papel antes do poema" (p. 103). Borges nomeia também Mallarmé entre os descendentes de Flaubert, "que foi o primeiro Adão de uma espécie nova: a do homem de letras como sacerdote, como asceta e quase como mártir" (p. 123). Em *Otras inquisiciones* (1937-52) refere várias vezes Mallarmé, embora prefira visivelmente Valéry.

Já na obra crítica de Octavio Paz, Mallarmé ocupa um lugar privilegiado. Em *El arco y la lira* (1956), a reflexão sobre a situação social do poeta na modernidade encontra, em Mallarmé, o exemplo perfeito:

> O que distingue a idade moderna, do ponto de vista da situação social do poeta, é sua posição marginal. A poesia é um alimento que a burguesia — como classe — foi incapaz de digerir [...] A poesia moderna se converteu em alimento dos dissidentes e desterrados do mundo burguês [...] A linguagem de Mallarmé é um idioma de iniciados. Os leitores

dos poetas modernos estão unidos por uma espécie de cumplicidade e formam uma sociedade secreta.[68]

Ao tratar das mutações na relação entre poesia e magia, na modernidade, Paz caracteriza o mago como "uma figura desgarrada", que se comunica com as forças cósmicas mas não com os outros homens. E acrescenta:

> Certas criações poéticas modernas estão habitadas pela mesma tensão. A obra de Mallarmé é, talvez, o exemplo máximo. Nunca as palavras estiveram mais carregadas e plenas delas mesmas; a tal ponto que mal as reconhecemos, como aquelas flores tropicais negras de tão vermelhas. Cada palavra é vertiginosa, tal sua claridade. Mas é uma claridade mineral: reflete-nos e abisma-nos, sem nos refrescar ou aquecer [...] A tensão da linguagem poética de Mallarmé se consome nela mesma. Seu mito não é filantrópico; não é Prometeu, que dá o fogo aos homens, mas Igitur: o que contempla a si mesmo. Sua claridade acaba por incendiá-lo. A flecha se volta contra quem a dispara, quando o alvo é nossa própria imagem interrogante. A grandeza de Mallarmé não consiste em sua tentativa de criar uma linguagem que fosse o duplo mágico do universo — a Obra concebida como um Cosmo — mas sobretudo na impossibilidade de transformar essa linguagem em teatro, em diálogo com o homem. Se a obra não se resolve em teatro, não lhe resta outra alternativa senão desembocar na página em branco. O ato mágico se transmuta em suicídio. Pelo caminho da linguagem mágica, o poeta francês chega ao silêncio. Mas todo silêncio humano contém uma fala [...] O silêncio humano é um calar e, portanto, é comunicação implícita, sentido latente. O silêncio de Mallarmé nos diz *nada*, o que não é o mesmo que nada dizer. É o silêncio anterior ao silêncio. [pp. 55-6]

É sobretudo pela atenção dispensada a *Un coup de dés* que Paz foi um dos pioneiros da leitura mais atual de Mallarmé. Parafraseando o poeta, o escritor-crítico enfoca a obra como uma partitura musical, "música para o entendimento e não para o ouvido"; uma partitura na qual "o que vemos e ouvimos são as 'subdivisões' da Ideia através do prisma do poema" (p. 85). E aponta para as possibilidades ainda inexploradas da lição de Mallarmé:

> Embora a influência de Mallarmé tenha sido central na história da poesia moderna, dentro e fora da França, não creio que tenham sido exploradas inteiramente todas as vias que este texto abre à poesia. Talvez nesta segunda metade do século, graças à invenção de instrumentos cada vez mais perfeitos de reprodução sonora da palavra, a forma poética iniciada

por Mallarmé se desdobrará em toda a sua riqueza [...] *Un coup de dés* encerra um período, o da poesia propriamente simbolista, e abre outro: o da poesia contemporânea. [pp. 86-7]

El arco y la lira culmina e termina com uma análise de *Un coup de dés* e de sua modernidade (pp. 270-6). A obra é aí considerada como um marco histórico: o início da poesia moderna como prosódia e escritura, o modelo inaugural de um gênero novo, o poema crítico, o poema liberado da leitura linear, desprovido de significado final e, assim, rico de significação infinita. A partir da segunda edição revista e aumentada (1967), a leitura de Mallarmé por Paz é declaradamente influenciada pela leitura do poeta feita por Maurice Blanchot,[69] como o autor de uma obra que aponta para o vazio final da literatura e que, paradoxalmente, afirma o poder da palavra poética. A análise de Paz termina com a seguinte afirmação: "Nosso legado não é a palavra de Mallarmé, mas o espaço que sua palavra abre". E, nas últimas páginas do ensaio, Paz conclui: "Gôngora na Espanha, Sêneca e Lucano em Roma, Mallarmé entre os filisteus do Segundo Império e da Terceira República, são exemplos de artistas que, ao afirmarem sua solidão e se recusarem ao auditório de sua época, conseguem uma comunicação que é a mais alta a que pode aspirar um criador: a da posteridade" (p. 294).

Em *Los signos en rotación* (1965), Mallarmé continua sendo uma referência maior. *Un coup de dés* é dado como o exemplo máximo dos valores "concentração" e "eliminação", que devem nortear o poeta moderno:

> *Un coup de dés*, concentração máxima de pouco mais de duzentas linhas, algumas de uma só palavra, é a demonstração, para mim a mais alta, do que quero dizer. Não é o poema breve, mas o extenso, que exige o uso das tesouras; o poeta deve exercer sem remorsos seu dom de eliminação, se quiser escrever algo que não seja prolixo, disperso e confuso.[70]

As considerações de Paz sobre Mallarmé e seu poema-chave são, nesse livro, uma reiteração ampliada das afirmações contidas em *El arco y la lira*. Assim, encontram-se em *Los signos en rotación* julgamentos como os que seguem:

> A publicação de *Un coup de dés* assinala algo mais do que o nascimento de um estilo ou de um movimento: é o aparecimento de uma forma aberta que tenta escapar a uma escrita linear [...] Todas as obras que contam realmente no decorrer deste século, seja na literatura, na música ou na pintura, obedecem a uma inspiração análoga. Não o círculo em torno de

um centro fixo, nem a linha reta: uma dualidade errante que se dispersa e se contrai, uma e mil, sempre dois e sempre juntos e opostos, relação que não se resolve nem em unidade nem em separação, significado que se destrói e renasce em seu contrário. Uma forma que se busca. [p. 287]

Ou então: "A escrita poética alcança nesse texto sua máxima condensação e sua extrema dispersão" (p. 325). Ou ainda a repetição *ipsis litteris* daquela frase de *El arco y la lira*: "Nosso legado não é a palavra de Mallarmé mas o espaço que sua palavra abre" (p. 330). Em *Las cosas en su sitio* (1971), o reconhecimento de Mallarmé como fundador da poesia atual é reiterado: "um poeta do século XX, nosso mestre e nosso contemporâneo". [71]

Los hijos del limo (1974) trata da evolução da lírica contemporânea do romantismo aos dias de hoje. Paz aí apresenta a poesia moderna como *outra* religião e como a voz da revolução *original*: "A poesia romântica é revolucionária não *com* mas *frente às* revoluções do século; e sua religiosidade é uma transgressão das religiões". [72] De todos os escritores referidos neste livro, Mallarmé é o segundo mais citado: onze vezes. Só Baudelaire ganha dele, com quinze referências. Mesmo assim, ao tratar da *analogia*, "crença comum" e "verdadeira religião da poesia moderna, do romantismo ao surrealismo", Paz considera que Mallarmé foi o que levou mais longe as consequências do abandono da analogia com o real em proveito da analogia verbal. Baudelaire, lembra Paz, diz que Deus *proferiu* o mundo, e não que o criou. E o crítico comenta:

> O mundo não é um conjunto de coisas mas de signos: o que chamamos coisas são palavras [...] O texto do mundo não é um texto único: cada página é a tradução e a metamorfose de outra e assim sucessivamente. O mundo é a metáfora de uma metáfora. O mundo perde sua realidade e se converte em figura de linguagem. No centro da analogia há um vazio: a pluralidade de textos implica que não há um texto originário [...] Mas não é Baudelaire e sim Mallarmé que se atreverá a contemplar esse oco e a converter essa contemplação do vazio em matéria de sua poesia. [p. 108]

As conclusões de *Los hijos del limo*, como as dos livros anteriores, incluem a referência a Mallarmé: "A poesia moderna tem sido a crítica do mundo moderno tanto quanto a crítica dela mesma. Uma crítica que se resolve em imagem: de Hölderlin a Mallarmé, a poesia constrói transparentes monumentos de sua própria queda" (p. 224).

Paz efetuou algumas traduções de Mallarmé e, em sua poesia, a lição do mestre está assimilada, sobretudo em *Blanco* (1966).[73] A correspondência de Paz com Haroldo de Campos, que desembocou na obra conjunta *Transblanco*,[74] trouxe novas e importantes considerações sobre Mallarmé. Em carta de março de 1968, escrevia Paz a Campos:

> A revolução de *Un coup de dés* (perdoe o jogo de palavras) é a rotação das frases. O texto em movimento anula os significados anteriores ou os desvia e de ambas as maneiras emite outros que, por sua vez, se anulam. A e-nunciação vira re-nunciação. Poema crítico que, através dessa destruição do significado, é uma metáfora da busca desse significado. Crítica do discurso poético — por meio do discurso. Porque Mallarmé não renuncia ao discurso: fragmenta-o e, ao confrontar um fragmento com outro, põe em movimento o conjunto. É o que ele chama *constelação*: signos em rotação. [p. 101]

Na Introdução ao volume, Emir Rodríguez Monegal observa: "Uma afinidade secreta unia previamente esses dois poetas, que só começam a dialogar efetivamente em 24 de fevereiro de 1968. Muito antes, em suas leituras paralelas da Modernidade e em particular dos textos de Mallarmé, e mais especificamente de *Un coup de dés*, eles tinham iniciado, sem o saber, esta colaboração" (p. 16).

Michel Butor não escreveu ensaios dedicados exclusivamente a Mallarmé, mas sempre o teve como um mestre e uma referência obrigatória. Interessado em explorar aspectos visuais e estruturais do texto impresso, Butor teve em mente desde cedo as experiências mais radicais de Mallarmé. No ensaio "Le livre comme objet" (1964),[75] ele exemplifica as possibilidades da "utilização métrica" da página com uma breve análise da "tipografia expressiva" de *Un coup de dés*. Na mesma época, ele dedica um ensaio à leitura musical de Mallarmé feita por Pierre Boulez: "Mallarmé selon Boulez",[76] que lhe permite desenvolver outro tópico teórico de sua predileção, o da "crítica" de um artista efetuada na obra de um artista de outra especialidade, no caso, a "leitura" da poesia através da música. Butor mostra como, na arte moderna, esse diálogo entre as artes se faz, não pela adição de uma obra a outra (musicar um poema ou, no caso da pintura, ilustrar uma cena de uma peça literária), mas pela profunda compreensão e exploração das possibilidades estruturais da obra pretexto, que é homenageada pela criação de outra, na qual se transpõem os princípios da primeira, a Ideia, como diria Mallarmé. Em sua obra de invenção, Butor tem demonstrado, ao longo dos anos, o que aprendeu com o Mallarmé de *Un coup de dés*, no uso de recursos gráficos diversos e dos espaços em branco, sobretudo a partir de *Mobile* (1962).

Na década anterior, Haroldo de Campos e seus companheiros concretistas já haviam elegido Mallarmé como um dos nomes maiores de seu *paideuma*. O que demonstra, além do pioneirismo do grupo no reconhecimento internacional do autor pelas novas vanguardas, o fato de que sua filiação a Pound não se efetuou como uma simples repetição do *paideuma* poundiano (que não inclui Mallarmé), mas como fidelidade ao espírito de Pound, que propunha a releitura do passado colhendo nele aquilo que é capaz de vivificar a literatura presente; no caso, a literatura da segunda metade do século XX.

Desde os primeiros artigos-manifestos publicados pelos jovens poetas concretos em meados da década de 50, Mallarmé aparece como uma referência obrigatória. Não há praticamente nenhum artigo publicado por Augusto de Campos, Décio Pignatari e Haroldo de Campos em que não figure o nome do poeta. No *Plano-piloto para poesia concreta*,[77] de 1958, assinado pelos três poetas concretos, estes indicam seus "precursores". O primeiro é: "mallarmé (*un coup de dés*, 1897): o primeiro salto qualitativo: 'subdivisions prismatiques de l'idée'; espaço ('blancs') e recursos tipográficos como elementos substantivos da composição".

No que se refere apenas a Haroldo de Campos, merecem destaque quatro textos críticos da década de 50. No artigo "Poesia e paraíso perdido" (1955),[78] ele defende "um *continuum* meta-histórico que contemporaniza Homero e Pound, Dante e Eliot, Gôngora e Mallarmé", e que se estabelece a partir do preceito poundiano "*make it new*". Em "A obra de arte aberta",[79] do mesmo ano, é pela comparação com a música contemporânea, e ressaltando o *paideuma* musical estabelecido por Boulez, que Campos define a novidade da "verdadeira rosácea verbal que é o *Coup de dés*", em que o silêncio emerge como elemento primordial de organização rítmica. O poema de Mallarmé é um dos melhores exemplos da "obra aberta" teorizada, antes de Umberto Eco, por Haroldo, que compara o poeta a Husserl, pela "redução fenomenológica do objeto poético". Em "Evolução de formas: poesia concreta" (1957),[80] Haroldo reafirma a filiação do grupo a Mallarmé: "A poesia concreta, tal como a compreendemos, é uma resultante de um estudo sistemático de formas, arrimado numa tradição histórica ativa. A obra máxima de Mallarmé — *Un coup de dés* —, que é a sua matriz, data de 1897 (Valéry chamou-a de 'espetáculo ideográfico')". Em "Lance de olhos sobre *Um lance de dados*" (1958),[81] Haroldo já havia notado a concordância do que vinha afirmando sobre Mallarmé com as considerações de Blanchot, numa edição das *Oeuvres complètes* do poeta, e enriquece a leitura com a expressão "xadrez de estrelas", tomada de empréstimo ao Padre Antônio Vieira. Reafirma, então, "a tentativa de derivar uma estética contemporânea atuante da obra de Mallarmé".[82]

A dívida dos três poetas concretos para com Mallarmé foi largamente paga, com juros e correção monetária, no volume *Mallarmé*,[83] em que eles apresentam magníficas traduções do poeta, praticando aquilo que Pound chamava de "crítica por demonstração". Destaca-se aí a tradução de *Un coup de dés* por Haroldo de Campos, prova cabal de pelo menos três coisas: de que nenhum poema é intraduzível se o tradutor for um poeta competente; de que a crítica, como conhecimento íntimo da obra, é uma poderosa aliada da tradução; de que uma boa tradução é, ao mesmo tempo, uma forma de crítica.[84]

Nos ensaios críticos reunidos de Haroldo de Campos, desde *Metalinguagem* (1967) e *A arte no horizonte do provável* (1969), até *Metalinguagem & outras metas* (1992), Mallarmé é, juntamente com Pound, o campeão em número de citações (ambos seguidos, de perto, por Dante e Joyce). Reafirma-se assim, ao longo dos anos, a qualificação do poeta do *Coup de dés* como "a pedra de toque de uma nova poética".[85]

Philippe Sollers e o grupo Tel Quel tiveram Mallarmé como uma de suas figuras tutelares. O alentado volume *Théorie d'ensemble*, publicado pelo grupo em 1968,[86] abre com uma epígrafe de Mallarmé, seguida por outra de Marx, indicando o projeto utópico de aliar revolução poética e revolução política. A importância de Mallarmé para o grupo Tel Quel está também manifesta nas conferências feitas ao grupo por Derrida, em 1969, e publicadas na revista em 1970 sob o título de

"La double séance",[87] assim como na análise de *Un coup de dés* por Julia Kristeva, em *La révolution du langage poétique*.[88]

Em seu "Programme" de 1968,[89] Sollers enunciava seu "ideograma" tutelar, constituído pelos "textos da ruptura e aqueles que são suscetíveis de anunciá-la ou de lhe dar prosseguimento": "Dante, Sade // *Lautréamont, Mallarmé* // Artaud, Bataille". Mallarmé se situa, assim, no pico da ruptura, que seria o momento do fim da "literatura" e do advento da "escritura" ou "texto".

Mallarmé já havia sido longamente tratado por Sollers no ensaio "Littérature et totalité", publicado em 1966.[90] Seja dito, desde já, que este é um dos melhores ensaios críticos de Sollers, pela coerência discursiva do crítico e por sua capacidade de apontar, com base em citações cuidadosamente escolhidas, os aspectos que fazem do poeta um marco e, de sua obra, uma virada fundamental na história da literatura. A leitura de Sollers é declaradamente tributária das obras críticas e teóricas de Blanchot e de Barthes, de Derrida e de Foucault, o que em nada lhe diminui o mérito, já que o aproveitamento desses autores ocorre de maneira pessoal e esclarecedora.

Sollers começa por afirmar que, com Mallarmé, "algo de radicalmente outro" tornou-se visível no espaço literário, que sofreu uma enorme mutação nos últimos cem anos: "Numa constelação de nomes que reuniria Lautréamont, Rimbaud, Raymond Roussel, Proust, Joyce, Kafka, o surrealismo e aquilo que nasceu com ele ou em decorrência do contato com esse movimento, Mallarmé ocupa, ao que nos parece, uma posição-chave e como que a igual distância de todos os outros" (p. 98).

Essa mutação da literatura, observa Sollers, coincide com "uma mutação científica, econômica e técnica sem precedentes". A posição de Mallarmé é "esclarecedora" porque sua experiência e suas reflexões teóricas sobre a linguagem e a literatura são as mais explícitas. O crítico afasta, logo de início, as leituras ainda correntes de um Mallarmé simbolista e decadente, leituras "de má-fé", desejosas de fazer dele apenas um poeta entre outros, inscrito numa história "normal" e tranquila da literatura: "Ora, Mallarmé não nos parece redutível ao tipo de cultura que continua a ser veiculado em nossa sociedade e que se vale ainda de classificações caducas" (p. 99). Essas mesmas leituras normalizadoras de Mallarmé ocultam ou menosprezam suas obras mais radicais, o *Coup de dés* e o projeto do *Livre*: "Ali onde alguns veem um 'malogro', um fim, um lado extenuado, precioso e crepuscular, pressentimos, ao contrário, um recomeço, um apelo, algo de inflexível, o desconhecido e o risco" (p. 99).

Com Mallarmé, desde *Igitur* (conjunção latina equivalente a *portanto*), é toda a literatura que é questionada, a partir da questão do sentido, e da maneira como este se produz na relação escrita e leitura: "Mallarmé coloca [...] um princípio de interpretação ao mesmo tempo singular e universal — *um sentido a fazer* — e sua escritura, para marcar essa coincidência entre produção e interpretação, será obrigada a sofrer uma transmutação que a coloca numa posição de nítida ruptura com o discurso de sua época até ele" (p. 101).

Escrever, segundo as próprias palavras de Mallarmé, é uma prática "insensata" que afasta e opõe o escritor ao mundo circunstante, e que, exercida com futilidade, seria um "engodo" [*duperie*] e um "suicídio". Para Mallarmé, comenta Sollers, "o engajamento literário é de uma gravidade absoluta" (p. 102). As línguas são imperfeitas, falhas no que concerne à verdade, diz Mallarmé, e o verso "remunera filosoficamente a falha das línguas".

Contrariamente aos que pensam que a prática difícil de Mallarmé era uma alienação com respeito ao mundo que o cercava, essa atividade foi por ele explicitamente confrontada com as práticas econômicas dominantes na sociedade capitalista, onde tudo se transforma em mercadoria. Daí, explica Sollers, "o erro estético fundamental — o erro econômico-político — consiste em crer que a linguagem é um simples instrumento representativo" (p. 105). A linguagem tem uma função negativa (ela não presentifica o objeto, mas o torna ausente), e é essa função negativa, levada até o silêncio, não como falta de sentido, mas como distância eloquente, que deve ser acentuada pelo poeta. A fala deste se distingue da tagarelice que se pretende expressiva, pelo recurso a uma sintaxe complexa, não expressiva, que põe a nu os mecanismos profundos da própria linguagem. O poeta, enquanto indivíduo, desaparece em sua fala, para que nesta o leitor se comunique com sua própria linguagem. Enquanto, na sociedade burguesa, "o horizonte e o espetáculo são reduzidos a uma lufada de mediana banalidade" (Mallarmé), na poesia, poeta e leitor entram em contato com "algo oculto no fundo de todos", algo que Sollers associa à descoberta do inconsciente por Freud, e à tentativa posterior de Lacan no sentido de tratar do inconsciente num estilo, não por acaso, mallarmaico. E Sollers acrescenta:

> A escritura de Mallarmé, com seu espaço abreviado e múltiplo, suas torções, suas relações latentes, seus cruzamentos internos e visíveis, confronta-nos com aquela questão à qual damos em geral respostas feitas de antemão, já que nossa linguagem é geralmente recebida sem questionamento: não percebemos que pensar é escrever, que ler é ler o que somos — e o jogo da linguagem nos escapa, e nos enganamos constantemente sobre a literatura na medida em que ignoramos a impessoalidade de seu jogo. [p. 110]

O livro sobre nada sonhado por Mallarmé seria, segundo ele mesmo, escrito por *transposição* e *estrutura*. Enquanto Hegel via o fim da história sob a forma de um livro fechado, diz Sollers, "Mallarmé o abre, o dispersa, o *revira* e o devolve ao espaço onde aparecemos para viver, para nos escrever, nos ler e morrer" (p. 110). Mallarmé sabia que não podia realizar esse livro; mas tentou fazer brilhar alguns de seus fragmentos, e seu projeto deu, desde então, à literatura o *impossível* como objetivo.

Sollers considera *Un coup de dés* como um dos fragmentos do *Livre*, um texto

> em que a escritura orquestra seus novos poderes (não mais transcrição de um sentido, mas surgimento como que espontâneo da superfície escrita; não mais registro e compreensão de uma fala anterior, mas inscrição ativa em via de desdobrar seu percurso; não mais verdade ou segredo de um só, referência sempre humanista, mas literalidade de ninguém num mundo jogado nos dados). [p. 111]

O escritor-crítico examina ainda a importância do conceito de teatro para Mallarmé, um teatro total que não representa falsamente a vida, como o teatro burguês, mas "um teatro inerente ao espírito", um teatro que é "a conta exata dos mais puros motivos rítmicos do ser", que desperta "o ordenador de festas que existe em cada um de nós" (formulação do próprio Mallarmé). Um teatro tão "impossível" como o *Livre*, mas tão essencial para o autoconhecimento profundo do homem como este. Nesse ponto, Sollers diverge de Paz, o qual considera que Mallarmé malogrou na tentativa de transformar seu texto em teatro, pensado pelo escritor-crítico mexicano do ângulo da comunicação com os outros homens, enquanto o francês o vê pelo ângulo da interioridade e do autoconhecimento.

Por esses projetos tão radicalmente opostos aos da sociedade de seu tempo, Mallarmé viveu e reconheceu o malogro de sua existência, pelo menos o de sua existência social. Num movimento inverso ao do acúmulo de bens no capitalismo, ele se deu por objetivo "satisfazer um singular instinto de nada possuir e de somente passar". Nesse desprovimento, diz Sollers, Mallarmé se vê numa "coincidência imprevista com o indivíduo o mais alienado, o proletário" (p. 116), ao qual, paradoxalmente e para sua tristeza manifesta, a produção do poeta ficaria inacessível, "como nuvens no crepúsculo, vã" (Mallarmé). Por sua oposição radical ao discurso dominante sob o rótulo de literatura, e a tudo que esse discurso sustenta como organização social, Mallarmé foi, segundo Sollers, um revolucionário, "no sentido mais literal" da palavra *revolução*.

É uma pena que o último Sollers, desde *Femmes* (1983), pareça ter esquecido a lição "revolucionária" de Mallarmé. Mas a análise da obra de Sollers, como a dos outros escritores-críticos, ultrapassa os objetivos deste livro.

Italo Calvino não escreveu nenhum estudo inteiramente dedicado a Mallarmé, mas a alta estima pelo poeta está expressa em suas *Lezioni americane — Sei proposte per il prossimo millennio*,[91] verdadeiro testamento do escritor-crítico. Calvino refere Mallarmé como um dos exemplos do valor "exatidão", exigido pelo mundo contemporâneo e pressentido pelo autor do *Coup de dés*:

> O gosto da composição geometrizante, de que podemos traçar uma história na literatura mundial a partir de Mallarmé, tem como fundo a oposição ordem-desordem, fundamental na ciência contemporânea. O universo desfaz-se numa nuvem de calor, precipita-se irremediavelmente num abismo de entropia, mas no interior desse processo irreversível podem aparecer zonas de ordem, porções do existente que tendem para uma forma, pontos privilegiados nos quais podemos perceber um desenho, uma perspectiva. A obra literária é uma dessas mínimas porções nas quais o existente se cristaliza numa forma, adquire um sentido, que nem é fixo, nem definido, nem enrijecido numa imobilidade mineral, mas tão vivo quanto um organismo. A poesia é a grande inimiga do acaso, embora sendo ela também filha do acaso e sabendo que este em última instância ganhará a partida: *Un coup de dés jamais n'abolira le hasard*. [p. 84]

Comparando o poeta com outros que buscam, por outros caminhos, a expressão exata, aponta a sua especificidade: "Em Mallarmé a palavra atinge o máximo de exatidão tocando o extremo da abstração e apontando o nada como substância última do mundo" (p. 90).

Mallarmé também exemplifica, para Calvino, o valor "multiplicidade", decorrente de uma ambição desmesurada que é inerente à literatura, a ambição de alcançar uma forma que contenha o universo inteiro: "Sempre me fascinou o fato de que Mallarmé, que em seus versos tinha conseguido dar uma incomparável forma cristalina ao nada, tenha dedicado seus últimos anos de vida a conceber um livro absoluto que seria o fim último do universo, misterioso trabalho de que o autor destruiu todos os traços" (p. 128).

A referência de Calvino a Mallarmé, como exemplo de duas propostas, das cinco que chegou a formular, é suficiente para aquilatar o quanto a obra do poeta ainda lhe parecia prenhe de estímulos futuros, no limiar de mais um século.

Quais são os valores que levam os escritores-críticos da Modernidade a reconhecer, em Mallarmé, não apenas um precursor e um inspirador, mas um *marco* e uma *virada* na história literária?

O primeiro valor poderia ser definido, como o fez Calvino, pela palavra *exatidão*. A prática de Mallarmé se fundamenta numa reflexão extensa e aprofundada sobre a natureza da linguagem, suas possibilidades e seus limites. Por isso, não há nenhuma ingenuidade, leviandade ou condescendência nessa prática, que é sempre a busca da palavra *exata*; não a palavra que representa "exatamente" a realidade, mas aquela, mais difícil, que é a mais próxima da verdade profunda, estrutural, da linguagem como "ausência da coisa" e reveladora do humano em geral. A palavra exata, para Mallarmé, está sempre à beira do indizível e do eloquente silêncio. A literatura, e a poesia como sua mais alta expressão, tornam-se, a partir de Mallarmé, o *impossível* (Sollers).

Mallarmé é ainda *exato* como modelo do poeta do século XX, aquele que abandonou toda pretensão à "expressão" de um sujeito particular, e aquele que, como ser social, se reconhece como afastado voluntariamente da banalidade e da fala vazia da burguesia capitalista, inteiramente dedicado a uma prática que esta vê como improdutiva, uma prática condenada talvez à extinção, mas engajada na tarefa de "dar um sentido novo às palavras da tribo". É assim que Borges o vê, como "representante de uma espécie nova: a do homem de letras como sacerdote, como asceta e quase como mártir".

Não é por acaso que Roland Barthes, em sua aula inaugural do Collège de France (1977), também use o adjetivo *exato*, ao falar de Mallarmé. Barthes o define como a "figura exata" da modernidade, exemplo da função utópica da literatura:

> Foi na segunda metade do século XIX, num dos períodos mais desolados da infelicidade capitalista, que a literatura encontrou, pelo menos para nós, franceses, com Mallarmé, sua figura exata: a modernidade — nossa modernidade, que então começa — pode ser definida por esse fato novo: nela se concebem *utopias de linguagem*. Nenhuma "história da literatura" (se ainda se escrever alguma) poderia ser justa se se contentasse, como no passado, com encadear escolas, sem marcar o corte que põe então a nu um novo profetismo: o da escritura. "Mudar a língua", expressão mallarmiana, é concomitante com "mudar o mundo", expressão marxiana: existe uma escuta política de Mallarmé, daqueles que o seguiram e o seguem ainda.[92]

Os escritores-críticos da Modernidade veem a *dificuldade* de Mallarmé, que vai até o *hermetismo*, como um valor de dupla face: algo que separa os poetas da comunidade ("um idioma de iniciados", "uma sociedade secreta", diz Octavio Paz) mas, ao mesmo tempo, garante a essa comunidade a possibilidade de dizer o seu não dito ("A escritura de Mallarmé nos força a questionar nossa própria linguagem", diz Sollers). E, contrariando a versão corrente de um Mallarmé "alienado", apontam, alguns de modo explícito, outros de modo implícito, a dimensão política de sua obra.

Outro valor de Mallarmé apontado pelos escritores-críticos é a sua *novidade* radical: novo gênero para Paz, nova forma para Campos, revolução e ruptura que encerram a "literatura" e inauguram a "escritura", para Sollers. A novidade da obra de Mallarmé é homóloga às outras novidades do século XX, nas outras artes e nas ciências (homologias assinaladas por Paz, Butor, Campos, Calvino e Sollers). Essa *novidade* é uma *abertura* e uma *disseminação*. Primeiramente, porque é "uma obra aberta" (Campos), "uma forma que se busca" (Paz), uma obra que "abre, dispersa, revira" (Sollers). Em segundo lugar, porque se trata da invenção de um novo gênero e, como tal, de uma experiência aberta à continuação: "o espaço que sua palavra abre" (Paz), "matriz de uma tradição ativa" (Campos).

Outro valor apreciado pelos modernos em Mallarmé é o da *impessoalidade* do poeta, que abdica da expressão romântica de seu eu. (A uma senhora que lhe disse: "O senhor não chora em seus versos", Mallarmé respondeu: "Também não me assoo neles".) A impessoalidade de Mallarmé é referida por Paz e por Sollers, o qual a estende à impessoalidade da linguagem em geral. A poesia como *crítica* e *autocrítica* é também uma característica moderna de Mallarmé, apontada por Paz.

Condensação/concentração e *dispersão/eliminação*, características apontadas por Paz, são valores prezados pelos poetas modernos e são as próprias características do universo concebido pela física contemporânea. A questão do *acaso* e de seu controle, colocada por Mallarmé e instigante para a poesia moderna, também tem sido objeto de estudo da física, da matemática e da biologia no século XX.

A novidade de Mallarmé, em *Un coup de dés*, é também vista como uma novidade "técnica", inspiradora de novas experiências escriturais: uma nova concepção do "livro como objeto" (Butor), da página como partitura verbal, legível em várias direções ou por entrecruzamento, o aproveitamento dos diferentes tipos gráficos (à semelhança do jornal e do cartaz modernos), o uso dos espaços em branco, novidades técnicas a que são especialmente sensíveis os poetas concretos, Paz e Butor. As possibilidades de expansão dessas novidades pelos novos recursos da informática são sugeridas e esboçadas pelos poetas concretos na própria concepção visual do livro coletivo *Mallarmé*.

Outros escritores-críticos são particularmente atraídos pelo projeto do Livro, que seria ao mesmo tempo um livro sobre nada e um livro que contivesse a totalidade do universo (Borges, Calvino). Do pouco que sobrou do projeto do Livro, sabemos que Mallarmé o sonhou "arquitetural e premeditado", como uma estrutura prévia a qualquer conteúdo, uma rede de relações permitindo navegar em todas as direções. Hoje, tal projeto não nos parece tão irrealizável; esse Livro sonhado por Mallarmé seria análogo a um programa de computador: desprovido de conteúdo e, nas suas versões mais potentes, capaz de conter virtualmente todo o saber humano (todas as possibilidades da linguagem), operando aí cruzamentos infinitos. Mas, como qualquer programa, dependente ainda da mão que lança os dados, desafiando o acaso.

UM CASO DE CONSAGRAÇÃO IMEDIATA: JAMES JOYCE (1882-1941)

Reconhecer um grande escritor, logo que ele surge, é tarefa difícil. Considerando-se que é o tempo e, ao longo deste, a adesão de uma comunidade de leitores que vão conferir autoridade ao julgamento, há sempre o risco do engano. Convém recapitular o histórico da questão. Até o século XVIII, os comentadores ocupavam-se apenas dos textos já canonizados, providos da *auctoritas* modelar. Desde o romantismo, com a liberalização do juízo estético e a promoção do "novo" à categoria de valor, os juízos críticos ficaram desprovidos de apoios prévios. Na modernidade, são frequentemente os escritores que se encarregam da identificação dos novos mestres, enquanto as academias remanescentes (como a Universidade) continuam numa atitude de prudência e resguardo; até meados de nosso século, só se aceitavam, nas universidades, teses sobre autores falecidos. A contrapartida (negativa), sobretudo no jornalismo literário a serviço da indústria cultural, é a promoção imediata e publicitária de inúmeras novidades "geniais", que serão logo esquecidas.

Sobre o reconhecimento dos contemporâneos, diz Pound no *ABC*: "O crítico honesto deve contentar-se em encontrar uma parcela MUITO PEQUENA da produção contemporânea digna de atenção séria; mas deve também estar pronto para RECONHECER essa parcela, e para rebaixar de posto uma obra do passado quando uma nova obra a supera". [93]

James Joyce talvez tenha sido, em nosso século, o escritor que recebeu a consagração mais imediata e duradoura, primeiramente por alguns de seus pares e contemporâneos, em seguida, pelos numerosos escritores que sofreram sua influência e, finalmente, pela crítica especializada. Joyce profetizara, não sem ironia, que a sua obra manteria os professores ocupados por muito tempo. De fato, as edições de *Ulisses* e de *Finnegans Wake* vêm se multiplicando, com um extremo refinamento filológico, e continuam gerando infinitas polêmicas entre especialistas; ao mesmo tempo, a bibliografia passiva de Joyce atingiu, no decorrer de nosso século, uma extensão dificilmente dominável. O crítico inglês Frank Kermode diz, a esse respeito:

> O *Ulisses* de James Joyce [...] tem sido chamado de livro sagrado do mundo moderno; certamente serviu, por mais de meio século, como *livre de chevet* de muitos leitores [...] *Ulisses* tem sido foco de uma atenção

editorial tão laboriosa e minuciosa quanto a que tem sido a devotada à Bíblia [...] *Ulisses* tem sido explicado com uma devoção que poderia muito bem — mesmo com seus excessos ocasionais — ser chamada de religiosa. Estamos falando a respeito de uma enciclopédia espiritual.[94]

Pound e Eliot foram os primeiros a reconhecer Joyce como um escritor extraordinário. Pound não apenas reconheceu imediatamente a importância de Joyce como o ajudou a publicar sua obra, apresentando-o e recomendando-o às pessoas certas, escrevendo insistentemente a seu respeito.

O primeiro artigo de Pound sobre Joyce data de 1914, ano da publicação do volume de contos *Dubliners* [*Dublinenses*].[95] Desde essa primeira obra de Joyce, Pound não hesitou em considerá-lo "um clássico" (p. 401) e colocá-lo "num lugar definitivo na prosa inglesa contemporânea" (p. 402). As qualidades de Joyce que, desde logo, chamaram a atenção de Pound foram: a ausência de "relaxamento" [*sloppiness*], a "clareza", a "apresentação exata" (na linhagem de Flaubert), a "concisão", a "condensação": "O mérito de Mr. Joyce, eu não diria seu maior mérito mas o mais cativante, é o de ele evitar cuidadosamente contar a você um monte de coisas que você não quer saber. Ele apresenta sua gente de modo rápido e vívido, ele não sentimentaliza a seu respeito, não faz convoluções sinuosas. Ele é realista [...] Dá a coisa como ela é" (p. 400).

Outra qualidade imediatamente observada por Pound é a "universalidade" de Joyce. O fato de Joyce ser irlandês parece-lhe digno de nota: esse escritor de uma nação tão particular e tão fortemente "regionalista" em sua literatura é entretanto duplamente internacional, no "fundo" como na "forma": "Ele dá as coisas como elas são, não apenas em Dublin, mas em qualquer cidade"; "Ele aceita um padrão internacional de prosa escrita e escreve de acordo com ele". O que corresponde a um pressuposto geral de Pound: "A boa escrita, a boa apresentação pode ser especificamente local, mas não deve depender da localidade", deve ser capaz de "extrair o elemento universal" do particular (p. 401). (Esse pressuposto pode parecer, hoje, pacífico. Mas os numerosos regionalismos de nosso século, frequentemente em choque com o internacionalismo das vanguardas experimentais, exigiram numerosas discussões. A resposta brasileira — e "joyciana" à sua maneira — a essa questão é a obra magnífica de Guimarães Rosa que, ao aparecer, suscitou mal-entendidos e não foi tão rapidamente reconhecida.)

Em 1918, Pound volta a Joyce para comentar a reedição de *A Portrait of the Artist as a Young Man* [*Retrato do artista quando jovem*].[96] É aí que ele usa a palavra *literatura* como qualificativo absoluto: "*Joyce's 'A Portrait' is literature*" (p. 410). Pound continua louvando a "clareza" e a "concisão" de Joyce e acrescenta, às qualidades observadas, a do "alcance de sua esfera de observação" [*the scope*] (p. 411). Tornava-se claro, para Pound, algo que Joyce provaria cabalmente em *Ulisses*: "Os grandes escritores de qualquer período devem ser as mentes notáveis desse período; eles devem conhecer os extremos de seu tempo". A obra de Joyce abarca todos os temas, "sem omissões": "Não há nada de tão belo na vida que Joyce não possa tocar sem profanação — sobretudo sem as profanações de sentimento e sentimentalidade — e não há nada de tão sórdido que ele não possa tratar com sua metálica exatidão" (p. 412).

Começa a colocar-se, então, a questão da "obscenidade" de Joyce, que provocaria a proibição de seu livro nos países de língua inglesa e até a queima pública de *Ulisses*. Diante das primeiras censuras a Joyce como obsceno, Pound declara: "A repugnância pelo sórdido é apenas uma outra expressão da sensibilidade para com a coisa mais refinada. Não há percepção da beleza sem uma repugnância correspondente" (p. 415). E o artigo se fecha com algumas notas sobre *Ulisses*, "sua obra mais profunda, mais significativa": "*Ulisses*, obscuro, até mesmo obsceno, como a própria vida é por vezes obscena, mas uma apaixonada meditação sobre a vida" (p. 416).

Essas notas sobre *Ulisses* seriam desenvolvidas por Pound em 1922.[97] Seu entusiasmo é então definitivo:

> Todos os homens deveriam "unir-se para louvar *Ulysses*"; os que não o fizerem, devem contentar-se com um lugar nas ordens intelectuais mais baixas; não quero dizer que todos devam louvá-lo do mesmo ponto de vista; mas todos os homens de letras sérios, quer escrevam ou não uma crítica do livro, terão certamente de fazer uma crítica para seu próprio uso. [p. 403]

As razões desse entusiasmo são as seguintes: "Joyce retomou a arte de escrever no ponto em que a deixou Flaubert". Surpreendentemente (e com muita razão), Pound aponta a relação de *Ulisses*, não com os romances consagrados de Flaubert, mas com *Bouvard et Pécuchet*. Os aspectos ressaltados pelo escritor-crítico são os que correspondem ao caráter enciclopédico do livro. Em *Bouvard et Pécuchet*, Flaubert buscara repertoriar "tudo o que o homem médio do século XIX tinha em sua cabeça". Joyce vai ainda mais longe: "As personagens de Joyce não apenas falam sua própria linguagem, mas pensam sua própria linguagem" (p. 404). *Ulisses* é, acima de tudo, uma enciclopédia das linguagens: as linguagens faladas pelos homens da época e as linguagens escritas ao longo da história da prosa inglesa, que ele glosa e satiriza. A multiplicidade de linguagens contida na obra é um valor que Pound louva insistentemente.

Pound vaticina que *Ulisses* modificará a técnica literária subsequente: "*Ulysses* é, presumivelmente, tão irrepetível quanto *Tristram Shandy*; quero dizer que não se pode duplicá-lo; não podemos tomá-lo como um 'modelo', à maneira de *Bovary*; mas ele completa algo começado com *Bouvard*; e aumenta, de modo definitivo, o repertório da técnica literária" (p. 405).

Pound ressalta também o caráter crítico da obra: "A melhor crítica de qualquer obra [...] vem do escritor ou artista que faz o trabalho seguinte". Nesse sentido, Joyce é o crítico de Flaubert. Quanto à dificuldade de leitura, Pound declara: "É necessário equilibrar a obscuridade com a brevidade. A própria concisão é uma obscuridade para o bronco" (p. 406). A estrutura geral da obra também é objeto de admiração: esse "super-romance" é "um triunfo na forma, no equilíbrio, um esquema principal com entrelaçamentos e arabescos". A questão da "obscenidade" é retomada, com um severo ataque à hipocrisia puritana dos americanos, e a defesa da verdade sem censura na literatura, sendo requerida, nesse ponto, uma informação psicanalítica (p. 407). "O dia de Bloom não é censurado, pois bem. A análise fecal no hospital da esquina também não. Só um presbiteriano contestaria a utilidade da última exatidão. *Uma grande obra-prima literária é feita para mentes tão sérias quanto as engajadas na ciência médica*" (p. 408).

O ensaio termina pela defesa da literatura em geral, segundo uma argumentação retomada em vários ensaios de Pound: "O *mot juste* é de utilidade pública [...] Somos governados por palavras, as leis estão gravadas em palavras, e a literatura é o único meio de conservar essas palavras vivas e acuradas" (p. 409).

No ano seguinte, respondendo a críticas já feitas a *Ulisses*, Eliot publicou o artigo "Ulysses, Order, and Myth".[98] O objetivo do artigo é claramente expresso na primeira frase: "O livro de Mr. Joyce já está publicado há um tempo suficiente para que não seja mais necessária uma expressão de apreço, ou uma discussão com seus detratores; e ainda não está publicado há um tempo suficiente para que uma tentativa de avaliação completa de seu lugar e significação seja possível" (p. 175).

Entretanto, logo a seguir, Eliot dá sua opinião sobre o livro: "Considero este livro como a mais importante expressão que a era presente alcançou; é um livro ao qual todos somos devedores, e do qual nenhum de nós pode escapar [...] Ele me deu toda a surpresa, deleite e terror que eu possa pedir".

O método de Joyce ("o paralelo com a *Odisseia* e o uso de estilos e símbolos apropriados em cada divisão") parece-lhe ainda insuficientemente estudado. Eliot contradiz o crítico Aldington, que chamara Joyce de "profeta do caos" e considerara o livro uma possível má influência: "Um grande livro pode, realmente, exercer uma péssima influência; e um livro medíocre pode ser, na ocasião, mais salutar. A geração seguinte é responsável por sua própria alma; um homem de gênio é responsável perante seus pares, não perante um ateliê cheio de imbecis deseducados e indisciplinados" (p. 176).

O que está em jogo, nessa discussão, é o gosto clássico de seu amigo Richard Aldington, que qualificou Joyce como "um grande talento indisciplinado" e associou-o às vanguardas irracionalistas. O próprio Eliot partilha desse gosto e desse projeto, mas tem outra concepção do que é "clássico", não a concepção normativa do crítico, mas a concepção do escritor atento a seu próprio tempo e aberto às necessárias modificações:

> Pode-se ser "clássico", num sentido, voltando as costas para nove décimos do material que se tem à mão e selecionando apenas a tralha mumificada de um museu. [Ou então:] Pode-se ser clássico no sentido de fazer o melhor possível com o material disponível [...] A questão relativa a Mr. Joyce é a seguinte: com quanto material vivo ele lida, e como lida com ele: lidar com, não como um legislador ou exortador, mas como um artista? [p. 177]

Evidencia-se aí a diferença entre um crítico e um escritor-crítico. Eliot considera que o romance, como gênero, está liquidado desde Flaubert e James; que Joyce sentiu a obsolescência do gênero e partiu para um método rico de possibilidades futuras: o uso do mito antigo, em paralelo com a experiência presente, com recurso à psicologia e à etnologia modernas:

> Em vez do método narrativo, podemos usar agora o método mítico. Isso é, acredito seriamente, um passo na direção de tornar o mundo moderno possível para a arte, na direção daquela ordem e daquela forma que Mr. Aldington deseja tão ardentemente. E apenas aqueles que conquistaram sua própria disciplina em segredo e sem ajuda, num mundo que oferece bem pouca assistência para esse fim, podem ser úteis no incremento desse avanço. [p. 178]

Assim, esse curto e denso artigo de Eliot sobre Joyce é, ao mesmo tempo, um importante documento para que se compreenda o "classicismo" de Eliot, que não é um classicismo antiquário, mas sincronizado com a modernidade.

Borges se vangloriava de ter sido o primeiro hispânico a frequentar Joyce:

> Sou o primeiro aventureiro hispânico que aportou no livro de Joyce: país emaranhado e montanhoso, que Valéry Larbaud percorreu e cuja contextura traçou com impecável precisão geográfica [...] Dele falarei com a licença que me confere minha admiração e com a vaga intensidade que houve nos viajantes antigos, ao descobrirem a terra que era nova diante de seu assombro errante.[99]

Essa declaração, além do que ela contém como afirmação central (a primazia na descoberta), implica uma informação e uma atitude diante da obra. A informação: foi guiado por Valéry Larbaud, tradutor francês de Joyce, que Borges, apesar de anglófono, ingressou nesse território. A atitude: a obra é comparada a uma terra nova, espantosa e de difícil acesso; Borges admirou Joyce antes de compreendê-lo.

Nos anos 20, como colaborador da revista *Proa*, Borges publicou uma resenha de *Ulisses* e uma tradução da última página do romance. No artigo de *Inquisiciones* (1925)[100] acima citado, o jovem Borges manifesta uma certa reserva, sugerindo que o livro é mais intelectual do que poético.[101] Mas exprime sua admiração pela riqueza linguística da prosa de Joyce: "É milionário de vocábulos e estilos. Em seu comércio, junto ao erário prodigioso de vozes que somam o idioma inglês e lhe concedem cesaridade no mundo, correm dobrões castelhanos, siclos de Judá, denários latinos e moedas antigas, onde cresce o trevo da Irlanda. Sua pena inumerável exerce todas as figuras retóricas" (p. 24).

Essa riqueza vocabular e retórica sugere-lhe, de imediato, a relação com o barroco espanhol, e sua conclusão é, ao mesmo tempo, reverente e irônica: "Quero fazer minhas as decentes palavras que confessou Lope de Vega a respeito de Gôngora: 'Seja o que for, hei de amar e estimar o divino engenho desse Cavalheiro, tomando o que entender com humildade, e admirando com veneração o que não alcançarei entender'" (p. 25).

No fim dos anos 30, Borges voltaria a falar de Joyce numa resenha da revista *El Hogar*, e na revista *Sur*, em que publicou o artigo "Joyce y neologismos" (novembro de 1939). Em 1940, inclui (surpreendentemente) o autor na *Antología de la literatura fantástica*, editada em colaboração com Bioy-Casares. Nos anos 50, suas referências ao escritor irlandês indicam a superação da perplexidade inicial e a permanência da admiração, agora com base num conhecimento pleno de suas obras. No ensaio "El arte narrativo y la magia", de *Discusión* (1957),[102] Joyce é o último exemplo dado de um livro construído como um mundo, em sua estrutura, nas relações entre as partes e na teleologia dos eventos: "A ilustração mais cabal de um orbe autônomo de corroborações, de presságios, de monumentos, é o predestinado *Ulisses* de Joyce" (p. 91). Em "Flaubert y su destino ejemplar", do mesmo volume, "o intricado e quase infinito irlandês que teceu *Ulisses*" (p. 150) é também o último exemplo de herdeiro do escritor francês.

Além da afinidade literária, uma afinidade biográfica liga Borges ao autor de *Ulisses*: a cegueira. Já em 1937, na revista *El Hogar*, Borges dava uma biografia sintética de Joyce,[103] admirável porque o início e o fim do texto trazem já a marca inconfundível do estilo que o tornaria famoso. O início transforma Joyce em personagem borgesiana: "Nasceu em Dublin, em 2 de fevereiro de 1882. Sua história pessoal, como a de certas nações, perde-se em mitologias. Uma de suas lendas diz que [etc.]". E o fim tem um efeito-surpresa, pelo calculado contraste entre a informação corriqueira e a terrível (ainda mais terrível, porque abrupta e breve) revelação final: "James Joyce, agora, vive num apartamento em Paris, com sua mulher e seus dois filhos. Vai sempre com os três à ópera, é muito alegre e conversador. Está cego".

Quatro décadas mais tarde, Borges mostraria todas as implicações literárias dessa afinidade biográfica. Na última conferência de *Siete noches* (1980), dedicada ao tema da cegueira, Joyce é um exemplo privilegiado dos efeitos literários da perda da visão. Na "metade" mais importante de sua obra — "esses dois vastos e, por que não dizer, ilegíveis romances que são *Ulisses* e *Finnegans Wake*" — Joyce "trouxe uma música nova ao inglês". Borges lembra que Joyce subestimou sua própria cegueira: "Disse corajosamente (e mentirosamente) que 'de todas as coisas que me aconteceram, creio que a menos importante é ter ficado cego'". Borges não acredita nisso e atribui, implicitamente, a "nova música" de Joyce ao refinamento de sua audição, correlato à perda da visão:

> Soube todos os idiomas e escreveu num idioma inventado por ele, um idioma dificilmente compreensível mas que se distingue por uma música estranha [...] Deixou parte de sua vasta obra executada na sombra: polindo as frases na memória, trabalhando às vezes uma única frase durante um dia inteiro e depois escrevendo-a e corrigindo-a. Tudo em meio à cegueira ou a períodos de cegueira.[104]

Como para outros grandes escritores, entre os quais se inclui o autor desse texto, a cegueira "foi um melancólico instrumento para a boa execução de sua obra".

A obra de Octavio Paz contém numerosas alusões a Joyce, mas nenhum estudo particular, motivo pelo qual não incluí o autor de *Ulisses* em sua lista. Devemos entretanto lembrar que, analisando "a soberania da linguagem sobre o autor", ele escreve:

> A obra poética mais vasta e poderosa da literatura moderna é talvez a de Joyce; seu tema é imenso e mínimo: a história da queda, velório e ressurreição de Tim Finnegan, que não é outro senão o idioma inglês. Adão (todos os homens), o inglês (todas as línguas), o próprio livro e seu autor são uma única voz que flui num discurso circular: a palavra, fim e princípio de toda história. O poema devora o poeta.[105]

Joyce foi uma das leituras formadoras de Michel Butor. Aos 22 anos, ele publicou o ensaio "Petite croisière préliminaire à une reconnaissance de l'archipel Joyce" ["Pequeno cruzeiro preliminar para um reconhecimento do arquipélago Joyce"][106] (1948). Nesse ensaio, ele já demonstrava um conhecimento aprofundado de todas as obras do autor, assim como da crítica a seu respeito. O ensaio é uma espécie de fichamento de leitura, o qual, pela inteligência e clareza, pode servir de guia a qualquer leitor que deseje ingressar no acidentado território joyciano (note-se a permanência, na crítica, da comparação da obra de Joyce com uma *terra incognita*). Em *Ulisses*, o que Butor ressalta é o caráter musical da estrutura da obra:

> O autor dispõe [...] de um instrumento espantosamente variado [...] Disseram que a principal personagem de *Ulisses* é a linguagem, e há nisso algo de profundamente verdadeiro. Cada um dos episódios tem seu estilo, seu tom musical, seus procedimentos próprios ditados pelo próprio assunto e seu lugar no conjunto. Os tempos e as orquestrações de cada um deles se chamam uns aos outros, encadeiam-se ou contrastam-se como os movimentos de uma sinfonia. [p. 133]

Butor se impressiona com os múltiplos estilos usados por Joyce: "Não se trata de escrever 'à maneira de', mas de um uso muito mais profundo do pastiche" (p. 134). A obra é ainda focalizada do ângulo filosófico, como emblemática da vivência do homem moderno "num mundo que desmorona": "Os universos intelectuais de Stephen e de Bloom perderam o apoio de uma certeza ou de uma transcendência, são mal-assombrados pelos restos dos velhos sistemas" (idem).

Tratando de *Finnegans Wake*, é na linguagem de Joyce que, obviamente, Butor detém sua atenção: "Essa linguagem propriamente inédita dá ao livro um ar de impenetrabilidade quase absoluta, e no entanto, pouco a pouco, essas páginas pululantes se esclarecem". Joyce obtém "uma vertiginosa densidade de expressão". Sobre a frase de Joyce — "A história é um pesadelo do qual tento despertar" —, Butor conclui:

> A linguagem de *Finnegans Wake* é certamente o maior esforço jamais tentado por um homem para transcender a linguagem a partir dela mesma, mas o peso da linguagem é apenas uma expressão do próprio peso da história sobre nós, e o mito de *Finnegans Wake* é certamente uma das maiores tentativas de transcender a história por meio da própria história. [p. 143]

Anos mais tarde, Butor escreveu uma introdução a *Finnegans Wake*: "Esquisse d'un seuil pour Finnegan" ["Esboço de um limiar para Finnegan"] (1957). Ele aí ressalta o papel de autoconhecimento que a linguagem plurívoca de Joyce pode ter para o leitor:

Finnegans Wake é assim, para cada um de nós, um instrumento de autoconhecimento, pois esse retrato de mim mesmo que aí discirno não é aquele que eu teria traçado antes de sua leitura. Essas frases, cuja ortografia ambígua me constrange a interpretá-las por meio de numerosos *lapsus*, servem de catalisadores à minha consciência, corroem e minam pouco a pouco as camadas de minha censura. Não é pois, como se diz frequentemente, a simples descrição de um sonho, mas uma máquina que serve para provocar e facilitar meus próprios sonhos. [p. 158]

Por essas breves citações, colhidas em textos extensos e densos, podemos verificar que a leitura de Joyce por Butor privilegia, para além do caráter evidente de novidade e de experimentalismo estético, a *dimensão cognitiva* dessas obras, que lhes dá o estatuto de sumas da experiência moderna.

Em 1968, Butor publicou "Joyce et le roman moderne" ["Joyce e o romance moderno"].[107] Depois disso, não voltou a escrever sobre Joyce. Mas a lição aprendida com este está evidente em muitos pontos de sua obra de criação, menos no nível estilístico do que no da técnica romanesca, levada por ele a um experimentalismo progressivo, que começou no *nouveau roman* e desembocou mais tarde em *textos*, nos quais se dissolveram as fronteiras entre prosa e poesia. Joyce também o ajudou na exploração da escrita "noturna" do sonho, do inconsciente, como mostra o próprio título de uma de suas obras: *Portrait de l'artiste en jeune singe* [Retrato do artista quando jovem macaco] (1967).

Joyce integra o *paideuma* dos poetas concretos brasileiros desde o início de sua atividade poética e teórica. Em "A obra de arte aberta" (1955),[108] Haroldo de Campos indica como "eixos radiais" da "arte poética de nosso tempo": Mallarmé, Joyce, Pound e Cummings. Campos ressalta que "o universo joyciano evoluiu [...] a partir de um desenvolvimento linear no tempo, para o espaço-tempo ou contenção do todo na parte [...] adotando como organograma do *Finnegans Wake* o círculo vico-vicioso". Sobre a linguagem de Joyce, oberva o seguinte:

Joyce é levado à microscopia pela macroscopia, enfatizando o detalhe — *panorama/panaroma* — a ponto de conter todo um cosmos metafórico numa só palavra. Donde o poder dizer-se do *Finnegans* que retém a propriedade do círculo, da equidistância de todos os pontos com relação ao centro: a obra é porosa à leitura, por qualquer das partes através das quais se procure assediá-la. [p. 31]

A admiração reiterada pela obra de Joyce, em especial por sua experiência mais radical, encontrou sua melhor expressão na tradução comentada, pelos irmãos Campos, de fragmentos de *Finnegans Wake*.[109] Naquela data (1962), havia poucas traduções do livro para outras línguas, e sempre de um número reduzido de fragmentos. A tradução brasileira foi, em seu momento, a mais extensa existente em qualquer língua.[110] Para evidenciar a dificuldade da empresa, basta lembrar que a primeira tentativa de tradução francesa foi feita por uma equipe integrada, entre outros, por Samuel Beckett (que, como se sabe, foi secretário de Joyce) e pelo surrealista Philippe Soupault, sob a supervisão do autor. O comentário da tradução, por Haroldo de Campos, explicita como esta implica uma crítica:

> Traduzir James Joyce, especialmente fragmentos de *Finnegans Wake*, é uma ginástica com a palavra: um trabalho de perfeccionismo [...] Ninguém, como Joyce, levou a tal extremo a minúcia artesanal da linguagem. Seu macrocosmo — seu romance-rio — traz, em quase cada uma das unidades verbais que o tecem, implícito um microcosmo. A palavra-metáfora. A palavra-montagem. A palavra-ideograma. [p. 21]

As opiniões emitidas por Augusto de Campos, nos ensaios publicados em adendo, podem ser tomadas como idênticas às de Haroldo, levando em conta a simbiose entre os irmãos e a coautoria do trabalho. Augusto dizia, desde 1966, que "o Joyce de *Ulisses* e *Finnegans Wake* divide a história do romance em antes e depois. A. J., D. J., antes de Joyce, depois de Joyce. E, bem pensadas as coisas, talvez nem haja 'depois'; talvez, depois de Joyce, o romance já não deva ser romance, mas uma outra coisa" (p. 123). Para os irmãos Campos, a distinção entre prosa e poesia torna-se, desde então, irrelevante, já que as obras capitais de Joyce são imensos "romances-poemas".

No artigo "Do desesperanto à esperança: Joyce revém" (1982),[111] Haroldo de Campos fez um balanço positivo da fortuna crítica do escritor no mundo e no Brasil, desde a leitura pioneira de Sérgio Buarque de Holanda em 1924, passando por Oswald de Andrade na década de 40, até as teses universitárias das últimas décadas. As recentes edições de *Ulisses* e de *Finnegans Wake*, em eruditas edições fac-similadas e em *paperback*, demonstram como "a resistência inovadora da obra 'opaca' pode forçar o 'horizonte de expectativa' dos públicos que se sucedem no tempo". Esse balanço lhe permite reformular, sinteticamente, sua própria apreciação de Joyce:

> O corpus joyciano, mais do que nunca, ergue-se como um divisor de águas no romance contemporâneo, pela radicalidade de sua revolução da linguagem, anunciada já na fragmentação final de *A Portrait of the Artist as a Young Man* (1916), levada a níveis de complexidade incomum no *Ulysses* e extremada até os excessos de um "*sanscreed*" (sânscrito sem credo) polilíngue e polifacético no *Finnegans Wake*. É a esperança que volta a sorrir para o "desesperanto" joyciano, como que a confirmar com o aval do futuro a doação das "chaves" da escritura que o autor faz a seus leitores porvindores no final do livro, *The Keys to. Givent* ("As chaves para. Dadas!").

Além do trabalho crítico realizado sobre a obra de Joyce, os irmãos Campos mostraram, em muitos artigos e manifestos, afinidades até então pouco exploradas, na crítica internacional, entre Joyce e Mallarmé. No âmbito da releitura da literatura brasileira, desenvolveram o instigante paralelo Guimarães Rosa/Joyce. A influência de Joyce na escritura de Haroldo de Campos é flagrante e assumida na qualidade de intertexto, sobretudo nos textos que compõem as *Galáxias*.[112] Desde 1988, Haroldo tem sido o "mentor" das comemorações do Bloomsday em São Paulo.[113]

Philippe Sollers, na década de 70, colocou-se declaradamente sob o signo de Joyce. A síntese de suas opiniões sobre o autor está na conferência "Joyce et Cie" (1975).[114] Sollers começa por observar que, desde Joyce, "o inglês não existe mais", pois esfumaram-se os limites entre as línguas nacionais: "Joyce introduz um reporte permanente de língua a línguas, de enunciado a enunciados, de pontualidade do sujeito da enunciação a séries" (p. 80).

Examina em seguida a questão do suposto apolitismo em Joyce:

> Acredita-se, ingenuamente, que Joyce não teve preocupação política, porque ele não escreveu nada a esse respeito *em língua morta* [...] Mas a recusa de Joyce a render-se ao menor enunciado morto é justamente o *próprio* ato político. Esse ato explode no coração da *polis* retórica. No coração do reconhecimento narcísico do grupo humano: fim dos nacionalismos decidido por Joyce no momento em que as crises nacionalistas são as mais virulentas (o fascismo na Europa) [...] Joyce quer

> destruir o nacionalismo, mas ele vai além do internacionalismo abstrato, "ecumênico" (que só se sustenta numa língua morta, latim para a Igreja, estereótipo "marxista-leninista", delírio fascista). O que ele constrói em *Finnegans Wake*, de 1921 a 1939, é um transnacionalismo ativo [...] No que ele escreve, não há *mais do que diferenças*: ele coloca pois em questão toda comunidade (chamam a isso *ilegibilidade*). [pp. 81-2]

O gesto político mais importante de Joyce, segundo Sollers, foi o de sondar o fenômeno da religião, a base neurótica universal: "Joyce tem a mesma ambição que Freud: analisar dois mil anos de humanidade, e não dez anos, ou um século de política. O que é o monoteísmo? O que é o cristianismo? O que é a razão? *Finnegans Wake* pulula de 'respostas' a esse respeito" (p. 82).

Depois de sugerir leituras possíveis para vários trechos do escritor irlandês, à luz de suas preocupações teóricas do momento (psicanálise lacaniana, relação masculino-feminino, patriarcado e matriarcado), e após efetuar trocadilhos duvidosos (como "Jung-*jungle*") e interpretações arriscadas (*riverrun = rire vers l'un*, *three ver un* = Santíssima Trindade), Sollers volta a demonstrar que pode ser um excelente *ouvinte* de Joyce. Referindo-se à leitura gravada pelo próprio escritor, de um fragmento de *Finnegans*, Sollers faz notar que há ali um único solista mas milhares de vozes e aponta o caráter transgressivo dessa multiplicidade: "Que sejamos, cada um de nós, um conjunto aberto de pluralidade de vozes, é algo difícil de pensar, algo tão sacrílego quanto a infinidade e a pluralidade de mundos no século XVI. Lembro que Giordano Bruno, cujo nome é frequentemente invocado em *Finnegans Wake*, foi queimado por isso, em 1600" (p. 91).

A escuta de Joyce lhe parece tão importante para compreender sua obra que ele volta ao assunto em "La voix de Joyce" (1982):[115]

> O que se ouve aí pela primeira vez? A flexibilidade; a audácia, a multiplicidade dos papéis, do grave ao agudo, do sussurrado ao quase gritado; a paródia; a estupefação renovada diante do fato de que a história humana seja tão maravilhosa e tão tola; a emoção delicada; a imitação do suspiro e do suspiro do suspiro; o cair da noite e o correr das águas e do tempo; a tenacidade da vida e o cansaço da morte; o ronco dos rios e o rolar dos seixos no fundo; o vento nas folhas; o gemido de inveja infantil; a lubricidade louca e contida; o maneirismo feminino... [p. 99]

Como na conferência precedente, é esse transbordar de vida que o fascina em Joyce; que o fim de *Ulisses* seja a palavra "Sim", e o de *Finnegans*, um canto de triunfo e recomeço: "É preciso ouvir o humor, o fervor e a alegria na voz de Joyce. Ele sabe que vai ganhar. É fatal" (p. 104).

Esse encantamento de Sollers pela linguagem de Joyce, sentido antes e na mesma época por Lacan e Derrida, aparece em suas obras criativas até o início dos anos 80, *H* (1973) e *Paradis* (1981). A partir de *Femmes* (1983), Sollers entra em nova fase, com uma escrita mais leve, linear e transparente, que já não tem nada a ver com o anteriormente admirado estilo polifônico e polissêmico de Joyce.

Em suma: quais os principais valores ressaltados pelos escritores-críticos modernos em Joyce? A *concisão*, a capacidade de dizer muito em poucas palavras (e, no caso de *Finnegans Wake*, em *cada* palavra). A *abrangência* e a *coerência interna* de seu universo. A *pluralidade* de línguas, de estilos, de vozes e de sentidos. O valor *crítico* de suas sátiras. A *novidade* espantosa de sua técnica romanesca. A *universalidade* obtida a partir do particular, do regional.

Segundo as características de suas próprias obras criativas, cada escritor-crítico privilegia um ou vários desses aspectos. A análise de Pound ressalta principalmente a inovação da técnica literária, o enciclopedismo e o valor "científico" da análise do humano em todas as suas manifestações. Eliot saúda o nascimento de um novo gênero ficcional, adequado ao presente e rico de desdobramentos futuros. Borges admira a musicalidade, a riqueza barroca da linguagem de Joyce, a "autonomia" de seu universo ficcional, a paciência na busca da perfeição verbal. Octavio Paz, o desaparecimento do poeta na palavra. Michel Butor louva o enriquecimento da técnica romanesca, a densidade da linguagem, seu poder de crítica da história e sua função de autoconhecimento para o leitor. Campos focaliza, de modo prioritário, a performance verbal de Joyce, a "minúcia artesanal da linguagem", a capacidade de enformar o macro no micro, a polissemia do "cosmo metafórico", a universalidade, a novidade que faz dele um marco entre um antes e um pós-Joyce. Sollers aponta o valor "político" da obra de Joyce, como crítica dos discursos nacionalistas e narcísicos, e seu valor cognitivo no desvendamento do inconsciente ocidental-cristão; a linguagem de Joyce o fascina pela polifonia e pela vitalidade.

Parece-me digno de nota que a admiração pelo contemporâneo Joyce se exprima frequentemente, nos textos dos escritores-críticos, por uma comparação com seu modelo mais remoto, Dante, pela amplidão do projeto, pelo fundo religioso do mesmo, pela criação de uma língua nova. A comparação vem de longe e pode ser encontrada na própria biografia de Joyce: em seus tempos de jovem universitário ele era conhecido como o "Dublin's Dante" ["o Dante de Dublin"].[116]

Ulisses, no plano fabulatório, remete a Homero. Mas como obra--cosmo, espetáculo montado com uma multidão de personagens, polifonia de vozes e suma da ideologia de seu tempo, *Ulisses* pode ser considerado como a *Comédia* moderna, não mais divina mas humana, demasiadamente humana. Pound e Eliot já haviam empreendido, cada um à sua maneira, a reescritura moderna da *Divina comédia*. A sombra de Dante já pairava sobre a literatura ocidental moderna, como uma nostalgia da totalidade perdida, desde o título da *Comédie humaine* de Balzac, até o limiar de nossa modernidade, quando Mallarmé enunciou: "Criei minha obra por *eliminação* [...] A Destruição foi minha Beatriz" (declaração a Lefébure, em 1867).

O paralelo Joyce-Dante é traçado ou evocado por quase todos os escritores-críticos que aqui examinamos, mesmo por aqueles que não têm Joyce na sua lista preferencial, Octavio Paz e Italo Calvino. Mas isso já seria assunto para outro livro, do qual já existem numerosos "capítulos" escritos, por vários críticos que elaboraram monografias sobre a influência de Dante nos poetas modernos.

4
VALORES MODERNOS

PRINCÍPIOS QUE PRESIDEM À ESCOLHA DOS ESCRITORES-CRÍTICOS

A crítica praticada pelos escritores tem uma especificidade que eles são os primeiros a reconhecer ou a reivindicar. Desde o início do século XIX, os criadores se indispuseram, de maneira geral e constante, com os críticos profissionais, principalmente os jornalistas, acusando-os de toda sorte de perversão: injustiça, incompreensão, inveja, parasitismo, impotência criadora e outros mimos. Os ataques e as chacotas dos escritores contra os críticos literários constituem um vasto repertório, capaz de preencher vários volumes. Na ausência de uma instância superior que regulasse o dissenso, e no descontentamento com as instâncias "inferiores" que se arrogavam o direito de os julgar, os criadores puseram-se a praticar uma espécie de contracrítica, estimada por eles como mais competente, ou pelo menos mais eficiente, por estar ligada à própria experiência criadora.

A afirmação de que o poeta é o melhor crítico de poesia surgiu primeiramente nos teóricos românticos alemães: "Poesia só pode ser criticada por poesia" (F. Schlegel, *Lyceum der shoenen Kuenste*, § 117). Essa convicção fez com que, na modernidade, criação e crítica viessem a ser atividades complementares: "Todos os grandes poetas se tornam naturalmente, fatalmente, críticos" (Baudelaire, *L'Art romantique*). A crítica praticada pelos escritores é necessariamente parcial, pois ela está a serviço da prática de cada um. Como diz Eliot, ela é "um subproduto de sua atividade criadora".[1] Essa parcialidade, Baudelaire a atribuía a toda boa crítica: "Para ter razão de ser, a crítica deve ser parcial, apaixonada e política, isto é, feita de um ponto de vista exclusivo, mas do ponto de vista que abre mais horizontes" (*Salon de 1846*).

Contrariamente aos críticos de profissão, que pretendem analisar e classificar as obras segundo princípios implícitos, pretensamente objetivos e universais, os escritores estabelecem e assumem pessoalmente os princípios que regem seus julgamentos de valor. Os autores escolhidos por eles são, ao mesmo tempo, a fonte e a confirmação desses princípios. Note-se que a crítica praticada pelos escritores é uma crítica positiva, nunca negativa; eles só falam longamente de autores "eleitos"; estão à procura de qualidades e não, como os críticos profissionais, de defeitos. São, nisso também, herdeiros dos românticos alemães, que, como apontou Walter Benjamin, praticavam uma crítica que era menos julgamento da obra de arte do que método para seu aperfeiçoamento.[2]

A concepção que cada um deles tem do que é um autor "clássico", "imortal" ou "paidêumico" repousa sobre um conjunto de valores, que ora são comuns (os da tradição ou os de seu tempo), ora pessoais, ligados aos projetos de suas próprias obras de criação. "Cada um encontrou nos antigos o que desejava ou precisava, principalmente a si mesmo" (F. Schlegel, *Athenaeum*, § 151).[3]

As coincidências de critérios e de escolhas, reforçadas por contato pessoal ou de leitura, dão a esses escritores-críticos um certo ar de família, de microcomunidade transnacional. Eles constituem, assim, uma ampliação geográfica daquele grupo romântico ideal, fundado em "afinidades eletivas": "Onde os artistas formam uma família, acontecem assembleias fundadoras da humanidade" (F. Schlegel, "*Ideen*", in *Athenaeum*, vol. 3, nº 1, § 122).[4] O que os une é uma experiência partilhada da linguagem poética e o projeto comum de levá-la a um "padrão universal" de excelência. Para alcançar esse fim, Pound propunha a formação de grupos de escritores, que entrariam em contato com outros grupos, de outros países; o que, de certa forma, foi realizado por esses escritores modernos. O que os une, sobretudo, é a paixão pela literatura e a constância na sua defesa.

A teoria e a crítica de Pound baseiam-se em valores explícitos, porque ele pensa a literatura na esfera da cultura e esta, para ele, é "balança de valores", "*paideuma business*". Partindo do princípio de que o "Jardim das Musas" necessita de "uma boa poda",[5] Pound é radical e enfático em seus julgamentos. Ele separa nitidamente "*bad art*" de "*good art*", o artista "sério" do que não o é. E justifica esse julgamento: "A arte má é inexata. Fornece informações falsas" (acerca da natureza do homem, da natureza do artista, do seu ideal de perfeição, da sua ideia de Deus, das suas alegrias e tristezas).[6] Fala tranquilamente da "beleza" e a define, não pela essência, mas pela técnica: "Uma definição de beleza: adequação ao objetivo".[7]

Mas enganam-se os que afirmam que Pound valorizava exclusivamente a técnica poética, menosprezando a expressividade do poeta e os efeitos psicológicos do poema no leitor. Como todos os poetas conscientes de seu ofício, Pound buscava a perfeita interação forma-conteúdo: "A emoção é organizadora da forma".[8] E num artigo de 1918: "Poesia é a declaração de valores emocionais arrebatadores; tudo o mais é uma questão de *cuisine*, de arte".[9]

Os valores de Pound, estrepitosa e repetidamente anunciados, são a "invenção", a "novidade" e a perenidade dessa novidade. O preceito de Confúcio que Pound adotou por lema ("RENOVAR") resume o essencial de seus julgamentos: "Um clássico é um clássico não porque esteja conforme a certas regras estruturais ou se ajuste a certas definições (das quais o autor clássico provavelmente jamais teve conhecimento). Ele é clássico devido a uma certa juventude eterna e irreprimível".[10]

A novidade e a juventude não são, para Pound, valores em si. Elas são decorrência do que ele considera a função social da literatura:

> A literatura não existe num vácuo. Os escritores, como tais, têm uma função social definida, exatamente proporcional à sua competência COMO ESCRITORES. Essa é sua principal utilidade. Todas as demais são relativas e temporárias, e podem ser avaliadas de acordo com o ponto de vista particular de cada um [...] Mas há uma base suscetível de avaliação que é independente de todas as questões de ponto de vista.
>
> Os bons escritores são aqueles que mantêm a linguagem eficiente. Quer dizer, que mantêm a sua precisão, a sua clareza. Não importa se o bom escritor quer ser útil ou se o mau escritor quer fazer mal.
>
> A linguagem é o principal meio de comunicação humana. Se o sistema nervoso de um animal não transmite sensações e estímulos, o animal se atrofia. Se a literatura de uma nação entra em declínio a nação se atrofia e decai.[11]

Os erros políticos de Pound mostraram, de maneira trágica, o quanto teria sido melhor se ele tivesse restringido suas ambições à de ser competente "como escritor". Quanto aos "pontos de vista particulares de cada um" (em que podem ser incluídos seus enganos políticos), se tomarmos por base a afirmação acima citada, estes não devem influir em nossa "base de avaliação" de sua atuação como escritor. Afinal, ele também declarava: "O mau crítico se distingue facilmente quando começa por discutir o poeta e não o poema" (*ABC*, p. 80).

No que concerne especificamente à técnica poética, o principal valor, para Pound, é a "condensação" (*Dichten = Condensare*). Essa condensação é uma concentração de sentido. A palavra *literatura*, previamente definida por ele como a mais alta das manifestações humanas, por ser "linguagem carregada de significado até o máximo grau possível" (*ABC*, p. 32), passa a ser, para Pound, um qualificativo. Quando ele escreve: "*A Portrait* de Joyce é literatura", está feito o maior elogio. Suas listas são qualificações baseadas nos princípios definidos em *How to Read* e *ABC of Reading*; esses princípios, por sua vez, foram extraídos das leituras de determinadas obras. Daí sua confiança na crítica por demonstração. Sobre os nomes constantes de suas listas, ele advertia:

> VOCÊS NUNCA SABERÃO por que eu os escolhi ou por que eles mereceram ser escolhidos, ou melhor, por que vocês aprovam ou desaprovam a minha escolha, até irem aos TEXTOS, aos originais. E quanto mais depressa vocês forem aos textos, menos necessidade terão de dar ouvidos a mim ou a qualquer outro crítico fastidioso. [*ABC*, pp. 47-8]

Os autores selecionados funcionam como "compassos", "sextantes" ou "balizas"; fornecem referências e orientações. Sendo listas de função pedagógica, as de Pound contêm, prioritariamente, os nomes dos autores que influíram em sua própria obra, que lhe ensinaram algo. A essa experiência pessoal, ele atribui um valor universal, portanto transmissível. A lista-síntese de Pound, embora conserve certos clássicos reconhecidos, revela cortes e intervenções marcantes no cânone anterior. É uma lista que tem a intenção expressa de influir no cânone, de ser um "*gradus ad Parnassum* para aqueles que gostariam de aprender" (*ABC da literatura*). Esses pressupostos conformam uma axiologia forte, enunciada com um vigor autoritário.

Eliot, como crítico, é mais ponderado e, consequentemente, menos vigoroso. Em sua juventude, chegou a afirmar, como os românticos, que só a crítica feita pelos próprios poetas tinha valor. Com o passar do tempo, passou a reconhecer o valor de diferentes tipos de crítica e a buscar, na sua própria, uma certa objetividade generalizante. O que nunca mudou, nos textos teóricos de Eliot, foi a convicção de que não há criação que não tenha um componente crítico: "Provavelmente, na verdade, a maior parte do labor de um autor, ao compor sua obra, é labor crítico; trabalho de peneirar, combinar, construir, eliminar, corrigir, testar; e (acho que já o disse antes) alguns escritores criativos são superiores a outros apenas porque sua faculdade crítica é superior".[12]

Eliot considera que, qualquer que seja o tipo de crítica (acadêmica, de gosto ou de artista), suas ferramentas básicas são a comparação e a análise.[13] A comparação e a análise exigem o conhecimento do que foi feito antes:

> Nenhum poeta, nenhum artista de qualquer arte tem, sozinho, seu significado completo. Sua significação, sua apreciação é a apreciação de sua relação com os poetas e artistas mortos. Não podemos avaliá-lo isoladamente; precisamos colocá-lo, por contraste e comparação, entre os mortos. Quero dizer que isso é um princípio de crítica estética, não meramente histórica. A necessidade de que ele seja conforme e coerente não é de mão única; o que acontece quando uma nova obra é criada é algo que ocorre, simultaneamente, com todas as obras de arte que a precederam. Os monumentos existentes formam, entre si, uma ordem ideal, a qual é modificada pela introdução de uma nova (realmente nova) obra de arte no conjunto.[14]

A concordância com Pound é aí total: necessidade, para o poeta novo, de conhecer e analisar o que foi feito antes, de estabelecer parâmetros de comparação, de se medir com os grandes do passado, e ambição de alterar, com sua obra, a velha ordem ideal. Daí a importância do convívio com os poetas mortos. Sem comparação, análise e seleção, nenhum juízo de valor pode ser emitido, ou, se for emitido, não tem o menor fundamento. Como Pound, Eliot explicita suas escolhas e assume pessoalmente seus julgamentos, embora o faça num tom menos impositivo do que o primeiro.

Já examinamos, no capítulo 2, os dois ensaios principais em que ele define seu conceito de "clássico" ("Tradition and the Individual Talent" e "What's a Classic"). Tendo se tornado, com o passar do tempo, cada vez mais conservador em suas ideias e mais tradicional em seu estilo, Eliot utiliza frequentemente o adjetivo *clássico*, que ele coloca entre aspas para dar à palavra um caráter intemporal. "Clássico", no discurso de Eliot, é o maior elogio e sinônimo de "universal". A esses dois qualificativos (*clássico* e *universal*), ele acrescenta os preferidos da modernidade: *novo* e *original*. Eliot louva frequentemente, em seus escritores favoritos, a "invenção" e a "maestria técnica" [*technical maestry*]. Também usa a palavra *beleza* sem nenhum pejo modernista. Quando ele qualifica Baudelaire de "*great poet*" (por sua invenção de linguagem) e "L'invitation au voyage" de "*beautiful poem*", esses adjetivos nada têm de banal, porque ele lhes dá um valor absoluto.

Os valores e as escolhas de Eliot têm sido submetidos, dos anos 80 a esta parte, a uma crítica ideológica acirrada. Além de apontar a óbvia e declarada ideologia cristã e europeísta do crítico, levantou-se a hipótese de que sua defesa de "poetas menores" seria apenas uma ocultação das principais influências que ele teria sofrido dos "maiores", e que suas opiniões sobre os autores do passado teriam variado em virtude de estratégias úteis em determinados momentos de sua própria "carreira" de escritor.[15] Esse tipo de crítica ideológica parte do pressuposto de que o autor é suspeito, e o exame de seus textos se torna um trabalho detetivesco em busca das provas de sua culpabilidade. Tudo pode ser usado contra ele, mesmo aquelas de suas afirmações que contrariam a hipótese do investigador, pois estas podem ser espertezas, estratégias. Mas a principal objeção que se poderia fazer a esse tipo de investigação é sua fundamentação positivista, a busca de "causas" na vida e na carreira do escritor, evitando uma discussão mais ampla de suas ideias. Outra objeção é a de que esse tipo de crítica se baseia numa concepção psicológica do "eu" do escritor, que comandaria todas as suas ações, incluindo a escritura; uma concepção essencialista do "eu" anterior a Freud, e inadequada à experiência do sujeito na linguagem poética, tal como esta foi reformulada na modernidade.

Ao definir o que é um "clássico", Borges explicita sua discordância com relação às definições de Arnold, Sainte-Beuve e Eliot. Suas afirmações demonstram que ele privilegia a leitura e, nesta, a subjetividade dos leitores:

Clássico é aquele livro que uma nação ou um grupo de nações, ou o longo tempo, decidiram ler como se em suas páginas tudo fosse deliberado, fatal, profundo como o cosmo e capaz de interpretações sem término. Previsivelmente, essas decisões variam. Para os alemães e austríacos, o *Fausto* é uma obra genial; para outros, uma das mais famosas formas do tédio, como o segundo *Paraíso* de Milton ou a obra de Rabelais. Livros como o de Jó, a *Divina comédia*, *Macbeth* (e, para mim, algumas sagas do Norte) prometem uma longa imortalidade, mas nada sabemos do porvir, salvo que diferirá do presente. Uma preferência pode bem ser uma superstição.[16]

O autor da *História da eternidade* mostra, aí, o quanto tem de irônica sua definição de "eternidade", e o quanto ele é atento à historicidade da literatura: "As emoções que a literatura suscita são, talvez, eternas, mas os meios devem constantemente variar, mesmo que de modo levíssimo, para não perderem sua virtude. Gastam-se à medida que o leitor os reconhece. Daí o perigo de afirmar que existem obras clássicas, e que o serão para sempre" (p. 773).

Como leitor, Borges reivindica uma absoluta liberdade subjetiva. Em suas críticas, ele é um mestre das fórmulas concisas e iluminadoras, cuja justeza outras subjetividades podem comprovar: "Paul Valéry, herói da lucidez que organiza";[17] Shakespeare: "esse ímpeto e essa inocência, essa delicada felicidade e esse negligente esplendor" (p. 145); "Cervantes foi um hagiógrafo [...] *Don Quijote* é a única solidão que ocorre na literatura do mundo" (pp. 140-1). Eventualmente, suas fórmulas podem ser ferinas, como esta, sobre Oscar Wilde: "Um cavalheiro dedicado ao pobre propósito de assombrar com gravatas e metáforas".[18] As fórmulas borgesianas, frequentemente, valem por muitas páginas. Escrevendo sobre Whitman, por exemplo, ele mostra o engano de considerá-lo "um varão meramente saudador e mundial, um Hugo insistente", quando ele é "um poeta de um laconismo trêmulo e suficiente, homem de destino comunicado, não proclamado".[19] São juízos sintéticos, que economizam a argumentação e tomam a forma de divisas ou emblemas, pressupondo um receptor bem informado e provido de senso de humor, como o emissor. Borges não visa um leitor "universal" que deva ser convencido com argumentos; visa um interlocutor de qualidade, particular e conivente, que partilhe de antemão os seus valores.

Diferentemente dos outros escritores-críticos modernos, Borges não valoriza o novo (não acredita na novidade, mas no constante reaparecimento de algumas poucas formas), nem a técnica escritural (acha que é mau sinal quando se atenta para a técnica de um escritor, pois esta deve ser invisível). Dentre seus critérios de valoração, alguns são puramente psicológicos, como a "afeição" e a "felicidade". São critérios de extrema e assumida subjetividade: "Sou um leitor hedonista, repito, busco emoção nos livros".[20] Um grande autor é, para ele, um dispensador de felicidade e por isso merece seu agradecimento: "De Quincey. Não devo a mais ninguém tantas horas de felicidade pessoal";[21] "O conhecimento direto da *Divina comédia* é a felicidade mais inesgotável que a literatura nos pode dar"[22] etc.

Mais do que os outros escritores-críticos, Borges deseja permanecer na condição de puro leitor, de leitor ingênuo e por isso feliz. Ele não pretende erigir um cânone nem um *paideuma*; quer recuperar a felicidade de suas leituras juvenis:

> Suspeito que os novelões policiais de Eduardo Gutiérrez e uma mitologia grega e o *Estudiante de Salamanca* e as tão razoáveis e nada fantásticas fantasias de Júlio Verne e os grandiosos folhetins de Stevenson e a primeira novela em fascículos do mundo: as *Mil e Uma Noites*, são os melhores gozos literários que pratiquei. A lista é heterogênea e não pode confessar outra unidade senão a consentida pela idade prematura em que os li. Eu era um leitor hospitaleiro, naquele anteontem, um cortesíssimo indagador de vidas alheias, e aceitava tudo com venturosa e álacre resignação. Acreditava em tudo, até nas más ilustrações e nas erratas.[23]

A lista de Borges mescla julgamentos universais com encantamentos pessoais. Podemos ver, na recorrência de certas opiniões favoráveis, a postulação implícita de valores poéticos gerais: o estilo "límpido" e "simples" (louvado em Kafka, em Voltaire); a "exatidão das palavras" (Virgílio, Flaubert, Cortázar); a "concisão" (Dante); a "paixão" (San Juan de la Cruz, Stevenson); a "renovação" (O'Neill, Whitman, Poe), a "atemporalidade" ou "eternidade" (Dante, Kafka). E uma qualidade menor, em autores menores: o "charme" (Wilde, Cocteau). Mas essas qualidades gerais não são as de sua própria escrita?

Já Octavio Paz não se coloca como simples leitor. Sua crítica é fundamentada num discurso teórico forte e extenso. Ele teoriza as próprias questões que estamos discutindo aqui, como a questão da crítica na modernidade: "No passado, a crítica tinha por objetivo chegar à verdade; na idade moderna, a verdade é crítica. O princípio que fundamenta nosso tempo não é uma verdade eterna, mas a verdade da mudança".[24] Dentro dessa modernidade, ele reconhece e reivindica a parcialidade de sua crítica: "Meus pontos de vista são os de um poeta hispano-americano; eles não são uma dissertação desinteressada, mas uma exploração de minhas origens e uma tentativa de autodefinição indireta" (p. 56). Mas Paz não se fecha em sua hispano-americanidade. Dialético, busca sua identidade no confronto com o Outro internacional.

Embora reconhecendo a mudança como característica da modernidade, Paz não é um partidário incondicional do "novo": "A novidade", diz ele, "não é o único critério poético".[25] O que define o poeta, para ele, é a "consciência" de seus sentimentos e "a necessidade de os exprimir" (p. 151). Os valores que ele invoca mais frequentemente são a "sugestão", a "economia verbal", a "objetividade", a "concentração", a "condensação", a "despersonalização". Com base nesses valores, compreende-se bem a presença, em sua lista, de nomes como Mallarmé, Joyce e Pessoa. Ao lado desses escritores mais "cerebrais", outros nomes de poetas (de Hölderlin a André Breton) indicam uma outra linhagem, romântico-surrealista, que marcou fortemente sua poesia.

Em suas catorze definições do que é um clássico,[26] Calvino, como Borges, privilegia a leitura e a subjetividade do leitor (as marcas que a obra deixa "nas dobras da memória", a autodefinição que o leitor nele encontra), mas também aponta algumas virtudes próprias da obra: a inesgotabilidade do sentido ("Um clássico é um livro que nunca terminou de dizer aquilo que tinha para dizer"); a resistência aos comentários ("Um clássico é uma obra que provoca incessantemente uma nuvem de discursos críticos sobre si, mas continuamente os repele para longe"); o efeito-surpresa ("Os clássicos são livros que, quanto mais pensamos conhecer por ouvir dizer, quando são lidos de fato mais se revelam novos, inesperados, inéditos"); a completude ("Chama-se de clássico um livro que se configura como equivalente do universo, à semelhança dos antigos talismãs"); a atemporalidade (a obra clássica "relega as atualidades à posição de barulho de fundo" e "persiste como rumor mesmo onde predomina a atualidade mais incompatível").

Quanto à escrita literária, Calvino deixou consignada uma breve lista de valores, em suas *Lezioni americane — Sei proposte per il prossimo millennio*: "leveza", "rapidez", "exatidão", "visibilidade" e "multiplicidade". Na exemplificação desses valores, reencontramos os nomes anteriormente homenageados em sua ensaística, e outros que nela estavam implícitos. Sendo fundamentalmente ficcionista, Calvino tem uma lista em que predominam os narradores, e na qual figuram alguns "leves", "rápidos", "exatos", "visuais" e "múltiplos", como Voltaire, Diderot, Stendhal e Borges. Poderíamos acrescentar: como Calvino.

As leituras críticas de Butor pretendem sempre "decapar" certas obras do passado, removendo camadas de discurso velho que, segundo ele, impedem sua legibilidade atual. Para Butor, Balzac não é um romancista "tradicional", oposto aos autores do "nouveau roman" (como diziam certos críticos), mas um "inovador" e um "revolucionário" em seu tempo; Racine não é "claro" e "simples", como se ensina nos liceus, mas "audacioso", "contraditório".[27] Chateaubriand não é apenas o "Senhor Visconde", aristocrata conservador, mas um poeta cujas "invenções" tiveram uma influência decisiva sobre o gosto moderno; Rabelais é "surpreendente", "irreverente", "devorador"; o último Cervantes é "original", "audacioso".[28] Os textos da série *Répertoire* apresentam todos essa busca do novo no antigo, e repousam sobre a crença na possibilidade e na necessidade da releitura, para colher ensinamentos nos predecessores: "Sonhemos, por enquanto, com escritores que reúnam a generosidade de inspiração de Hugo e o controle de Mallarmé, sua indiferença ao aplauso imediato".[29]

A intenção pedagógica de sua ensaística, ligada à sua atividade de professor universitário em Nice e em Genebra, onde sempre lhe foi dada a liberdade de estabelecer seus programas, garante o caráter marcado de suas escolhas.[30] Os valores de Butor são os que norteiam sua própria escrita. Vê-se claramente, em suas escolhas, a preferência por autores que o influenciaram. Como no caso de Paz, Butor tem uma tendência à construção intelectual (em seus romances e ensaios) e uma tendência ao sonho de tipo surrealista (em sua poesia e em sua prosa poética). Daí a presença, em sua lista, de escritores representativos das duas tendências: Flaubert e Hugo, Mallarmé e Breton.

Numa série de conferências recentes acerca da "utilidade da poesia",[31] Butor colhe exemplos desde a Grécia antiga até os dias de hoje, com várias referências etnográficas (dos índios norte-americanos ao candomblé). Ele aí confirma várias de suas escolhas anteriores e, sobretudo, deixa ainda mais clara sua concepção da função da poesia como substitutiva da religião, anunciadora da ciência e crítica da economia capitalista.

Haroldo de Campos defende, explicitamente, os mesmos valores que Pound. Sua lista é tributária do *paideuma* poundiano, mantendo perfeita coerência com seus princípios, nas escolhas posteriores à morte do poeta-crítico americano. Os valores de Haroldo são da ordem do significante, mais do que do significado: a "novidade" da linguagem da obra em seu tempo e a permanência dessa novidade no presente; a "radicalidade" da prática poética em confronto com a média das práticas anteriores ou concomitantes; o valor propedêutico dessa prática para os poetas de hoje. Como consequência desses valores, assumidos em termos de *programa* de vanguarda, a defesa dos mesmos assume frequentemente o tom do manifesto e o modo da polêmica. Haroldo de Campos e os companheiros concretistas levaram adiante ou ampliaram várias das análises e dos projetos de tradução do mestre Pound. E, segundo o mesmo princípio de crítica ideogramática, procederam à releitura e à revalorização de um *paideuma* brasileiro esquecido ou pouco frequentado pela crítica institucional.

Os valores de Sollers também se inscrevem num projeto de grupo com as características provocadoras e polêmicas das vanguardas. Esses valores têm um forte componente ideológico, cujo teor varia segundo as fases: fase Tel Quel (1960-82), e fase L'Infini (de 1982 em diante). Na fase Tel Quel, o principal valor é a "ruptura" (com a "normalidade" psicológica ou estilística, com a sociedade), valor que a Modernidade herdou da Revolução Francesa e que, por isso, é identificado com o revolucionarismo político. Outros valores repetidamente louvados são a impessoalidade do escritor em proveito da linguagem, a pluralidade de registros "vocais", o conhecimento e a revelação do inconsciente coletivo, o alcance "político" das obras (o que elas questionam e mobilizam no mundo em que surgem).

Na fase atual (de L'Infini e da colaboração regular em *Le Monde*), alguns desses valores são mantidos, e outros, menos consistentes, afloram e desaparecem, dependendo de estratégias mais ocasionais e sem um projeto amplo como o de Tel Quel.

VALORES COMUNS AOS ESCRITORES-CRÍTICOS

Um levantamento dos valores comuns apontados pelos escritores-críticos, nos quatro autores que considerei como casos exemplares, pode agora ser tentado e examinado. O método aqui adotado foi, desde o início, o indutivo, e esse método tem sido aplicado a um corpus restrito e predefinido. O exame desses valores comuns nos revelará, portanto, a axiologia de *uma certa modernidade literária*. Trata-se de uma amostragem; mas ela é significativa porque revela o consenso de uma comunidade transnacional de criadores literários, formadores de gosto e de opinião em sua área, através de várias décadas do século XX.

As questões de poética e de retórica aqui implicadas são vastíssimas, tanto do ângulo filosófico como do ângulo histórico. Dentro do mesmo princípio de indução e de síntese, não me deterei extensamente nas comparações com as retóricas e poéticas históricas, que suponho conhecidas dos leitores. As referências ocasionais às teorias anteriores terão apenas a função de lembretes, a fim de permitir comparações, indicar pontos de partida, de ruptura e de transformação.

Maestria técnica

Para os modernos, a linguagem literária readquire seu sentido original de *poiesis*, arte da linguagem que exige uma *technè*; essa *technè* ganha, na modernidade, uma homologia (não uma identidade) com as formas tecnológicas de produção material na sociedade moderna. *Técnica* é uma palavra que eles usam sem o receio romântico de que esta contrarie o "mistério" da inspiração. Para eles, na poesia como na prosa, o resultado não depende apenas da inspiração, mas de uma técnica que precisa ser aprendida e desenvolvida, e a partir daí, reinventada e nova. De qualquer forma, escrever é um *ofício*. Os maiores elogios dos escritores-críticos modernos vão para aqueles que foram ou são mestres, não apenas por terem sido reverenciados pela tradição, mas por terem sido exímios em sua arte, e por suas lições permitirem aplicações e desenvolvimentos atuais.

Eliot apresenta essa questão da técnica poética como um valor social:

> Ao olhar a história da poesia de acordo com, digamos, um ponto de vista de poeta, os valores não são exatamente aqueles que vocês aprenderão em qualquer história da poesia. Eles serão muito mais aquilo que é vagamente chamado de "técnicos"; os poetas importantes serão aqueles que ensinaram as pessoas a falar; e, em todas as gerações, as pessoas precisam ser ensinadas a falar: a função do poeta em cada momento é a de fazer o povo inarticulado articular; e como o povo inarticulado está quase sempre resmungando, transformando a fala em jargão, o de seus ancestrais ou o dos editores de jornal, a nova linguagem nunca é aprendida sem uma certa resistência, e mesmo ressentimento. *Donner un sens plus pur aux mots de la tribu*, disse Mallarmé de Poe; e essa purificação da linguagem não é tanto um progresso, como um retorno perpétuo ao real.[32]

Alguns dos principais teóricos da literatura moderna detiveram-se nessa questão da valorização da técnica. Barthes observou que o escritor, desde que sua condição deixou de ser considerada uma vocação ou uma missão recebida do Além, sentiu a necessidade de se afirmar como um profissional. A técnica e o ofício tornaram-se, para ele, imperativos éticos, "responsabilidade da forma":

> Por volta de 1850, começa a colocar-se, para a literatura, um problema de justificação: a escritura vai buscar álibis para si mesma; e precisamente porque uma sombra de dúvida começa a levantar-se sobre seu uso, toda uma classe de escritores preocupados com assumir a fundo a responsabilidade da tradição substituirá o valor de uso da escritura por um valor-trabalho. A escritura será salva não em virtude de sua destinação, mas graças ao trabalho que ela terá custado [...] Esse valor-trabalho substitui, de certa forma, o valor-gênio.[33]

Numa outra ordem de ideias, as considerações de Adorno sobre essa questão coincidem com a teoria e a crítica praticadas pelos escritores-críticos modernos. A desvalorização da técnica, como mero formalismo ou como prejudicial ao lirismo expressivo, é qualificada pelo teórico frankfurtiano de "irracionalismo de beócio". Segundo ele, "a compreensão da arte aumenta com a da fatura técnica [...] o ofício torna a arte comensurável à consciência, porque pode ser aprendido".

Ou ainda: "na arte, o limiar entre o artesanato e a técnica não é, como na produção material, uma rigorosa quantificação dos processos incompatível com os fins qualitativos", porque ela implica "uma livre disposição dos meios pela consciência".[34]

A valorização da técnica, na escrita literária moderna, não é pois a mimetização acrítica do tecnicismo e da eficiência exigidos pela sociedade industrial, mas contrapõe-se a esse mesmo tecnicismo, na medida em que a obra literária não é utilitária, visa a fins qualitativos e não quantitativos. Muitos dos valores privilegiados pelos modernos são do domínio da técnica escritural. Mas, como se verá, contrariando a qualificação de "formalistas" que muitos deles receberam, seus valores implicam necessariamente questões de "conteúdo" e funções extraestéticas da literatura. A teoria e a prática dos escritores-críticos demonstram a falácia de dicotomias como forma-conteúdo, texto-contexto, autonomia-heteronomia da arte.

Concisão

A concisão é um preceito da retórica clássica, desde Aristóteles, Horácio e Cícero, até Boileau. Ser capaz de dizer muito em poucas palavras é algo louvado desde a Antiguidade, porque o excesso de palavras era então visto como puro ornamento, afastamento da verdade, e, no caso da oratória, cansava o ouvinte. Não se trata, pois, de um valor novo, mas de um valor reciclado pelos modernos. Na modernidade, esse valor está ligado à rapidez, à objetividade e à eficácia requeridas pela vida em nosso século; mas é também uma resistência oposta à tagarelice generalizada dos discursos sociais. Mais do que um simples traço estilístico, ela é um aspecto estrutural, que os modernos preferem chamar de *condensação*; a condensação não é resumo ou síntese da ideia, é uma espécie de redução fenomenológica.

Também é preciso considerar a dissolução das fronteiras genéricas iniciada no romantismo e levada a termo na modernidade. A concisão, na oratória clássica, era uma necessidade do gênero, ligada à duração temporal do discurso. Na tragédia, também as unidades de ação e de tempo eram preceitos que levavam à concisão. No romance moderno, a exigência de concisão praticamente desaparece. Mas a poesia é contida em formas necessariamente concisas. O poema pode ser breve ou longo, sempre será linguagem condensada. E condensada quer dizer não apenas breve, mas saturada de sentido(s). Os modernos praticam e valorizam essa característica poética também na prosa narrativa. Como lembra Hugh Kenner: "[Ocorreu] uma interdependência sem precedentes entre a prosa e a poesia no modernismo [...] Foi uma descoberta modernista central a de que a fronteira entre 'prosa' e 'verso' desaparece em face de distinções entre escrita firme e escrita frouxa".[35] Assim, os *mots-valises* de Joyce, que realizam o máximo de condensação, são admirados pelos escritores-críticos. "Uma vertiginosa densidade de expressão", segundo Butor.

No que se refere às figuras retóricas maiores, a alegoria e a metáfora, os modernos as consideram eficazes por produzirem um efeito imediato no leitor. As alegorias e metáforas são condensações de sentido. Em Donne, os críticos-escritores admiram a capacidade barroca (e mais tarde surrealista) de reunir, pela metáfora, elementos aparentemente afastados. Eliot, mais racionalista, louva as alegorias de Dante por elas produzirem, pela analogia, "claras imagens visuais".[36]

Esse gosto pela condensação explica, nos modernos, a admiração pelas poesias chinesa e japonesa. O ideograma oriental permite a reunião de muitos sentidos num único ícone, produzindo "claras imagens visuais" no próprio nível do significante, e por isso fascinou Pound e outros. A forma breve e densa do *haiku* japonês tem gozado, entre os poetas ocidentais, de uma estima duradoura através de todo o século XX. Octavio Paz considerava o *haiku* "absolutamente moderno", por ser "uma escola de concentração".[37] Pound, Campos e Sollers efetuaram estudos e traduções de poesia chinesa e japonesa.

Exatidão

A adequação das palavras às coisas também é um valor perseguido de longa data. O sofista Protágoras, conforme diz Sócrates no *Fedro* de Platão, defendia a *orthoépeia*, a capacidade de encontrar as palavras exatas para o que se quer exprimir. No idealismo platônico, a palavra exata seria a mais próxima da Idéia, e a palavra escrita era desvalorizada como simulacro. Para o aristotélico Teofrasto, o *prépon*, coerência do estilo com o conteúdo, era uma das virtudes do discurso.

Quando os escritores-críticos modernos louvam a exatidão, não estão, certamente, louvando uma adequação da palavra à Ideia, mas uma adequação da palavra à experiência que temos ou podemos ter das coisas, que é revelada e ampliada pela obra. Neles, a exatidão está frequentemente aliada à clareza da *visão* comunicada. A exatidão, para os modernos, é uma habilidade verbal na recriação do mundo, e não uma adequação essencial ao real ou a um sentido prévio. Daí o fato de a obscuridade, a dificuldade de leitura, não serem, para eles, inconciliáveis com a exatidão. Mallarmé ou Joyce podem ser obscuros, à primeira vista, mas quando se aprende a lê-los descobre-se uma exatidão que não se percebia antes. Eliot distingue a "lucidez poética" da "lucidez da razão": "O pensamento pode ser obscuro, mas a palavra é lúcida, ou melhor, translúcida", diz ele de Dante.

A exatidão não está ligada à Verdade, mas a uma verossimilhança bem mais complexa do que aquela colocada por Aristóteles. A verdade da ficção se torna cada vez mais independente do real. Ela pode muito bem viver no modo da indecisão, como mostra Borges ao falar do "ambíguo tempo da ficção", no episódio dantesco de Ugolino, ou ao escrever seus contos. É a própria concepção da linguagem que mudou, desde a Antiguidade. Na velha discussão sobre a adequação das palavras às coisas, os escritores modernos tomam o partido do arbitrário do signo, que lhes cabe motivar pela palavra poética, "remunerando o defeito das línguas" (Mallarmé). A exatidão é produzida pela linguagem poética, ela está no resultado e não na origem.

Visualidade e sonoridade

A capacidade de evocar visões nítidas e surpreendentes é frequentemente louvada pelos escritores-críticos. A esse tipo de visualidade (reconhecido em Dante, por exemplo), acrescenta-se a visualidade do próprio texto como composição tipográfica (Mallarmé). A importância do visual, na sociedade do século XX, pelo desenvolvimento e a generalização das técnicas de reprodução, torna os modernos mais atentos a esse modo de apreensão do real, ao mesmo tempo que os conduz a uma seleção crítica das imagens. Nesse sentido, as imagens evocadas ou tipograficamente trabalhadas dos escritores são imagens que ensinam a ver melhor, de modo mais seletivo e eventualmente crítico.

Da mesma forma, a sonoridade, qualidade da poesia em todos os tempos, adquire, na modernidade, um valor musical oposto ao ruído generalizado. A sonoridade dos poetas é apreciada pelos parâmetros da música contemporânea, sinfônica ou polifônica. Os modernos recursos da gravação permitem uma apreciação particular do ritmo, da melodia do texto, e até mesmo uma identificação mais fina das diferentes vozes que podem compô-lo (como em Joyce). A leitura de poesia deixa de ser, como o foi por séculos, muda e interior e volta a ser, como na Antiguidade, vocalizada e pública, agora com um alcance de audição disseminado e ampliado pela tecnologia. Essa mesma tecnologia permite uma integração da visão com a audição, podendo produzir novos tipos de "leitura", assim como novas formas de criação.

Intensidade

O valor "intensidade" pertence ao âmbito dos efeitos psicológicos produzidos, no leitor, pelo texto. O papel das emoções na produção e na recepção das obras literárias sempre foi ressaltado pelos teóricos. Simplificando, para chegarmos ao que nos interessa: na Antiguidade e no classicismo, as emoções eram previstas do lado do receptor, com função catártica ou moral; no romantismo, eram colocadas sobretudo no emissor, como função expressiva; na modernidade, é a própria mensagem poética que deve ser um dispositivo produtor e transpositor de emoções.

Os escritores-críticos reconhecem esse valor sobretudo em Dante e em Joyce. Dante consegue intensidade pelo uso da alegoria (Eliot), pelo ritmo sem falha de sua narração (Pound). Mas a intensidade não é mera questão de técnica, está indissoluvelmente ligada ao sentido comunicado, e deve existir no emissor para que chegue ao receptor. Assim, Borges diz sentir intensamente as emoções que Dante terá sentido ao escrever determinadas passagens da *Comédia*. Entretanto, essa intensidade elogiada pelos modernos é alheia, e mesmo oposta, à sentimentalidade comunicada pelos artifícios retóricos de uma poética expressiva. A emoção passa pelo crivo do pensamento e exige a despersonalização do poeta.

A intensidade moderna, escritural ou leitural, é uma questão de manutenção do ritmo pelo manejo da surpresa, do estranhamento, do humor. Joyce é intenso porque sua obra mantém o leitor em alerta permanente; como diz Eliot, *Ulisses* dá ao leitor "toda a surpresa, deleite ou terror que [ele] possa pedir"; ou para falar mais prosaicamente, como o fez Pound, é um livro que não tem "nenhum momento chato". O efeito de intensidade pressupõe um conhecimento do receptor. Os leitores modernos não têm, como os dos séculos passados, paciência para enfrentar o tedioso, o solene, que se justificavam pelo ensinamento ou pela elevação moral. A "rapidez" prezada por Calvino tem muito a ver com a intensidade da vida moderna. A falta de paciência de

Borges para com os romances longos, e sua própria prática da escrita sintética e surpreendente, também.

A modernidade, para Baudelaire, é "o transitório, o fugitivo", que deve ser captado com avidez "infantil". A vida moderna nas grandes metrópoles é, ao mesmo tempo, intensa e fugaz; apressado, o homem comum deixa de perceber essa intensidade: "Para a maior parte de nós, sobretudo para os homens de negócios, aos olhos dos quais a natureza não existe, a não ser nas relações de utilidade com os seus negócios, o fantástico real da vida está singularmente embotado" (*Le peintre de la vie moderne*). O papel do poeta — do artista — é captar essa intensidade e torná-la visível a seus concidadãos.

Completude e fragmentação

Para Aristóteles, a tragédia "é imitação de uma ação completa, constituindo um todo que tem uma certa grandeza". "Todo é aquilo que tem princípio, meio e fim", e que pode ser apreendido no conjunto. Os mitos devem ter unidade, "devem imitar as ações que sejam unas e completas, e todos os acontecimentos devem suceder-se em conexão tal que, uma vez suprimido ou deslocado um deles, também se confunda ou mude a ordem do todo" (*Poética*, § 41, 42, 49).[38]

A completude da obra, como vimos nas análises de casos, continua sendo um valor admirado. O que mudou é o que se entende por completude. A completude da modernidade é *coerência interna*, não depende de uma lógica referencial, é uma relação entre as partes que se mostra, no conjunto, como necessária ao todo. Em suma, não é uma completude referida a algo exterior, sistema teológico ou realidade mimetizada.

Tanto faz, para os escritores-críticos modernos, que por trás da completude da obra haja um sistema teológico, como em Dante, sistema a que eles dão pouca atenção (embora, no fundo, invejem Dante por ele dispor de tal sistema). Mesmo o religioso Eliot distingue a crença filosófica do assentimento poético. O importante não é que a obra tenha como referente um universo completo, mas que ela seja ela mesma esse universo. Assim, a reconstrução da experiência e da memória de um homem, que é todos e ninguém, por Joyce, é um universo fragmentado mas completo em sua estrutura, contraposto a um real que não se pode mais perceber como um todo. Butor observa que Joyce trabalha com os restos de velhos sistemas num mundo que desmorona, e que, com esses restos, ele constrói um todo. E Borges aponta *Ulisses* como "a ilustração mais cabal de um orbe autônomo de corroborações, de presságios, de monumentos".

Verificamos, cada vez mais claramente, que no longo período que vai de Aristóteles à modernidade, houve um momento-chave, para esta última, que foi o do romantismo alemão. "A *arte moderna* revela a sua essência no romantismo", sintetiza Habermas.[39] Os teóricos do romantismo alemão anunciaram o fim da imitação, a intransitividade da obra, a produção do sentido novo, com tanta ousadia que, como observa Tzvetan Todorov, sua prática poética permaneceu aquém de sua teoria, e esta parece ser não a de sua prática, mas a dos futuros poetas da modernidade: "Dir-se-ia que eles fazem a teoria de uma poesia que lhes é posterior de um século".[40]

Os românticos alemães não haviam abandonado totalmente o ideal mimético, mas já lhe davam uma função histórica: "Só ela [a poesia romântica] pode tornar-se, como a epopeia, um espelho de todo o mundo circundante, um quadro do século" (F. Schlegel, *Athenaeum*, § 116). Em outros pontos de sua teoria, eles transferiam essa totalidade do mundo para a própria obra. Considerando que o poeta não imita a natureza, mas produz formas *como* a natureza, A. W. Schlegel propôs o conceito de "forma interna", orgânica. A formulação de Calvino, a respeito de Mallarmé, poderia figurar, tal qual, entre os fragmentos do *Athenaeum*: "A obra literária é uma dessas mínimas porções nas quais o existente se cristaliza numa forma, adquire um sentido, que nem é fixo, nem definido, nem enrijecido numa imobilidade mineral, mas tão vivo quanto um organismo".

A obra é um infinito representado de modo finito, que anula todas as oposições (Schelling). A coerência, nesse caso, é interna; ela não será mais a da razão, mas a da imaginação ou do sonho (Novalis). O conceito de belo e o de totalidade se tornam quase sinônimos. A coerência interna está ligada à intransitividade externa: "encontrar o fim em si mesma" é correlato de "ser dotado de um caráter sistemático" (Moritz). A obra literária é vista como uma rede de relações entre os elementos que a constituem, à semelhança da música ou da matemática (Novalis). Ela se apresenta, pois, como um microcosmo autossuficiente.

Todorov sintetiza essa questão:

> Na estética romântica, a ênfase não é mais posta na relação de representação (entre a obra e o mundo) mas na relação de expressão: a que liga obra e artista. Nesse novo cenário, a obra e a natureza têm em comum o fato de serem totalidades fechadas, universos inteiros [...] A semelhança não se situa mais no aparecimento de formas similares, mas na posse de uma estrutura interna idêntica; a relação das partes constitutivas é a mesma, só varia o coeficiente de grandeza; a obra não é mais a imagem mas o diagrama do mundo. [p. 186]

Vimos, frequentemente exposta, a aspiração dos escritores-críticos ao Livro-Cosmo, aquele livro que é um universo em si mesmo, e a admiração pelos escritores que perseguiram, de diferentes maneiras, esse objetivo: Dante, em sua *Comédia*; Donne, em *Do progresso da alma*; Mallarmé, no projeto do *Livro*; Joyce, em *Ulisses*. A aspiração ao Livro-Cosmo é tão antiga quanto o próprio objeto livro. O modelo ideal é o texto sagrado das religiões, transcrição da palavra divina, ou o texto esotérico transmitido entre iniciados. Em nosso mundo ateu e laicizado, esse ideal se manteve como utopia substitutiva e tentação prometeica. O que se modificou, em maior ou menor grau, segundo o autor, foi a fundamentação filosófica. Nos românticos alemães, esse projeto tinha uma base mística; F. Schlegel fala de "um livro infinito, o absolutamente livro, o livro absoluto", cuja totalidade e coerência decorreriam da profunda unidade do universo, emanada, em última instância, da divindade. Esse Livro seria o equivalente escrito do "texto" da Natureza, escrito por Deus. Nos modernos, o Livro é projetado como construção verbal, espetáculo ideográfico, produção de um mundo paralelo contraposto ao mundo esfacelado, sem sentido, do real moderno. Permanece a nostalgia do Todo perdido, sem que subsista a crença nesse Todo ideal. A poesia moderna, como diz Paz, não é serva, mas rival da religião.

Enquanto os românticos buscavam suas comparações nas ciências naturais, atribuindo à obra uma coerência orgânica como a das plantas e dos seres vivos em geral, os modernos, quando falam do Livro total, recorrem a comparações com as ciências exatas, em particular com a física: o universo evocado é o da astronomia (galáxias), da teoria do caos e do controle do acaso. De qualquer modo, essas aproximações são metafóricas e, por isso, independentes de verdade científica ou de crença. Assim, Borges evoca a metáfora da obra como quadro ou tapete oriental, e Calvino a de "obra-talismã", que conteria a totalidade do universo.

O conceito de "obra total" é compatível, para os modernos, com o conceito de "obra aberta". A totalidade da obra moderna (ou da obra antiga lida pelos modernos) é uma totalidade aberta na direção do receptor. O sentido (ou melhor dizendo, os sentidos) da obra se produzem na leitura, e esta é reconhecida pelos modernos como fundadora; e como mutante, isto é, histórica. A totalidade é uma coerência estrutural, um conjunto de linhas de força que orientam as direções de leitura de modo flexível, e não mais uma unidade essencial do sentido que a obra revelaria, como propunham os românticos. Mas foram estes que, ao enfatizar a força produtiva da obra, abriram caminho para o conceito de "obra aberta". "Só o incompleto [...] pode levar-nos mais adiante. O completo é apenas fruído" (Novalis).[41] Enquanto os românticos buscavam, na própria prática do fragmento, uma totalidade ideal a ser progressivamente alcançada, os modernos buscam a ficção formal da totalidade e a abertura infinita do sentido.

Intransitividade

Este é um valor introduzido pelos românticos, como característica própria da obra de arte em geral e da obra literária em particular. Adotando, provavelmente, a distinção proposta por Kant entre arte pura e a arte aplicada, Novalis exalta a primeira como "objetivo em si, atividade liberadora do espírito, gozo do espírito pelo espírito". Numerosas são as afirmações de Novalis nesse sentido: "A pura anedota poética diz respeito diretamente a ela mesma, só tem interesse por ela mesma"; "O romance não busca nenhum objetivo; ele não depende de nada além dele mesmo, absolutamente".[42]

O privilégio, na poesia, do que mais tarde Jákobson chamaria de "função poética da linguagem", foi fortemente defendido pelos modernos e, em momentos mais radicais, levado a um certo exagero. Nas décadas de 60 e 70 era comum a afirmação de que a linguagem poética se autoenuncia, de que a obra não diz mais nada a não ser ela mesma ou que seu tema é a própria linguagem. Vimos exemplos dessa concepção autotélica da linguagem poética no Sollers da fase Tel Quel. Com exagero ou não, quase todos os críticos-escritores modernos enfatizam a função poética nas obras de sua eleição: para Pound, "tudo está ali, na página" de Dante; para Eliot, o valor não está no pensamento de Donne, mas em sua capacidade de o corporificar na linguagem; para Paz, em Mallarmé, "o mundo perde sua realidade e se converte em figura de linguagem".

De modo geral, os modernos assumem a concepção kantiana da arte como "finalidade sem fim", afirmam a independência do objeto estético. Atribuir-lhes, entretanto, um projeto de fechamento da arte em si mesma, "alienada" da história e da sociedade, é uma brutal simplificação. Eles defendem uma referencialidade e uma finalidade indiretas da linguagem poética. A autonomização da arte, como lembra Habermas com base em Max Weber, é contemporânea e correlata da autonomização das outras esferas da sociedade moderna. E como bem resume Irlemar Chiampi: "Não é a autonomização em si que permite hoje conceituar a modernidade estética, mas sim a experiência das tensões, ajustes e acomodações que se fizeram necessários diante da fratura que originou o mundo moderno".[43]

Para os modernos, a obra de arte é, ao mesmo tempo, autônoma e ligada (no ponto de partida e no de chegada) ao contexto em que ela se produz. A arte moderna vive dessa ambiguidade. Qualquer desequilíbrio, no sentido da autonomia total, ou no sentido da dependência direta, a destrói. Dentre os escritores-críticos, é Octavio Paz quem coloca essa duplicidade da arte poética de modo mais incisivo. Mas a tentação idealista de levar a autonomização da Poesia ao ponto extremo, voltando as costas a uma sociedade cada vez menos propícia ao seu exercício, manifesta-se em quase todos eles. Seria o caso de perguntarmos se a prática e a teorização de qualquer arte pode prescindir dessa tentação idealista. Mas isso ultrapassa, de muito, meus objetivos demonstrativos.

Utilidade

A questão da utilidade ou da inutilidade da arte foi colocada desde Platão e Aristóteles, que tomavam partido em função da ética ou da política. Do romantismo à modernidade, a questão permanece como problema. Mesmo Kant, que negou incisivamente a finalidade moral da arte, deixa aberta uma passagem entre o juízo estético e o juízo moral: "O belo é o símbolo do bem moral", porque ele enobrece o espírito e o eleva "acima de uma simples receptividade a um prazer pelas impressões sensíveis, e aprecia o valor dos outros por uma máxima semelhante de sua faculdade de julgar". Na apreciação do belo, "todas as nossas faculdades superiores de conhecimento se harmonizam". Assim, o gosto torna de certo modo possível a passagem do encantamento sensível ao interesse moral habitual, sem um salto demasiadamente violento, representando a imaginação em sua liberdade como determinável de modo final para o entendimento, e ensina a encontrar uma livre satisfação, mesmo nos objetos dos sentidos sem encanto sensível. [*Crítica do juízo*, § 59]

Os escritores-críticos modernos separam, nitidamente, finalidade estética de finalidade moral. Nenhum deles afirma uma utilidade direta e imediata da literatura. Mas todos sentem a necessidade de ampliar sua ação para além da função estética, o que implica uma ética. A literatura tem, para eles, um valor de conhecimento do mundo e de autoconhecimento, e um valor de crítica, com implicações e efeitos no contexto social. Essa relação é vista como indireta e mediatizada, tanto na produção como no efeito das obras literárias. Eliot coloca a questão em termos nacionais:

> A influência da poesia [...] é muito difusa, muito indireta e muito difícil de provar [Mas...] ela está presente em toda parte. Pelo menos a encontraremos se a cultura nacional estiver viva e saudável, porque numa sociedade saudável há uma contínua e recíproca influência e interação de cada parte sobre as outras. E isso é o que eu considero a função social da poesia, no sentido mais largo: que ela afeta, na proporção de sua excelência e vigor, a fala e a sensibilidade da nação como um todo.[44]

Octavio Paz considera que a pergunta relativa à possibilidade de a poesia se encarnar na história é "*a* pergunta",[45] à qual ele responde em termos mundiais: "A poesia é conhecimento, salvação, poder, abandono. Operação capaz de mudar o mundo".[46]

Todos os escritores-críticos modernos consideram a obra literária (especialmente a de poesia) como tendo um fim nela mesma. Mas embora defendendo, prioritariamente, a função poética, os escritores-críticos veem, lateralmente, uma "utilidade" da arte. Pound está sempre pensando numa finalidade da arte, que é a de manter a linguagem em boa forma para uso da nação. Eliot vê a utilidade da literatura na preservação do idioma e na transmissão de valores morais e civilizacionais. Borges aponta na literatura seu papel de ampliar nossa percepção do mundo, de afinar a fruição psicológica do leitor. Outros, nutridos de uma teleologia hegeliana-marxista, veem na obra seu valor político "revolucionário", mais ou menos indireto. Sollers, na fase Tel Quel, aliava diretamente transgressão poética e subversão política, revolução de linguagem e revolução *tout court*. Butor, em sua fase romanesca, afirmava que modificar o mundo, na ficção, leva o leitor a desejar modificações no mundo real, para torná-lo cada vez melhor. Esse mesmo otimismo utópico ainda o move hoje, quatro décadas depois daquelas afirmações. Em *L'utilité poétique* (1995), ele reafirma: "A linguagem bancária é hoje uma espécie de câncer, de vírus; precisamos achar anticorpos, vacinas. É a poesia que no-los fornece" (p. 102); "Precisamos de um novo estado das letras e das línguas para chegar a uma verdadeira melhora de nossos problemas econômicos e políticos" (p. 126).

Nas afirmações sobre a utilidade da literatura aparece, mais claramente do que em outras, a ideologia política dos escritores-críticos. Mas é escusado dizer que essas declarações de intenção, ou mesmo as posições políticas efetivamente assumidas pelos mesmos enquanto cidadãos, não podem ser transferidas de modo simples para aquilo que Adorno chama de "conteúdo objetivo" de suas obras de criação, ou para os efeitos possíveis das mesmas.

Impessoalidade

Na Antiguidade mais remota, a impessoalidade do poeta teve fundamentação na crença nos oráculos e na magia. A palavra oriunda de forças superiores e ocultas, que falava por ela mesma, tomando o enunciador apenas como *medium*, era obviamente independente da pessoa desse enunciador. Mais tarde, com a definição dos gêneros, a impessoalidade tornou-se preceito e prerrogativa do poeta épico. Na lírica romântica, a inspiração era uma forma de impessoalidade mágica a serviço da expressão pessoal.

Na modernidade, a impessoalidade do poeta é um valor declarado e perseguido. Neste ponto, a modernidade se opõe ao romantismo expressivo e sentimental. Entretanto, a corrente romântica derivada e não diluída dos idealistas alemães postulava a impessoalidade da palavra, independente do eu do poeta. Novalis se sentia falado pela própria linguagem: "E se essa pulsão de linguagem, de falar, fosse o signo distintivo da intervenção da linguagem, da eficácia da linguagem em mim?"; e: "Um escritor é uma pessoa animada pela linguagem".[47]

Ao preconizar a impessoalidade do poeta, os escritores-críticos modernos propõem seu apagamento em proveito da linguagem. "Não somos nós que dizemos o mundo com a linguagem: a linguagem nos diz, o mundo se diz a si mesmo na linguagem" (Octavio Paz).[48] Os modernos recuperam, assim, a concepção da poesia como palavra mágica, instauradora. Essa magia da palavra independe, neles, de uma crença no sobrenatural. A palavra poética assume a função de reencantar um mundo já desprovido de forças ocultas. As "forças ocultas" serão as da própria linguagem como sistema depositário e produtor de sentidos, as do inconsciente freudiano ou, no surrealismo, as do "acaso objetivo" que toma o lugar das "correspondências" românticas.

De maneira geral e unânime, os escritores-críticos modernos abominam a expressão do eu psicológico e seu exacerbamento no sentimentalismo. A crise da noção de sujeito, nos anos 60 e 70, evidente na filosofia, na psicanálise, na linguística e, a partir destas, em todas as ciências humanas, trouxe uma base teórica para o elogio da impessoalidade. Na literatura, a despersonalização já era um preceito poético desde meados do século XIX, com Poe, Baudelaire e, sobretudo, Mallarmé. A frase de Rimbaud — "Eu é um outro" — tornou-se a palavra de ordem do poeta moderno. Nessa linhagem teórica, Eliot defendeu sempre a despersonalização do poeta: "Quanto mais perfeito o artista, mais completamente separado dele será o homem que sofre e a mente que cria".[49] Octavio Paz dedicou longas considerações a esse tema em sua ensaística. O exemplo máximo da despersonalização do poeta foi por ele reconhecido em Fernando Pessoa, "o desconhecido de si mesmo".[50] A afirmação extrema de que "o poeta moderno é ninguém" também encontra sua justificação na falta de lugar do poeta na sociedade burguesa.[51]

Os escritores-críticos modernos admiram a despersonalização de Dante, Mallarmé e Joyce, sem se preocupar com as diferenças históricas ou genéricas desse traço, pois o que lhes interessa é a leitura moderna do mesmo e suas consequências na prática escritural. O valor "impessoalidade" está intimamente ligado ao valor "intransitividade". É a intransitividade da literatura que garante à obra um valor geral, que supera o individual e o circunstancial.

A impessoalidade do poeta moderno não é um desaparecimento do sujeito, análogo à despersonalização dos indivíduos na sociedade massificada. É o sujeito imaginário (falso) da expressividade egocêntrica que é posto em crise na literatura moderna, em razão de uma subjetividade alargada que, ao contrário de anular, aumenta a consciência e a responsabilidade do escritor.

Universalidade

A poesia como linguagem geral da humanidade, e por isso submetida a princípios imutáveis e comuns, era uma convicção clássica. A "humanidade" produtora e receptora de poesia, na Antiguidade, era pequena: restringia-se à *polis* e, nesta, a um grupo seleto de cidadãos. O classicismo francês e seus derivados também pretendiam à universalidade, a uma universalidade que ia pouco mais além da corte.

Os teóricos românticos, ao mesmo tempo que exaltavam o nacional, pretendiam a universalidade da poesia. F. Schlegel declarava que o ponto de vista nacional não era o único pelo qual se pode julgar, na história, o valor de uma literatura, e que a poesia romântica era "uma poesia universal progressiva".[52] A. W. Schlegel foi ainda mais longe, como observa René Wellek: "Seu ideal herderiano de uma literatura mundial, de cosmopolitismo literário [...] corre quase como um *leitmotif* através de toda a sua obra".[53] O universalismo romântico correspondia a uma concepção mais democrática do público (ideal republicano, como o sugerem os mesmos irmãos Schlegel); mesmo assim, no século XVIII, o "público universal" ou o "leitor comum" (muito considerado, pelos ingleses, em suas teorias), dotado de um gosto *sensus communis* (Kant), nada mais era do que uma classe média letrada.

A proposta de uma *Weltliteratur*, feita por Goethe, foi a que deixou marcas mais fundas na teoria literária moderna. Em suas conversações com Eckerman, em 1827, Goethe expôs sua teoria do fim das literaturas nacionais e de uma futura "literatura mundial", depositária dos valores comuns da humanidade. Foi também Goethe quem insistiu na necessidade de conhecer as línguas estrangeiras, necessidade da qual os escritores-críticos modernos estão plenamente convencidos, considerando que só se pode falar de literatura quando se conhece o maior número possível de suas manifestações, de preferência na língua original; e, para suprir as falhas de conhecimento, todos valorizaram e praticaram a tradução.

Os escritores modernos são netos das Luzes e habitantes de um mundo que, se não era ainda "globalizado", já era consciente de sua extensão e variedade. Concebem, assim, uma literatura de valor universal, que tem por base convicções humanísticas de igualdade e fraternidade. Não há dúvida de que o progresso e a rapidez dos meios de transporte e de comunicação contribuíram fortemente para o cosmopolitismo e o internacionalismo. A ampliação demográfica do público virtual obrigou os modernos a pensarem a "universalidade" em termos muito mais vastos e diferenciados do que no século XVIII.

As listas preferenciais dos escritores-críticos modernos têm a característica comum de não serem restritas aos escritores de suas próprias línguas. Os autores de línguas hegemônicas, inglês ou francês, dão naturalmente maior atenção às suas próprias tradições nacionais, enquanto o italiano já é menos nacionalista e os latino-americanos, embora atentos às suas tradições nacionais, têm suas maiores referências nos autores europeus e norte-americanos. Os três latino-americanos aqui considerados inseriram-se numa discussão internacional sobre a literatura, sem se atormentarem previamente com questões de "centro" e "periferia", isto é, sem complexos de colonizados. E, por isso mesmo, alcançaram audiência internacional. Em vez de lamentar sua condição de colonizados, reivindicaram a palavra dentro de uma tradição europeia que viam como legitimamente sua. Borges tem uma atitude ao mesmo tempo tranquila e irônica a esse respeito:

> A Europa nos deu seus clássicos, que são igualmente nossos. Grandioso e esbanjador é esse presente; não sei se podemos pedir-lhes mais;[54]
>
> Podemos tratar todos os temas europeus sem superstições, com uma irreverência que pode ter, e já tem, consequências afortunadas. Devemos pensar que nosso patrimônio é o universo.[55]

Diante da cultura europeia, a postura apropriadora e crítica de Paz, Borges e Campos, como anteriormente a dos norte-americanos Eliot e Pound, corresponde à proposta de Oswald de Andrade em 1928, no "Manifesto Antropófago". Octavio Paz parte do princípio de que "a despeito das diferenças de línguas e de culturas nacionais, a poesia moderna do Ocidente é una".[56] Os modernismos a que esses escritores-críticos pertenceram ou de que são tributários foram movimentos cosmopolitas, que puseram em contato os artistas de vários países, em capitais como Londres, Paris e finalmente Nova York. "Todos os grandes poetas modernos são cosmopolitas, sem excluir os de civilizações e nações marginais: Huidobro, Borges, Pessoa, Kavafis" (Paz).[57] Como lembra Hugh Kenner, "o primeiro modernismo (digamos de 1910 a 1920) foi o trabalho de uma *coterie* estrangeira", cujos contatos se deveram muito à mobilidade dos indivíduos, devida a guerras, revoluções e emigrações, à crescente rapidez dos meios de transporte e de comunicação.[58] Os próprios escritores-críticos aqui estudados foram ou são pessoas em trânsito. Eliot entre os Estados Unidos e a Inglaterra;

Pound igualmente, incluindo a Itália no percurso; Borges, descendente de imigrantes de vária procedência, formado na cultura inglesa, circulando entre a Argentina e a Suíça e, finalmente, viajante incansável; Paz, percorrendo o mundo como diplomata; Calvino, nascido em Cuba, viajou por vários países, assim como seus contemporâneos Butor (que fez das viagens um tema maior de sua obra), Campos e Sollers.

Ligada, e não apenas determinada por esse cosmopolitismo, a concepção que eles têm da cultura e da literatura é universalizante. Para os modernos, a obra deve ter uma função de conhecimento e de autoconhecimento, que só pode ser exercida se ela disser respeito a todos os homens. A reinterpretação de Dante e a recepção imediata de Joyce vão nesse sentido. Neste último, os escritores-críticos veem a possibilidade de alcançar a universalidade a partir da particularidade individual ou regional, questão largamente discutida, já nesta forma moderna, pelos filósofos iluministas e pelos teóricos românticos; e também valorizam, em sua obra, a experiência inventiva de uma "língua franca" transnacional. Para alcançar uma significação universal, a obra moderna deve ter um padrão formal internacional. O internacionalismo é um valor das vanguardas artísticas de nosso século e de todas as correntes políticas. Assim, são internacionalistas o conservador Eliot, o intempestivamente fascista Pound, o "apolítico" Borges, o liberal Octavio Paz, o originalmente comunista Calvino, os socialistas Butor e Campos, e o temporariamente maoísta Sollers. É claro que esse internacionalismo dos modernos não abarca, na prática, todos os países e todas as culturas. Mas seu projeto visava e favorecia uma abertura para as literaturas não ocidentais.

A ambição (ou a utopia) dos modernos é de que a arte, a literatura, atinjam o maior número de pessoas, sem perda de sua qualidade intrínseca. Seu objetivo é de que "a massa coma o biscoito fino que fabricam" (como queria Oswald de Andrade). Esse objetivo leva a um pedagogismo de fundo iluminista, que se manifesta, de diferentes maneiras, nos escritores-críticos modernos. Para alguns deles, a educação do público é um programa, perseguido na criação de revistas, na divulgação de manifestos, na prática da tradução, ou na adoção da profissão paralela de professor de literatura. Do ângulo político, esse pedagogismo tanto pode ser embasado numa ideologia conservadora (a preservação de valores humanísticos clássicos) como numa ideologia progressista (o acesso democrático das massas ao "biscoito fino"). No caso de Pound, a preocupação pedagógica levou-o à tentação fascista de atribuir ao Estado o poder de melhorar, autoritariamente, o paladar das massas.

Novidade

Este, como se sabe, é um valor especificamente moderno. Na mesma medida em que a Modernidade, no sentido largo, se autovaloriza com relação ao passado, considerando-se um lugar privilegiado de onde se descortina a história, ela tem o valor "novidade" em alta conta.

A novidade valorizada pelos escritores-críticos modernos é principalmente uma novidade de expressão, que rompe com os velhos hábitos e surpreende o leitor. Novidade e surpresa andam juntas. O conceito de novidade não é uma total novidade. Novidade e surpresa não eram desconhecidas, na Antiguidade, mas eram consideradas apenas como recursos retóricos (mais tolerados do que louvados) para reter a atenção do ouvinte. Consta que Himério de Prusa (século I) considerava a novidade como uma qualidade exigida do bom orador. Entretanto, esse valor não teve vigência durante os longos séculos em que a imitação dos mestres era o objetivo maior, e a novidade consistia apenas em usar engenhosamente procedimentos antigos e comprovados. A *Querelle des Anciens et des Modernes*, no século XVII, deu (de modo mais ou menos consciente) um golpe fatal nessa concepção da tradição, com a qual os românticos, ao introduzir o valor "originalidade", romperiam definitivamente. Os modernos não quiseram apenas o diferente, o bizarro; quiseram o novo, o desconhecido (Baudelaire).

À luz da teoria da informação, a novidade é "produção de informação nova". À luz da semiótica russa, o escritor a obtém ao contrariar ou modificar o código. Ela pode estar no escritor do passado, visto, *a posteriori*, como inovador; é a leitura nova que discerne essa novidade. E ela é quase uma obrigação para o escritor moderno (*"Make it new!"*). Assim, Dante é visto como inovador no século XII, Mallarmé no XIX e Joyce no XX. Para os modernos, a grande obra não apenas é nova em seu tempo, mas mantém sua atualidade; este é um requisito para entrar no cânone moderno e, ao mesmo tempo, é o que distingue o novo poético da moda passageira ou da novidade de consumo. Essa sempre renovada atualidade constitui a atemporalidade, ou a precária "eternidade" da poesia. Por isso, os julgamentos dos modernos sobre seus contemporâneos são reconhecidos como provisórios. Só o tempo, para além de suas vidas individuais, poderá validá-los ou não.

Ao termo romântico *criação*, os modernos preferirão aquele mais afim ao progresso tecnológico moderno: *invenção*. O amor à novidade é não apenas uma valorização do presente, mas é também um desejo de futuro. É próprio da modernidade conceber-se como *projeto*, anúncio e preparação do porvir. Isso, também, teve início no romantismo: "Nos antigos, vê-se a letra realizada de toda a poesia; nos novos, pressente-se o espírito em seu devir" (F. Schlegel). Na verdade, como mostra Jauss,[59] desde o início do século XVIII os "modernos" começaram a ver seu século com os olhos do futuro: "Doravante, é a perfeição sempre crescente do futuro, aberta no horizonte, e não mais a imagem ideal de um passado perfeito mas acabado, que fornece a medida pela qual se deve julgar o valor histórico do presente e avaliar suas pretensões à modernidade" (p. 180). Há uma generosidade nessa disposição dos modernos a preparar o futuro e na exposição implícita a um julgamento posterior.

Os escritores-críticos modernos são teleológicos e pragmáticos; quando elogiam a novidade de um autor, estão atentos às possibilidades de uso futuro de suas invenções. Como temos visto ao longo deste livro, a novidade, para os escritores-críticos, não representa uma ruptura com a tradição, na medida em que, para eles, os "clássicos" são os que permanecem novos. E sua ambição é a de se tornar "clássicos", nesse mesmo sentido. Habermas resume a questão:

> Desde então [meados do século XIX], a marca distintiva das obras modernas é "o novo", que será superado e tornado obsoleto pela novidade do novo estilo. Mas, enquanto o que é meramente estilístico logo ficará fora de moda, o que é moderno preserva um laço secreto com o clássico. Naturalmente, tudo o que sobrevive ao tempo sempre foi considerado clássico. Mas o documento enfaticamente moderno não recebe mais esse poder de ser clássico da autoridade de uma época passada; em vez disso, uma obra moderna se torna clássica porque foi um dia autenticamente moderna. Nosso senso de modernidade cria seus próprios cânones implícitos do que é ser clássico. Nesse sentido falamos, por exemplo, com vistas a uma história da arte moderna, de modernidade clássica.[60]

Se os escritores-críticos aqui tratados permanecerão como "clássicos modernos", só o tempo o dirá. Sobre os contemporâneos, Eliot diz que "devemos deixar a questão de saber se eles são grandes ao único tribunal que pode decidir: o tempo".[61] O caráter "suicida" da literatura moderna, apontado por Blanchot, está perfidamente inscrito, como risco, em seu projeto. Ao privilegiar o novo e o futuro, os escritores modernos se expõem, mais cedo ou mais tarde, à velhice e ao desaparecimento. A menos que disso os salvem os leitores futuros.

O levantamento dos valores dos escritores-críticos e o exame sintético de cada um deles demonstram como esses valores estão interligados, compondo uma poética forte e coerente. É praticamente impossível tratar de um desses valores, sem evocar outro ou outros igualmente defendidos pelos modernos. Verificamos que a maior parte desses valores deriva do romantismo alemão e que, portanto, a verdadeira ruptura teórica com a poética dos séculos anteriores se efetuou no fim do século XVIII, e que a ruptura efetuada por Baudelaire e pelos modernismos do XX foi bem menor do que aquela; os modernos apenas desenvolveram a lógica das propostas românticas, e os modernistas levaram-nas à exacerbação. Por isso, a poética da modernidade tem um lastro idealista. A coerência desses valores tópicos se deve à crença, nuançada mas mantida, de uma unidade e um valor essencial da poesia, assim como a de uma continuidade da tradição ocidental. Sem essa convicção idealista, a afirmação de qualquer valor se torna difícil, ou indemonstrável. E sem um conjunto de valores, qualquer cânone (prescrito por autoridades, como no classicismo, ou eleito pelos interessados, como no romantismo e na modernidade) é contestável. É essa poética, e consequentemente o cânone que a ela corresponde, que se encontram hoje em via de dissolução.

5

A MODERNIDADE EM RUÍNAS

AS ESCOLHAS DE HOJE

Terminado nosso périplo, somos naturalmente levados a perguntar: as escolhas dos escritores-críticos modernos continuam valendo hoje? Os critérios de valor que fundamentavam essas escolhas permanecem os mesmos para os escritores e leitores atuais? Ou uma pergunta mais geral, cuja resposta, se for negativa, pode superar e anular as anteriores: a literatura fundamentada em valores, tal como ela era concebida pelos modernos, ainda existe? A discussão de cada um desses pontos exigiria mais algumas centenas de páginas, e uma resposta cabal seria de qualquer maneira imprudente, como todas as avaliações do que ainda está ocorrendo. Não tendo eu essa intenção ou pretensão, farei apenas algumas observações finais.

Se considerarmos as últimas grandes listas "oficiais", como a que figura nos *Grandes Livros do Mundo Ocidental* da *Enciclopédia Britânica*, edição 1990, seremos levados a crer que pouca coisa mudou. Homero, Dante, Shakespeare e Cervantes continuam sendo destaques, como têm sido há algumas ou muitas centenas de anos. No decorrer do século XX, não apenas houve acréscimos ao cânone, mas procedeu-se a uma revisão do passado, comprovando as afirmações de Eliot (o passado é alterado pelo presente) e de Borges (o escritor cria seus precursores). Dentre as novas inclusões, Mallarmé e Joyce parecem ter conquistado um lugar duradouro. Mallarmé inspirou poetas de vários países, ao longo de nosso século.[1] Joyce teve sua canonização imediata ratificada através do século, sem declínio de prestígio, embora, ultimamente, com declínio de influência direta.

A permanência dos grandes nomes do cânone ocidental, no campo da edição e da difusão, deve-se a múltiplos fatores; um desses fatores foi o empenho dos escritores-críticos modernos em mantê-los presentes nos debates literários, e em comunicá-los aos mais jovens. De todos os escritores-críticos, o que obteve maior escuta institucional foi Eliot. É o que comenta um crítico contemporâneo da Universidade de Yale: "O cânone particular, que emergiu na crítica inicial de T. S. Eliot, foi apresentado como cânone por Cleanth Brooks em *The Well Wrought Urn* [1947], e desde então tem sido institucionalizado, em maior ou menor extensão, nos currículos dos departamentos universitários de inglês".[2] A partir dessa premissa, o autor do artigo tomará partido contra esse cânone. Nas polêmicas que vêm agitando os meios universitários norte-americanos desde a década passada, Eliot tem sido o alvo preferido dos "politicamente corretos", por suas posições políticas conservadoras.

Uma importante testemunha do processo de formação do cânone modernista é o crítico Hugh Kenner, que, nascido em 1913, foi aluno de McLuhan, frequentou Pound, por intermédio do qual conheceu Eliot, Williams e Lewis, e acabou escrevendo uma obra fundamental: *The Pound Era*. No início dos anos 80, Kenner, já professor emérito da Johns Hopkins University, declarava com a segurança que a experiência direta do processo lhe permitia: "O cânone modernista foi feito, em parte, por leitores como eu; em parte, à maneira de Borges, pelos escritores subsequentes escolhendo e inventando ancestrais; e principalmente, creio, pelos próprios canonizados, que estavam aptos a atentar para uma empresa coletiva, e se reconheciam repetidamente uns aos outros".[3]

No decorrer do século XX, o cânone modernista alcançou certo consenso entre especialistas de literatura e leitores "bem informados". Neste fim de século, esse consenso está enfraquecido. É inegável que algo mudou, no gosto que preside à produção e à leitura dos textos literários. Essa mudança que, como tal, tende a contrariar o status quo anterior, recebeu o nome de pós-modernidade e tem repercussão no cânone literário. Resta saber qual o real alcance da mudança: se ela atinge profunda e extensamente a escrita e a leitura daquele grupo de pessoas, historicamente restrito, que se dedica a essas atividades, ou se está ocorrendo apenas num âmbito ainda mais restrito, o das discussões acadêmicas sobre o assunto. A "pós-modernidade" e a "revisão do cânone", diferentemente da "modernidade" e do "*paideuma*", são assuntos que mobilizam teóricos universitários muito mais do que escritores.

Os novos escritores não estão nem um pouco interessados em ingressar futuramente no cânone; interessa-lhes ter seus livros rapidamente publicados, traduzidos em línguas hegemônicas, adaptados para o cinema e a televisão; para conseguir esses objetivos, não é necessário "um longo assentimento", basta figurar na lista dos mais vendidos. A difusão dos livros passa, atualmente, menos pelos críticos e professores universitários do que pelos agentes literários, e pelas várias formas de publicidade. Quanto aos leitores de literatura, em geral esses se interessam pouco por discussões acadêmicas, embora delas dependa, pelo menos em parte, a existência futura de leitores de literatura.

Note-se que uma eventual transformação do cânone não invalida o princípio revisionista moderno enunciado por Pound, Eliot, Borges e outros; pelo contrário, apenas desenvolve sua lógica. Lembremo-nos de duas frases de Borges, anteriormente citadas: 1) "Nada sabemos do futuro, a não ser que diferirá do presente"; 2) "Diga-me como uma obra será lida no ano 2000, e eu lhe direi como será a literatura do ano 2000". Praticamente chegados lá, podemos conferir, e dar razão ao escritor. A literatura atual já é diferente da literatura de Borges; apesar disso (ou por isso mesmo), Borges é lido atualmente como pós-moderno.

A literatura da alta modernidade, que podemos situar das vanguardas históricas até meados de nosso século, seguiu sua própria lógica de superação, deu lugar a outras coisas e tornou-se canônica. Autores que, no momento de seu aparecimento, encontraram resistência ou repúdio, como Proust, Joyce, Apollinaire, Breton, Céline e outros, assim como os nossos modernistas de 22, são agora estudados nas escolas e universidades. Suas obras podem ser compradas em edições baratas de grande tiragem. A geração dos anos 60 recebeu-os, em seus respectivos países e às vezes em outros, como modelos. É também de Borges a certeira formulação: "Toda aventura é norma vindoura; toda atuação tende a inevitar-se em costume [sic]".[4]

Nas artes plásticas o fenômeno foi ainda mais claro. Nos Estados Unidos, os artistas formados em academias, nos anos 70, receberam como "clássicos" e modelares os grandes pintores modernos das décadas anteriores (há inúmeros depoimentos nesse sentido). Era então normal que surgisse o desejo de outra coisa. O problema era (e é) que, aparentemente, *tudo* já havia sido feito. Nos anos 60, Octavio Paz foi um dos primeiros a dizê-lo, observando, em vários de seus ensaios, que as novas vanguardas tinham repetido os gestos das vanguardas históricas até a exaustão:

> A ideia de modernidade começa a perder sua vitalidade, porque já não é uma crítica mas uma convenção aceita e codificada. Em vez de ser uma heresia, como no século passado e na primeira metade do nosso, converteu-se em um artigo de fé que todos compartilham. O Partido Revolucionário Institucional — esse monumental achado lógico e linguístico da política mexicana — é um rótulo que poderia designar boa parte da arte contemporânea [...] A "vanguarda" cessou de ser crítica [...] Modernismo ou vanguarda — relíquias do tempo linear.[5]

O resultado da institucionalização da modernidade foi (e é) que alguns se sentiram tentados a voltar a formas pré-modernas, e outros se contentaram em citar, pastichar ou reciclar, com uma vaga ironia desprovida de qualquer projeto, as conquistas formais dos modernos. Concomitantemente, as artes plásticas se tornaram um próspero mercado. As formas modernas foram largamente assimiladas na decoração de ambientes, na publicidade, no cinema, na televisão, perdendo todo poder de impacto. A proposta utópica de Marx e dos artistas revolucionários dos anos 20 aos 60, de integrar a arte à vida até que aquela se tornasse desnecessária, tornou-se realidade, mas de um modo imprevisto e perverso; porque a arte moderna foi assimilada pelo mercado e, em vez de "tornar visível" o real, como propunha Klee, permeou o real e tornou-se ela mesma invisível.

A arte moderna, que surgira com escândalo, em ruptura com o público, está por toda parte. Em meados do século, os teóricos da escola de Frankfurt discutiam a relação entre arte e política em termos de ação emancipadora do homem. Hoje, não vemos nem estetização da política nem politização da arte; o que vemos é uma circulação indiferente da arte, como um dos bens de consumo da sociedade capitalista.

A literatura, que durante séculos ocupara um papel relevante na vida social, tornou-se cada vez menos importante. Na "sociedade do espetáculo" (Guy Desbord), a escrita literária fica confinada a um espaço restrito na mídia, pelo fato de se prestar pouco à espetacularização. Enquanto os pintores e escultores do passado são aproveitados em grandes exposições, sustentadas e acompanhadas de um forte marketing, cujo resultado pode ser contabilizado em número de visitantes e retorno pecuniário ou de prestígio para os patrocinadores, os escritores só se prestam a pequenas exposições indiretas e não tão espetaculares: fotos, ilustrações de suas obras, manuscritos. Passaram a ter mais sucesso os escritores fotogênicos ou de vida interessante, e as biografias dos mesmos começaram a ser mais vendidas do que as próprias obras. Proust, por exemplo, virou biografia, álbum, livro de receitas e de autoajuda.

O desafeto progressivo pela leitura é um fenômeno internacionalmente reconhecido. Leitura exige tempo, atenção, concentração, luxos ou esforços que não condizem com a vida cotidiana atual. Ouvi recentemente, de uma criança com preguiça de ler, a reclamação de que "os livros têm muitas letras". De fato, para concorrer com os outros meios de comunicação, os livros atuais e futuros precisarão ter mais atrativos do que aqueles ocultos pelas letras. A literatura não desapareceu, mas recolheu-se a um canto, que é tanto o luxo dos *happy few* que continuam a cultivá-la como o trabalho forçado dos que ainda são obrigados a conhecê-la para passar de ano na escola ou para passar no vestibular. Os catálogos das grandes editoras incluem os clássicos antigos (liberados de pagamento de direitos autorais) e modernos, para os leitores obstinados ou curricularmente obrigados. Nenhuma grande editora pode, entretanto, sobreviver comercialmente sem uma certa porcentagem de best-sellers de entretenimento, de autoajuda ou de livros didáticos. Por quanto tempo os clássicos ainda se venderão, é algo que não sabemos.

Os novos escritores, afinados com os hábitos alimentícios deste fim de século, publicam livros light, para serem consumidos rapidamente. Na falta de ideias novas, muitos deles voltam a um classicismo acadêmico; glosam, citam, pasticham textos de escritores do passado; outros imitam as formas da mídia, adotam temas de impacto e um estilo rápido e seco, concorrendo com as páginas policiais dos jornais ou, melhor, com os noticiários "aqui e agora"; outros, ainda, se comprazem na contemplação narcísica do "pequeno eu", sem pretender ou conseguir dar o salto proustiano para o universal. De modo geral, os livros de ficção se tornaram mais curtos e mais leves; nenhum pretende ser mais o Livro, e os próprios fragmentos se contentam com ser meros pedaços soltos. Grande parte dos poetas repete receitas das vanguardas históricas ou se contentam com registrar limitadas experiências existenciais, produzindo uma poesia "poeticamente correta", sem mais. Faltam projetos de maior fôlego, e essa "quebra de safra" é observada em todos os países onde a literatura já foi uma atividade cultural relevante. Esta é, muito simplificada, mas, creio, não falseada, a situação atual, dita pós-moderna. Ocorreu, de fato, uma mutação, e esta não parece favorável à "literatura", tal como ela se constituiu e firmou, do século XVIII até meados de nosso século: uma literatura que tinha a ambição de conhecer e a coragem de inventar, dentro (embora formalmente à margem) de um projeto amplo para o homem e a sociedade.

Essa literatura não desapareceu, mas está muito ameaçada, e alguns já o haviam notado décadas atrás. No início dos anos 50, contestando um tipo de crítica literária que discutia questões de estilo, Roland Barthes chamava os críticos à dura realidade: "O contrário de 'escrever bem' não é forçosamente 'escrever mal'; talvez, hoje, seja simplesmente *escrever*. A Literatura tornou-se um estado difícil, estreito, mortal. Já não são os seus ornamentos que ela defende, mas a sua própria pele".[6]

A situação em que hoje vivemos foi claramente prevista por Octavio Paz. Em 1964, ele detectava vários sinais negativos, indicando que o projeto moderno falhara, que a sociedade não estava se transformando em comunidade, nem o poema em poesia. Os sinais enumerados por Paz eram os seguintes: 1) o não cumprimento de várias profecias de Marx; 2) o acirramento dos particularismos raciais, religiosos e linguísticos; 3) a adoção de formas estereotipadas de comportamento, ditadas pela propaganda comercial e política; 4) a elevação do nível de vida e a queda do nível *da* vida; 5) a prevalência do objeto sobre o usuário; 6) a prevalência da massa sobre o indivíduo; 7) o domínio dos sistemas de comunicação sobre os receptores; 8) o triunfo do signo sobre o significado, nas artes, e da coisa sobre a imagem.[7] O que ele descrevia era já a pós-modernidade.

MODERNIDADE E PÓS-MODERNIDADE

O conceito de pós-modernidade, que tem ocupado os teóricos das duas últimas décadas, é um conceito frágil, impreciso, paradoxal — o que é reconhecido por todos os teóricos do pós-moderno, sejam eles a favor ou contra. Nascido nos Estados Unidos no âmbito da sociologia, adotado no terreno da arquitetura e das artes plásticas, passou rapidamente para a teoria literária, onde ele é muito menos pertinente.

Para embaralhar a discussão, entre nós usa-se indistintamente pós-modernidade e pós-modernismo, este último por influência do inglês. *Modernidade* e *modernismo* são termos que em nossa língua, e sobretudo no contexto literário, designam coisas diferentes. Empregamos *modernismo* para designar as vanguardas do início do século XX (as chamadas "vanguardas históricas"), e *modernidade* para designar o grande movimento que começou na segunda metade do século XIX e vem, talvez, até os dias de hoje. Nesse sentido, os escritores-críticos aqui tratados foram considerados modernos, sem serem todos modernistas.[8]

A definição da pós-modernidade oscila, de autor a autor, entre o estabelecimento de uma periodização histórica, uma descrição de traços de estilo, ou uma enumeração de posturas filosóficas e existenciais. Além disso, os teóricos identificam frequentemente modernidade social com modernidade artística, estabelecendo uma relação direta e especular que nem sempre existiu. O que mais tem sido discutido, no pós-moderno, é o prefixo *pós*. Vista historicamente, a pós-modernidade, como parece indicar a partícula *pós*, seria o movimento estético que veio depois da modernidade e a ela se opõe. Começam aí as contradições e dificuldades conceituais. Como uma das posturas filosóficas pós-modernas consiste em negar o tempo sucessivo, progressivo e teleológico, recusando as "metanarrativas" (Lyotard),[9] essa concepção histórica e dialética dos movimentos estéticos não deveria ser assumida pelos pensadores pós-modernos. Entretanto, vários arautos da pós-modernidade sucumbem, explícita ou implicitamente, a essa concepção moderna do pós-moderno e apresentam-no como dotado do valor moderno por excelência, o valor de uma novidade que torna o moderno velho. Essa contradição tem sido apontada por vários teóricos da pós-modernidade, que reconhecem sua denominação como infeliz. Aliás, tanto quanto a da modernidade, denominação cujo significado varia conforme o período histórico e o ponto de vista adotado.[10]

O próprio Lyotard, um dos primeiros a teorizar a pós-modernidade, começava por considerações históricas: a palavra *pós-moderno*, diz ele, "designa o estado da cultura depois das transformações que afetaram as regras dos jogos da ciência, da literatura e das artes a partir do fim do século XIX"; "nossa hipótese de trabalho é que o saber muda de estatuto ao mesmo tempo que as sociedades entram na era dita pós-industrial e as culturas na era dita pós-moderna. Essa passagem começou desde pelo menos o fim dos anos 50".[11] As dúvidas nos assaltam: a partir do fim do século XIX, ou da segunda metade do século XX? O emprego das expressões "*a partir de*", "*depois* das transformações" e "essa *passagem*" não indicam uma metanarrativa? Lyotard não pode, entretanto, ser acusado de contradição, na medida em que ele se colocava na posição de um *expositor* da situação pós-moderna (seu livro tem o subtítulo *Rapport sur le savoir* [Relatório sobre o saber]), e não na de defensor da mesma, o que tentou tornar menos ambíguo em livro posterior.[12]

Considerada como um "movimento" estético e filosófico, a pós-modernidade começou no fim do século XIX (com Nietzsche, para Vattimo),[13] no fim dos anos 50 (para Lyotard, Foster[14] e outros), nos anos 60 (para Jameson),[15] "em algum ponto entre 1968 e 1972" (para Harvey)[16] etc. Há, entretanto, um certo consenso: começou depois da Segunda Guerra Mundial, manifestou-se mais claramente na arquitetura, generalizou-se no discurso teórico a partir do "pós-estruturalismo" francês e tornou-se discurso dominante nos meios acadêmicos norte-americanos. Considerado como um feixe de posturas filosóficas e de traços estilísticos, o pós-moderno tem sido visto em Kafka, Borges, Brecht, no "novo romance" francês, em Barthes (logo ele, que duvidava até de ser moderno!) e até bem mais longe no tempo, em Cervantes e em Montaigne (Lyotard). Se isso se deve a uma "leitura sincrônica" dos autores do passado, esta é uma atitude tipicamente... moderna.

A definição do pós-moderno oscila conforme a atitude do teórico diante do fenômeno, que pode ser a de um elogio-adesão (Vattimo), de simpatia moderada (Hutcheon),[17] de constatação mais ou menos crítica (Lyotard, Harvey), de crítica negativa mesclada ao fascínio (Jameson), de rejeição (Habermas,[18] Eagleton).[19] Há muitos outros teóricos do pós-moderno, mas estes nos bastam para compreender o debate.

Os que rejeitam o pós-moderno, o fazem em nome de conceitos positivos: a razão iluminista universal do marxismo frankfurtiano (Habermas), ou a consciência histórica do marxismo "científico" (Eagleton). Jameson, rigorosamente marxista em sua análise da pós-modernidade como "lógica do capitalismo tardio", mostra-se entretanto aberto às manifestações dessa lógica e relativamente otimista quanto ao desenlace, procurando "pensar dialeticamente a evolução do capitalismo tardio como um progresso e uma catástrofe ao mesmo tempo".[20] A crítica marxista da pós-modernidade é bastante convincente em sua argumentação, mas não oferece alternativas filosóficas ou estéticas. Se colocarmos os fenômenos estéticos na estreita dependência (ou decorrência) dos fenômenos sociais, só uma mudança radical da sociedade (uma revolução) nos livraria dos malefícios pós-modernos. Além disso, a perfeita adequação dos pós-modernos aos tempos atuais mais os explica do que os condena.

Habermas considera que o projeto da modernidade não se cumpriu e deve ser levado adiante. Acusa todos os pós-modernos de ser politicamente conservadores e os divide em "velhos conservadores" (os que defendem a volta ao pré-moderno), "jovens conservadores" (que encampam as conquistas da modernidade, na linha Bataille, Foucault, Derrida) e "neoconservadores" (pós-modernos propriamente ditos).[21] Essa tipologia é simplificadora, o que ele mesmo reconhece; mas, no geral, os argumentos de Habermas são consistentes e sua proposta muito clara: superar a reificação da práxis atual pela "interação livre dos elementos cognitivos com os prático-morais e os estético-expressivos", isto é, revincular o conhecimento com a ética e a estética; reexaminar o projeto moderno para verificar os pontos em que ele emperrou, e levar adiante aquelas de suas propostas que ainda têm futuro: "Penso que em vez de desistir da modernidade e de seu projeto, como de uma causa perdida, deveríamos aprender com os erros desses programas extravagantes que tentaram negar a modernidade" (pp. 11-2).

Outros teóricos constatam a existência de uma "nova sensibilidade" e de novos estilos de arte e de vida, considerando que é inútil fechar os olhos para eles; procuram explicar essa mutação e ver seus aspectos positivos. São simpatizantes prudentes (ou oportunistas) do pós-moderno; são considerados reacionários, pelos precedentes. Os próprios defensores do pós-moderno se dividem em pelo menos dois tipos, definidos por Hal Foster: 1) pós-modernos de resistência, que desconstroem criticamente a modernidade, resistindo a susbtituí-la pelo "qualquer coisa"; 2) os pós-modernos de reação (reacionários, conservadores), que repudiam a modernidade e celebram a pós-modernidade como uma volta ao "bom senso" do classicismo traduzido em estilo acadêmico pré-moderno.

A definição do pós-moderno se faz, quase sempre, pela forma negativa, a partir de um feixe de traços filosóficos ou estilísticos *opostos* aos modernos. De modo geral, os traços considerados pós-modernos são os seguintes: heterogeneidade, diferença, fragmentação, indeterminação, relativismo, desconfiança dos discursos universais, dos metarrelatos totalizantes (identificados com "totalitários"), abandono das utopias artísticas e políticas. Esses traços se opõem aos da modernidade, que seriam: racionalismo, positivismo, tecnocentrismo, logocentrismo, crença no progresso linear, nas verdades absolutas, nas instituições. Os críticos do pós-moderno, como Jameson, veem nele dois traços principais: o pastiche (diferente da paródia) e a esquizofrenia. Chamar a arte pós-moderna de esquizofrênica tem, infelizmente, um precedente incômodo: foi assim que os dirigentes dos regimes totalitários de nosso século qualificaram as obras das vanguardas modernas. Os amigos do pós-moderno adotam de bom grado a "esquizofrenia" (na linha Deleuze-Guattari) contra a "paranoia" moderna, e consideram o pastiche como igual à paródia, por sua carga crítica e humorística (Ihab Hassan, Linda Hutcheon).

A oposição binária de traços distintivos alcançou seu ápice no trabalho de Ihab Hassan, que propõe um quadro muito simplificador de valores modernos opostos a valores pós-modernos.[22] Assim, veremos figurar como valores modernos a "hierarquia", o "logos", a "origem", a "metafísica", a "transcendência" (além de outros como o "genital/fálico" e "Deus Pai"), que, na verdade, são pré-modernos; ao mesmo tempo, o autor atribui à pós-modernidade valores modernos como a "forma-aberta", a "combinação", a "indeterminação", valores românticos como a "ironia", ou valores muito mais antigos, como o "intertexto" e o "desejo" (denominações modernas de práticas e motivações de todos os tempos).

Como se vê, reina aí muita confusão, que não cabe aqui discutir em termos gerais, levando mais água turva para um moinho teórico que já moeu muitas páginas sem dar muito trigo. Cabe-me apontar, com base no estudo aqui efetuado sobre os valores da modernidade literária, o quanto essas oposições simples são falsas, desmentidas pela teoria e pela prática dos escritores-críticos modernos. Muitas das características apontadas insistentemente como "modernas", pelos pós-modernos, não aparecem na obra de criação ou na obra teórico-crítica desses escritores. O racionalismo, a crença no progresso, na técnica etc. são traços ocasionais da modernidade filosófica, social e política que não se encontram necessariamente na literatura moderna. Os escritores modernos não são puros racionalistas (que artista o é, desde o romantismo? A "arte do sonho", o surrealismo, o cultivo do fantástico, a exploração do inconsciente são por acaso racionalistas?); não concebem a história da literatura como uma linha, mas como um espaço percorrível em todas as direções; não defendem o progresso linear nem a tecnologia (fazem a crítica dos mesmos, por rejeição do primeiro ou por uso desviado da segunda); não defendem verdades absolutas (admitem todos a provisoriedade, isto é, o caráter histórico da escrita, da leitura e do julgamento); não apoiam instituições (ao surgirem, criticavam as academias e as universidades, contestavam poderes estéticos estabelecidos, e foram rejeitados ou combatidos por isso mesmo). Em compensação, eles têm vários traços ditos "pós-modernos": a ironia, a polissemia, a forma aberta, a fragmentação, a colagem, a despersonalização, o intertexto, o pastiche etc.

Os traços apontados como pós-modernos são, assim, ora modernos, ora mais antigos. Como aceitar certas afirmações como: "As personagens pós-modernas com frequência parecem confusas acerca do mundo em que estão e de como deveriam reagir com relação a ele"?[23] Ora, *todas* as grandes personagens do romance ocidental, desde o século XIX, são assim: "heróis problemáticos", segundo Lukács e Goldmann. Ou esta outra, de Linda Hutcheon: "Os narradores na ficção [pós-moderna] se tornam desconcertantemente múltiplos e difíceis de localizar".[24] Sim, só que isso ocorre pelo menos desde Stendhal. Como diz, contraditoriamente, a mesma autora, "convém manter em mente o modelo dialógico bakhtiniano" (p. 101). Ou a caracterização das *Mitologias* barthesianas como pós-modernas (p. 100), esquecendo que essa desmitologização se inscrevia num projeto de crítica da ideologia dominante, visando uma conscientização e uma tomada de posição política, projeto perfeitamente moderno. Ou a afirmação de que a historiografia, na pós-modernidade, toma a consciência de ser um *constructo* humano, texto, discurso (p. 143), coisa que ocorreu na filosofia da história e nas práticas da disciplina histórica desde os anos 30. A autora também considera pós-moderna a consciência metaficcional (p. 181), que afinal ela mesma admite já existir em Cervantes e Sterne etc.

Ainda mais contestável é sua conclusão: "A teoria, a crítica e a arte pós-modernas estão hoje engajadas em contestar as premissas modernas (humanistas) da autonomia apolítica da arte e da teoria e da crítica como atividades desprovidas de valores" (p. 230). Creio ter suficientemente demonstrado, ao longo deste livro, que a teoria e a crítica modernas se apoiam em valores, e que a questão da autonomia da arte não é pensada pelos modernos de modo tão simplista. A questão é, para eles, preocupante. A maioria dos escritores-críticos aqui tratados acredita numa ação política *indireta* da arte. Ampliando minha argumentação para além desse corpus, basta lembrar o engajamento político declarado (à esquerda ou à direita) dos surrealistas, futuristas, existencialistas, neorrealistas etc., para ver o quanto a crítica simplifica e generaliza abusivamente essas questões.

A leitura das obras teóricas mais importantes escritas sobre o pós-moderno deixa mais dúvidas do que esclarecimentos; elas são elas mesmas pós-modernas, indeterminadas. Os teóricos simpatizantes da pós-modernidade terminam sempre com o reconhecimento da pouca consistência da argumentação. Lyotard encerra *La condition postmoderne* com a proposta de múltiplos "jogos de linguagem", em muitas microcomunidades, e de "contratos temporários" que "remetem o consenso para mais tarde" (como se todo consenso mais vasto levasse necessariamente ao totalitarismo político, e toda fragmentação anárquica dele nos livrasse). Já *Le postmoderne expliqué aux enfants* acaba de modo ainda mais *flou*: "testemunhar o único que conta, a infância do encontro, a acolhida à maravilha de que algo aconteça, o respeito pelo acontecimento". Em ensaio posterior sobre o tema,[25] ele toma finalmente partido, defendendo um trabalho de "perlaboração" da modernidade, e termina por rejeitar a pós-modernidade: "Por enquanto, contento-me com a resposta seguinte: reescrever a modernidade é resistir à escrita dessa suposta pós-modernidade".

Linda Hutcheon pretende manter um discurso equânime: apresenta sua análise da pós-modernidade como uma obra que não é "nem defesa, nem ataque" (p. IX). Por meio de seu livro, repetem-se os verbos que definem, sem definir, o pós-moderno: o pós-moderno "desafia" [*challenges*], "parodia", "desmistifica", "questiona", "ironiza", vive na contradição etc.; a autora nunca diz o que ele pretende ou consegue com isso, porque, justamente, o pós-moderno recusa projetos, objetivos, metanarrativas, afirmações. É negação sem dialética. Por isso mesmo, o projeto de traçar uma *poética* da pós-modernidade revela-se, no decorrer do livro, impossível. A autora vai deixando mais baratas suas pretensões e conclui por um capítulo intitulado: "Uma poética ou uma problemática?" (recorrendo à velha piada, diríamos que é um caso de problemática sem solucionática). À pergunta de Habermas: "Onde estão as obras pós-modernas?", ela responde: "Em toda parte".

E a última frase mostra bem o modesto resultado de seu longo trabalho: "Em suas contradições não podemos encontrar respostas, mas as perguntas que tornarão qualquer processo de resposta possível estão *pelo menos* [grifo meu] começando a ser feitas".

A frequência das definições na forma de "nem... nem...", em Linda Hutcheon e em outros teóricos do pós-moderno, faz-me lembrar um texto pouco relido de Barthes, do início dos anos 50: "A crítica Nem-nem" ["La critique Ni-ni"]. Ele aí sustenta que a crítica literária que se apresenta como "nem reacionária, nem comunista, nem gratuita, nem política" é tipicamente pequeno-burguesa (hoje diríamos neoliberal). O crítico que assim procede quer aparecer como "um árbitro imponderável, dotado de uma espiritualidade ideal, e por isso mesmo *justa*, como o fiel da balança". Ora, continua Barthes, nenhuma crítica é inocente, e a que se pretende livre de qualquer determinação é a mais subordinada:

> Os *Nem-nem* também estão embarcados num sistema [...] Não se pode julgar a Literatura sem uma ideia prévia do Homem e da História, do Bem e do Mal, da Sociedade etc. [...] Toda liberdade acaba sempre por reintegrar uma certa coerência conhecida, que nada mais é do que um *a priori*. Assim, a liberdade do crítico não consiste em se recusar a tomar partido (impossível!), mas em declará-lo ou não.[26]

Quanto aos partidários incondicionais do pós-moderno, suas propostas são tão vaporosas quanto as dos críticos *Nem-nem*, e de ideologia mais clara. Para Gianni Vattimo, o fim da historicidade, a dissolução do novo e do progresso não são nenhuma catástrofe. A pós-modernidade é uma "chance positiva" (p. 19); o mundo da "mediatização total" em que estamos entrando é o "mundo de uma realidade tornada mais leve [*aleggerita*]" (p. 189), o que ele considera muito bom. O teórico italiano defende uma "*ontologia debole*" como "única possibilidade de sair da metafísica, pela via de uma aceitação-convalescença-distorção que não tem mais nada do ultrapassamento crítico característico da modernidade. Pode ser que nisso resida, para o pensamento pós-moderno, a chance de um novo, debilmente novo, começo".[27] Essa debilidade pós-moderna desencoraja qualquer argumentação. O mesmo se poderia dizer das últimas posições de Jean Baudrillard, que aceita a situação atual como inelutável e, até certo ponto, euforizante. Não por acaso, Vattimo e Baudrillard mostram-se seduzidos pelos Estados Unidos e pelo *american way of life*.

Não cabe, aqui, continuar discutindo os pontos de vista teóricos relativos ao pós-moderno, mas apenas cotejar (o que já não é pouco!) as postulações referentes ao pós-moderno com a prática teórico-crítica dos escritores modernos. Desbastando um pouco o emaranhado das oposições simplistas, podemos dizer que os escritores-críticos aqui estudados são efetivamente modernos pelos seguintes traços: a busca do novo; a experimentação de linguagens e de gêneros; a relação com a tradição como reescritura de uma metanarrativa adequada ao presente, contra as metanarrativas institucionalizadas; a leitura sincrônica do passado, que não anula a história mas pretende reativá-la com vistas ao futuro (e nesse sentido eles são teleológicos); a defesa de um projeto artístico coerente e de um projeto social utópico (integrar arte e vida); a busca de um padrão de alta literatura, com a esperança de educar as massas; a afirmação da autonomia do estético, mas com a convicção de um poder indireto da literatura sobre o real; a abertura da significação a múltiplos e renováveis sentidos. Vimos, caso a caso, como essas posturas estão, muitas vezes, sujeitas a contradições internas ou permeadas de posturas mais antigas. A mesma heterogeneidade de posições ocorria nos escritores do passado, que hoje reunimos sob os grandes rótulos homogeneizadores de "clássicos" ou "românticos". Esses traços gerais, que podemos chamar de modernos, diluíram-se ou desapareceram em grande parte da literatura atual. Houve, de fato, uma mutação (ou uma degradação, se nos pautarmos pelos valores da modernidade).

É necessário, ainda, esclarecer certos mal-entendidos. Alguns dos escritores modernos aqui estudados têm sido considerados pós-modernos pelos teóricos da pós-modernidade: Borges, Calvino, Butor, Sollers. Como já vimos, essa releitura apropriativa está dentro da lógica moderna. Mas as razões invocadas para a leitura desses modernos como pós-modernos são variadas e devem ser vistas caso a caso. Borges é reivindicado pelos pós-modernos por sua ironia desestabilizadora das verdades, pelo uso de citações verdadeiras ou falsas, por seu irrealismo, pela indecisão do sentido de suas histórias etc. Mas se atentarmos para a teoria e a crítica praticadas por Borges, como fizemos neste livro, veremos que ele defende uma tradição revisitada, mas de modo algum negada; apoia-se em valores às vezes muito antigos, enraizados no idealismo platônico; e, nisso não platônico, acredita no poder cognitivo e educativo da literatura. Essas posturas nada têm de pós-modernas. O mesmo se poderia dizer de Calvino, aparentemente "aligeirado", como um pós-moderno, mas autor de fábulas de conteúdo ético-político e de *Por que ler os clássicos*, obra em que defende valores permanentes da literatura.

Butor, um dos autores do "novo romance" (movimento a que ele pertenceu por um tempo, sem aceitar essa etiqueta), mostra em sua obra criativa uma contestação do gênero narrativo, levada posteriormente à dissolução das fronteiras genéricas, que tem sido vista como pós-moderna. Mas Butor é um experimentalista sempre em busca do novo, um construtor de formas rigorosas, um escritor com projeto, um progressista utópico; como crítico, é um afirmador de valores positivos, um cultor dos clássicos, cuja leitura ele quer renovar mas nunca suprimir. Todas essas características são indiscutivelmente modernas.

O caso de Sollers é o mais simples. Assim como ele elogiava, em seu período Tel Quel, a "ruptura" mallarmaica e joyciana, que punha fim à "literatura" e inaugurava a "escritura", ele efetuou posteriormente uma ruptura com esse primeiro Sollers e, a partir de *Femmes* (1983), trocou a "escritura" por uma escrita linear, leve, saltitante, disposta em *zappings*, libertina (não ponho nesta palavra nenhum peso moralista), descompromissada com qualquer causa, estética ou política, declaradamente destinada a um público mais largo e menos exigente do que aquele que *não lia* seus textos de escritura. *Femmes* foi programado para ser um best-seller e conseguiu, temporariamente, esse objetivo. Esta última fase do escritor pode ser considerada estilisticamente pós-moderna. Entretanto, a teoria e a crítica de Sollers, sobretudo no período Tel Quel, eram, por seus valores como por suas escolhas, tipicamente modernas. Sua congenialidade, nessa fase, com os outros escritores-críticos modernos de meu corpus é evidente e motivou sua inclusão neste estudo.

O que se pode ver, pela análise da obra crítica dos escritores modernos, é que sua modernidade é múltipla, mas coerente e consistente. Já a pós-modernidade é muito mais difícil de ser definida por conceitos ou examinada a partir de práticas particulares (visíveis, como traços estilísticos, na arquitetura, muito menos visíveis na literatura), o que se deve tanto a sua heterogeneidade e indeterminação de princípio quanto a sua condição de algo que está sendo feito "agora mesmo", algo que ainda não nos oferece, e nem pretende oferecer, nenhuma perspectiva futura. Ultimamente, a pós-modernidade parece existir mais na teoria do que na prática, e as discussões teóricas a seu respeito já apresentam sinais de exaustão.

Para não exaurir eu mesma meus leitores, terminarei esta breve discussão do pós-moderno com uma especulação que não é só minha. A dificuldade em definir a pós-modernidade se deve ao fato de ela não se distinguir nitidamente da modernidade, tendo apenas levado a um extremo dissolvente as propostas daquela. A pós-modernidade pode ser vista como apenas mais uma etapa da modernidade, convalescença para uns, doença senil da modernidade para outros. Se o paciente (no caso, a literatura) vai se restabelecer, morrer ou ressuscitar transformado, só o futuro dirá. Por enquanto, ele está na UTI.

Irei ainda mais longe: assim como a pós-modernidade decorre diretamente da modernidade, por negação ou exaustão da mesma, o projeto da modernidade decorria do romantismo. As contradições internas do romantismo (subjetivismo e universalismo, irracionalismo e iluminismo, espiritualismo e materialismo, projeto e nostalgia etc.) permanecem ativas na modernidade. Revolta, ironia, utopia, contestação de regras, consciência e assunção do efêmero e do transitório, fragmentação, autoteorização, autoquestionamento e autodissolução das artes — são propostas que, modificadas mas não abandonadas, partem do *Athenaeum*, atravessam o primeiro e o segundo romantismos, manifestam-se nas vanguardas do século XX, e atingem sua consequência lógica (talvez terminal) na chamada pós-modernidade. O romantismo inaugurou uma era crítica que talvez esteja chegando, hoje, ao seu término.

O que se publica atualmente como literatura não se identifica mais com os postulados modernos. Mas o abandono desse projeto talvez seja uma das consequências da ironia romântica levada ao extremo da dissolução de seu objeto, e da crítica voltada contra si mesma. Contemplar ruínas e recolher pedaços era um hobby dos românticos, e o suicídio, um final romântico perfeito. Muitas das atitudes pós-modernas podem ser assim encaradas. Já foi apontado, por exemplo, que a "desconstrução" derridiana e norte-americana, apesar de antiidealista, tem raízes românticas.[28] Pode ser que, daqui a alguns séculos (se alguém ainda falar dessas coisas), se perceba uma grande era que vai do fim do século XVIII até ainda não sabemos quando.[29] Das posturas românticas, a pós-modernidade só abandonou a utopia, a nostalgia do absoluto, da totalidade, do sublime. Esse "só" tem consequências fatais para a arte, e não apenas para ela. Como diz Habermas: "Nada resta de um significado dessublimado ou de uma forma destruída; nenhum efeito emancipador a isso se segue".[30]

MORRERÃO OS IMORTAIS?

Se Gustave Lanson ressuscitasse hoje, ficaria bastante chocado com o tom da suposta conversa depois do jantar, acerca da "imortalidade literária". Se nessa assembleia estivessem presentes feministas americanas, representantes de etnias não ocidentais e de opções sexuais não canônicas, Monsieur Lanson ouviria coisas nada agradáveis e talvez algumas ofensas pessoais. Mas talvez ele tivesse a sorte de encontrar alguém mais moderado, como o britânico Frank Kermode, que concordaria com ele, pelo menos quanto à necessidade de recolocar periodicamente a pergunta: "O que é um clássico?", já que a manutenção de uma tradição de interpretação é vital para qualquer cultura. Para Kermode, a única diferença entre textos canônicos e não canônicos é que os primeiros conseguem uma "continuidade de atenção e de interpretação", graças à "paciência" com que acolhem novas leituras.[31]

Já que a literatura implica a existência de leitores, sua sobrevivência, como arte da linguagem e atividade provida de valor próprio, depende muito de sua manutenção nos currículos escolares. O ensino da literatura sofreu grandes modificações através de nosso século, o que é normal. Do historicismo filológico-positivista do início do século, passando pela estilística, o *new criticism*, a sociocrítica, a psicocrítica, o estruturalismo e a semiótica, foram mudando os métodos e as inspirações colhidas das ciências humanas (história, sociologia, linguística, psicanálise etc.) sem que, no entanto, os adeptos desses métodos deixassem de acreditar na especificidade de seu objeto. Desde a década passada, porém, é o próprio objeto que está sendo questionado, no ensino da literatura. Esse questionamento decorre, primeiramente, de um desprestígio das disciplinas genericamente chamadas de "humanidades" e do consequente remanejamento dessas disciplinas no sentido da aglutinação em blocos menos especializados, o que corresponde a uma "racionalização" dos currículos para se baratearem os custos institucionais e, ao mesmo tempo, fornecer um "retorno" mais palpável à sociedade, que agora pede apenas um certo capital de saber e não se mostra muito disposta a sustentar saberes "inúteis" ou, ainda mais, críticos com relação a seus rumos.

Há várias décadas vem se evidenciando a tendência, por parte dos dirigentes universitários, a ver as humanidades como "improdutivas" e o ensino literário como "perfumaria". Também se nota a tendência à sujeição do ensino literário ao ensino de línguas estrangeiras, estas inegavelmente úteis para a globalização econômica. Confinados a um espaço cada vez mais estreito, os estudos literários têm modificado seus currículos, programas e métodos, adequando-os a essa tendência que não é mais a do diálogo entre as disciplinas (interdisciplinaridade), mas perda de suas especificidades (que poderíamos chamar de adisciplinaridade). Essa não é uma situação geral, mas uma tendência. Os currículos universitários atuais apresentam uma grande diversidade, e as próprias disciplinas em que se encaixa o ensino da literatura variam conforme os países e as universidades.

Surpreendentemente, o maior reforço dado a esse estrangulamento dos estudos literários não foi obra de tecnocratas, mas de professores de literatura "politicamente corretos", que submeteram as análises e a própria escolha de textos a critérios de "raça", "gênero" e "classe". Nas universidades norte-americanas, a literatura tende atualmente a desaparecer como disciplina autônoma, integrando-se nos "estudos culturais", ou multiplicando-se e particularizando-se em razão da abordagem ideológica de grupos militantes: estudos "de gênero" (feministas, *gays* e *queers*); estudos "pós-coloniais" (a literatura produzida por ex-colonizados, nas línguas das ex-metrópoles); estudos "multiculturais" (os quais, na prática, são monoculturais, pois cada cultura quer manter seu compartimento, ou departamento — a manutenção da palavra *raça*, com sua carga ideológica excludente e seu ranço belicoso, é um triste indício). A fundamentação e os objetivos políticos desses enfoques da literatura não estão apenas implícitos; são declarados por seus defensores. Os limites entre a conscientização e a doutrinação dos alunos desapareceram. Por essa característica explícita, Jan Gorak (autor do já referido *The Making of the Modern Canon*) propõe que essa área se chame francamente "*cultural politics*", em vez de "*cultural studies*", já que tem pouco de estudo (no sentido de pesquisa histórica aprofundada) e muito de política. *Estética* tornou-se, nesse contexto, uma palavra condenada, e a própria palavra *literatura* tende a ser abolida. Juntando-se a esses grupos "politicamente corretos", o marxista inglês

Terry Eagleton declarou que "a literatura é uma ilusão", e que tratá-la separadamente seria deslocá-la das outras práticas culturais e sociais entre as quais ela não merece nenhum destaque.[32]

Considerando que os estudos literários difundiam e reforçavam a "ideologia ocidental", qualificada, de modo simplificador, como ideologia "machista", "imperialista" e "burguesa", numerosos professores norte-americanos passaram a estudar as obras curriculares a partir de seus conteúdos ideológicos e, em caso de desaprovação, a suprimi-las dos currículos. Um curso de humanidades baseado na leitura de "grandes obras" do Ocidente, como aquele que foi ministrado em 1936 na Universidade Columbia por Lionel Thrilling e outros, seria hoje impossível nos Estados Unidos. Na Universidade de Stanford, por pressão dos grupos particularistas, a palavra *ocidental* foi suprimida na denominação dos cursos sobre cultura.

Não me ocorre, como a ninguém ocorreria, a ideia de negar o valor de estudos realmente culturais. Praticados sobre objetos precisos, e com sólido conhecimento das diversas disciplinas que eles requerem, os estudos culturais são de uma inegável utilidade, além de ser uma necessidade premente no mundo atual. O que me parece danoso é a prática de um ecletismo superficial transformado em "superdisciplina", que eclipsa as disciplinas específicas e as exclui pouco a pouco dos programas. E a consequente produção de discursos "culturais" generalizantes e fortemente ideológicos, carentes da necessária fundamentação histórica, antropológica, sociológica ou filosófica. A literatura, considerada como manifestação cultural entre outras, é a primeira a sofrer os efeitos dessa aglutinação. Nos países norte-americanos, o estrangulamento dos departamentos literários já se torna manifesto, em cortes de verbas e redução do número de professores "apenas literários".

Na própria Associação Internacional de Literatura Comparada, o avanço dos estudos culturais, em detrimento dos estudos especificamente literários, é visível. A temática geral de seu último Congresso (Leiden, 1997 — "A literatura como memória cultural") e suas subdivisões ("A construção das nações", "O colonizador e o colonizado", "A consciência do homem", "As lembranças sexuadas", "Os gêneros como depositários da memória cultural", "Métodos para o estudo da literatura como memória cultural" e "Reconstruindo a memória cultural") mostravam claramente essa tendência. A literatura não interessa mais por ela mesma, o que interessa é "a literatura como..." (como depositária da memória cultural, como colonizadora e/ou descolonizadora, como expressão das diferenças sexuais, como ideologia etc.). A poderosa Modern Languages Association também foi dominada pela tendência culturalista, ocasionando calorosos debates e dissidências. E as diversas associações literárias nacionais se alinham, pouco a pouco, à temática de "gênero-raça-classe" ditada pelos universitários americanos.

A situação atual do ensino da literatura varia de país a país, mas podem-se ver sinais de certas tendências. Na França, na Inglaterra e na Alemanha, mantêm-se ainda os departamentos de literaturas nacionais, segundo o modelo implantado no século XIX, mas aos poucos se introduzem no currículo as antigas "margens" coloniais. Evidencia-se cada vez mais que a segmentação em literaturas nacionais é um anacronismo, e que o comparatismo, no sentido mais amplo do termo, é o melhor caminho para os estudos literários, num mundo que tem, como o nosso, uma visão conjunta do passado e uma informação geral do presente. Em toda parte sente-se o efeito do pós-estruturalismo, um interesse maior pelo contexto do que pelo texto, pela história e pela ideologia mais do que pela poética e a retórica. Essa tendência nada tem de pernicioso, apenas acusa o movimento pendular entre o texto e o contexto que tem caracterizado os estudos literários no século XX, em decorrência da ambivalência do próprio objeto de estudo, a obra literária.

A situação atual dos estudos literários na França é, afinal, a mais curiosa. Em alguns redutos se conservam formas tradicionais de especialização disciplinar, de currículos e métodos. Para certos universitários franceses, é como se nem o estruturalismo tivesse existido. Paradoxalmente, foram os teóricos franceses pós-estruturalistas da década de 60 e 70 (Foucault, Derrida, Barthes, Lyotard) que, lidos e às vezes treslidos, desencadearam as transformações que se veem nos Estados Unidos e repercutem em outros países. As teorias da pós-modernidade encontraram muito menos audiência na França do que na América do Norte. Nas universidades, o estruturalismo estava dando seus primeiros frutos pedagógicos quando seus próprios iniciadores o criticaram do interior, e se transformaram em "pós-estruturalistas". Como o "pós-estruturalismo" não oferece métodos aplicáveis, não teve boa aceitação na universidade. Uma parte importante (em número e em qualidade) de universitários franceses passou a dedicar-se à crítica genética (estudo dos manuscritos), que os desconstrucionistas consideram positivista, saudosa das origens, da verdade e da totalidade. O fato é que o cânone institucional saiu praticamente ileso de todas essas peripécias. Os geneticistas, empenhados em trabalhos que desembocam em excelentes edições críticas, contribuem para a conservação dos acervos ["*grands corpus littéraires*"], e reforçam, assim, o cânone da Modernidade ocidental. Basta ver os nomes em torno dos quais se reúnem as principais equipes do Item (Institut des textes et manuscrits modernes): Flaubert, Zola, Proust, Joyce, Sartre...

No Brasil, sempre dividido entre a influência europeia e a norte-americana, esta última está atualmente ganhando terreno. Embora se mantenham, em muitas universidades, os departamentos de teoria literária e os cursos de literaturas nacionais hegemônicas, o multiculturalismo, o pós-colonialismo, o sexismo e outras tendências voltadas para a particularidade aparecem como novos conteúdos de programas, de teses, ou como disciplinas optativas. Apesar de o estudo exclusivo de *um* tema, ou a adoção de *um* ponto de vista particular não contribuir muito para o conhecimento das obras literárias e só servir para reforçar ideologicamente aquele ponto de vista predeterminado, podemos considerar esses novos enfoques como acréscimos e aberturas. Mas o que já acontece nos Estados Unidos, onde os estudos particularistas tomam o lugar de estudos universalistas como a teoria literária e a estética, acusando-os de defender uma ideologia eurocêntrica, elitista e patriarcal, pode muito bem ocorrer aqui nos próximos anos e, nesse caso, a abertura ao anteriormente excluído acarretaria a exclusão curricular de grandes áreas do saber.

Que teorias concebidas na Europa sejam europeias, não é algo que espante; que elas não sejam populares ou proletárias, também não; espanta bem mais que elas sejam sexuadas (que se fale de uma "estética patriarcal" ou de uma "ontologia feminina"). E não deixa de ser curioso que os adeptos de um discurso teórico "pós-colonial" proclamem alegremente que agora as "margens" tomam a palavra, não parecendo atentar para o fato de que esse discurso não nasceu em nenhum país marginal, mas foi importado do centro hegemônico atual, os Estados Unidos, e que a inspiração teórica geral veio (ainda!) da velha metrópole francesa. O turco Homi K. Bhabha, introdutor dos estudos "pós-coloniais", colheu suas referências principais em Derrida,

Foucault, Kristeva, Lefort etc.[33] Também é bastante irônico que os "pós-coloniais" se insurjam contra o que chamam genericamente de "ideologia ocidental", munidos de argumentos iluministas historicamente tão ocidentais quanto o repudiado imperialismo.

O lamentável de tudo isso é que muitos universitários brasileiros estejam recebendo essas tendências norte-americanas sem o menor espírito crítico e com total esquecimento (ou ignorância) da longa tradição de estudos verdadeiramente culturais entre nós. A divisão ocorrida, nos Estados Unidos, entre "culturalistas" e "tradicionalistas" é típica da cultura... dos Estados Unidos. Somente num país com tradição religiosa puritana, com uma profunda preocupação com o "certo" e o "errado", entendidos em termos de verdade e de erro absolutos e com inclinação ao que poderíamos chamar de "evangelização belicosa", poderia ocorrer tal polarização de atitudes, de modo que a defesa de causas legítimas como a recusa de preconceitos sexistas, racistas e classistas se tenha transformado numa patrulhagem ideológica cerrada das obras artísticas, tal como ela foi sempre exercida pelas ditaduras, de direita ou de esquerda.

Importa manter em vista que a questão é especificamente anglo-saxônica em sua temática como em suas referências teóricas. Os departamentos que os "estudos culturais" tomaram de assalto foram os "*English departments*", e o cânone que ali se contesta é simplesmente o currículo de literatura inglesa e norte-americana. Quanto à teoria, com exceção daqueles poucos teóricos franceses inspiradores do movimento (e as bibliografias dos novos teóricos norte-americanos demonstram um conhecimento muito limitado de suas obras), não há, nessas discussões, referências internacionais. Autores de outros países, que refletiram longa e proveitosamente sobre as mesmas questões (como um Octavio Paz, por exemplo) são ignorados. Os *chicanos* só interessam como "minoria" e não quando grandes intelectuais. Tópicos gerais de teoria literária, quando evocados, são atribuídos a autores de língua inglesa, esquecendo todos os precedentes alemães, russos e latinos. Assim, não há nada menos universalista do que a discussão teórica norte-americana.

Afinal, nossa experiência brasileira de abertura a múltiplas culturas e múltiplas tradições, nosso poliglotismo obrigado e a longa reflexão ensaística latino-americana sobre a formação de nossa identidade nos tornam menos paroquiais e mais bem aparelhados para verdadeiros "estudos culturais" do que os(as) militantes culturalistas norte-americanos. Nossa "pós-colonização" não implica, como no caso das ex-colônias inglesas, rupturas recentes com antiquíssimas culturas locais e mudanças de língua *coexistentes* e conflitantes com essas culturas e línguas; enfim, nossa colonização e as culturas dela resultantes devem ser (e têm sido) estudadas em termos diversos daqueles em que essas questões são tratadas pelos "pós-colonialistas" americanos. Por isso não vejo o interesse de imitar, em nossas universidades, essas tendências norte-americanas.

Como era previsível, nas universidades norte-americanas, os particularismos já começam a brigar entre si por maior espaço institucional. Cada um deles, tendo se apresentado inicialmente como "minoria" oprimida, tende agora a impor seu ponto de vista como o mais importante, realizando aquela observação-profecia de Barthes, acerca da revolução de maio de 68: "Viu-se assim a maior parte das liberações postuladas, as da sociedade, da cultura, da arte, da sexualidade, enunciar-se sob as espécies de um discurso de poder: vangloriavam-se de pôr em evidência o que havia sido esmagado, sem ver o que, assim fazendo, se esmagava alhures".[34]

No contexto recente e atual do ensino da literatura, a questão do cânone tornou-se candente. O cânone ocidental, constituído de "homens brancos mortos", foi posto sob suspeita; a formação desse cânone foi examinada do ângulo ideológico, como uma série de manobras mais ou menos claras das elites no poder, e o resultado foi a condenação. De modo geral, a crítica da ideologia implícita na formação do cânone peca por obviedade ou por estreiteza. Ignorando a flexibilidade e a abertura dos cânones modernos internacionais, e considerando apenas o currículo habitual dos departamentos de inglês, os "*canon-busters*" [demolidores de cânone] ou "*canon-openers*" [abridores de cânone] têm uma concepção fechada e imobilista de um suposto Cânone Ocidental, que teria sido imposto aos alunos com objetivos ideológicos escusos. O pressuposto é historicamente falso. Mesmo no que concerne às listas de "leituras recomendadas", um estudo dessas listas entre 1880 e 1940 demonstra que elas foram centenas e muito variadas.[35] Mostrar os componentes ideológicos na formação do cânone é o óbvio. Atribuir sua constituição exclusivamente a interesses imediatos de classes ou de grupos sedentos de poder é restringir enormemente as motivações dos escritores, críticos, professores, e subestimar a função das obras literárias na sociedade. As motivações mais elevadas são qualificadas, pelos culturalistas, de "fantasias humanistas".[36]

Esse foi um dos efeitos negativos da "desconstrução" que, proposta por Derrida como uma crítica atenta, minuciosa e reflexiva dos discursos logocêntricos, foi entendida e praticada nos Estados Unidos como uma demolição generalizada dos saberes institucionais anteriores e uma *prescrição* de posições "politicamente corretas", a partir das quais se condena o "cânone ocidental". Paradoxalmente, o cânone literário do próprio Derrida é perfeitamente bem-comportado para um moderno ocidental: Lautréamont, Mallarmé, Joyce, Artaud, Blanchot...

Os grupos particularistas reivindicaram uma "abertura" do cânone, a inclusão no mesmo de todos os que foram excluídos e ocultados em nome da ideologia até então dominante. A exigência da "abertura" do cânone repousa sobre várias contradições e mal-entendidos. Primeiro: o cânone nunca foi essa entidade imóvel e intocável contra a qual investem os particularistas. O cânone sempre esteve aberto a novas inclusões (assim como suporta exclusões); sabe-se que ele é sujeito às mudanças históricas, que é sempre provisório (conforme vimos no capítulo 2, e conforme comprova Jan Gorak em seu extenso e documentado *The Making of the Modern Canon*). Inclusões e exclusões dependem de juízos estabelecidos ao longo de largos períodos de tempo. Cânone e tradição implicam, necessariamente, duração. Portanto, aberturas, inclusões e exclusões instantâneas, como as que reivindicam os particularistas, são contraditórias com o próprio conceito de cânone. Tais reivindicações são o que Ana Balakian, em obra recente, chamou ironicamente de "assédio ao cânone" [*canon harassment*].[37]

Segundo: o conceito de cânone pressupunha, originalmente, uma autoridade (eclesiástica, acadêmica) e, a partir do século XVIII, pressupõe julgamentos reflexivos estabelecidos por consenso, buscando a maior universalidade possível. O que se considerava "universal", evidentemente, variou através dos tempos. *Universal*, inicialmente, significava "europeu". Quando os iluministas descobriram que era possível "ser persa", turco ou chinês, pensavam ainda que uma certa concepção do "homem" permitiria um entendimento harmônico entre todas as culturas. A *Weltliteratur* de Goethe repousava sobre essa concepção. Em nossa época, a real e conflituosa convivência entre as "nações", a complexidade das informações que umas podem ter das outras, as reivindicações dos ex-colonizados, colocadas às vezes nos mesmos termos que os dos ex-colonizadores (exigência de reconhecimento pelo Centro e no Centro), revelaram a impossibilidade de um cânone universal. Não pode haver um cânone geral em que figurem as tradições mais diversas, porque os valores que as sustentam são incomparáveis, porque o cruzamento dessas tradições é um fenômeno demasiadamente recente para que constituam um repertório comum, porque as instituições internacionais que teriam o poder de o propor não existem ou são muito frágeis. A crise do cânone literário se inscreve na questão filosófica e política da universalidade e da autoridade, ambas em crise no mundo atual.

Na verdade, o conceito de cânone é próprio de uma determinada cultura, precisamente a nossa. Outras culturas letradas têm suas tradições, mas elas não são concebidas como cânones, simplesmente porque têm outra concepção do tempo e, portanto, da tradição. Em outras culturas, os critérios para estabelecer uma lista de textos (e nem sempre de autores, pois a valorização da autoria também é um traço ocidental) podem ser religiosos (e, nesse caso, o "cânone" é restrito, imutável e intocável), patrióticos (portanto assumidamente particulares), raciais etc. Qualquer lista valorativa é contestável e condenável, se for reavaliada a partir de critérios estranhos a sua elaboração. Os pressupostos do cânone ocidental (aquilo que ele pretende, não necessariamente o que alcança) são a universalidade, a hierarquia (de valores e de indivíduos que os possuem) e a durabilidade. Portanto, o mais coerente, por parte dos defensores das categorias até agora excluídas do cânone ocidental, seria a proposta de abolição do mesmo, e não, como tem acontecido, o desejo de refazê-lo a seu gosto ou de nele figurar. Os particularistas deveriam falar em currículos ou repertórios, jamais em cânones.

Em terceiro lugar, há um contrassenso histórico no desejo de modificar o cânone passado, para nele incluir os então excluídos. Houve, historicamente, a opressão e o silenciamento das mulheres, dos não brancos, dos colonizados. Isso é lamentável e deve ser apontado para que não continue a ocorrer. Quando possível, o que foi ocultado deve ser revelado. Mas não se pode mudar a história passada; que a literatura tenha sido, em nossa tradição, uma prática de homens brancos das classes dominantes é um fato histórico documentado. Excluir do cânone um Dante, para colocar em seu lugar alguma mulher medieval que porventura tenha conseguido escrever alguns versos, não seria ato de justiça; seria, no máximo, uma vingança extemporânea. Quanto aos homossexuais, eles sempre tiveram forte representação no cânone de todas as artes, não por terem sido homossexuais, mas por terem sido artistas. E, mesmo sem evocar argumentos estéticos, também é um contrassenso histórico querer excluir do cânone os "politicamente incorretos", sem levar em consideração a consciência possível de cada época e as complexas relações entre autor e obra, literatura e sociedade. As exclusões ideológicas têm tido um efeito imediato e lamentável nos currículos norte-americanos: Mark Twain e Faulkner, porque eram escravagistas; Hemingway, porque era caçador e machista; Melville, porque antiecológico etc.

Contra essa tendência, alguns universitários tentam reagir. Como toda reação, ela pode ser resistente (defendendo valores que ainda merecem sobrevida), ou regressiva (defendendo valores mortos do passado). Infelizmente, nos meios anglo-saxônicos, boa parte dos que reagem são regressivos: conservadores em política, neoclássicos no gosto, tradicionalistas nas teorias e métodos de ensino. Nos Estados Unidos, a reação contra os estudos particularistas tem vindo dos setores mais retrógrados e "patrióticos". A Inglaterra também mantém territórios extremamente conservadores, que reagem belicosamente às novas tendências norte-americanas. Daí a dificuldade dos resistentes não reacionários, que correm sempre o risco de serem confundidos com os conservadores.

Um caso à parte é o de Harold Bloom, conhecido professor da Universidade de Yale e autor do polêmico *The Western Canon*.[38] Na defesa do cânone e da tradição ocidentais, Bloom mistura atitudes conservadoras-reacionárias com atitudes resistentes, argumentos de caráter universal e opiniões arrogantemente individuais. Sua postura é apocalíptica: "Tudo desmoronou, o centro não resistiu, e a pura e simples anarquia se desencadeia sobre o que antes se chamava de 'mundo culto'" (p. 11). Os Estados Unidos, para ele, são "um país ocupado" por feministas e multiculturalistas (p. 24). Por aí já se vê o teor de sua diatribe. Mas ele procura resguardar-se das possíveis acusações, colocando-se numa aparente posição neutra: "Eu não me preocupo com o atual debate entre defensores direitistas do Cânone por seus supostos (e inexistentes) valores morais, e a rede acadêmico-jornalística que apelidei de Escola do Ressentimento, que deseja derrubar o Cânone para promover seus supostos (e inexistentes) programas de transformação social" (p. 13). Ora, o livro todo prova que ele se preocupa, e muito.

A concepção que Bloom tem da tradição, já esboçada desde seu primeiro livro de impacto, *The Anxiety of Influence* (1979), é a de um campo de batalha, onde os escritores mais novos querem matar seus genitores e progenitores. A história da literatura, para Bloom, é uma agonística: "Os valores estéticos emanam da luta entre textos" (p. 44); a literatura é "uma continuada disputa" (p. 499); o cânone é "a angústia realizada" (p. 496). No passado, os "gênios canônicos" eram estimulados pela "angústia da influência", que frustrava "os talentos mais fracos". Hoje, há excesso de livros, por isso a luta se tornou mais acirrada: "Superpopulação, repleção malthusiana, eis o verdadeiro contexto para as ansiedades canônicas" (p. 23). Curiosamente, tanto Bloom como os "demolidores de cânone" atribuem a formação dos cânones e sua manutenção a uma extrema *competitividade*, a qual talvez seja o traço norte-americano que os une para além das disputas. A leitura literária, para Bloom, é uma "solidão cuja forma final é nosso confronto com nossa mortalidade" (p. 37). Não é um prazer (nesse ponto, farpas contra Barthes), muito menos uma felicidade (Borges, que ele inclui em seu cânone, protestaria veementemente). Sendo a recepção da grande literatura algo tão privado, tão triste e tão difícil, Bloom também duvida que ela possa ser ensinada para muitos. Segundo ele, o acesso à literatura está reservado a poucos alunos, a crítica é e tem de ser uma atividade elitista (p. 25).

Postas essas premissas, num estilo veemente que mistura enunciados de Verdade, anátemas e ofensas rasteiras a feministas e multiculturalistas, Bloom declara que o cânone ocidental pode ser reduzido à Bíblia e a Shakespeare, e afinal, só a Shakespeare ("sem Shakespeare, não há cânone" — p. 47). Shakespeare é o melhor porque sua representação do real é a mais "natural" (p. 497). (Natural? Lembremos, com Barthes, que é próprio da ideologia a "naturalização" dos signos.) No fim do livro, ele dá uma colher de chá para Dante: "O cânone ocidental é Shakespeare e Dante" (p. 494).

Por essas afirmações categóricas, o livro de Bloom é, ao contrário do que ele pretendia, um verdadeiro presente às feministas, aos multiculturalistas, a todos os inimigos do "cânone ocidental". Mais do que declaradamente logocêntrico, o cânone de Bloom é anglocêntrico e egocêntrico. A Bíblia e Shakespeare, o judaísmo e a anglofonia. As "generosas" inclusões ibero-americanas que ele faz, no fim do livro, são, como bem diz seu tradutor, um "balaio concessional"; e as concessões se fazem pela redução de Borges, Neruda e Pessoa a meros epígonos de Whitman. Ora, se não há cânone sem um certo consenso, o cânone "para mim" de Bloom não pode passar de um manifesto privado e pessoal.

Nessa enxurrada de argumentos discutíveis (colocados como indiscutíveis, e que só por isso já merecem desconfiança), há, entretanto, algumas colocações que merecem atenção. Por exemplo, a defesa dos critérios estéticos contra os ideológicos. A defesa do estético, como tudo, está compromissada com uma ideologia. Mas a valorização do estético não é necessariamente reacionária. Essa valorização está longe de ser atualmente a ideologia dominante, a *doxa*, e só por isso pode ter, hoje, uma função dialética. "Quando nossas heresias começam a parecer tão homogêneas quanto nossas ortodoxias, é tempo de começar a reescrever nossas filosofias da cultura", diz Jan Gorak.[39] E, principalmente, a defesa do estético pode estar dentro de um projeto emancipador da sociedade que, para realizar-se, precisa abranger e manter autônomas todas as esferas da vida social, inclusive a artística.

Os valores dos escritores-críticos modernos, que aqui temos discutido, levam-nos a concordar com Bloom quando este aponta que o projeto dos escritores canônicos visa a algo maior e de maior duração do que o engajamento social imediato: "Os que podem fazer uma obra canônica invariavelmente veem seus escritos como formas maiores do que qualquer programa social, por mais exemplar que seja" (p. 35). Ou quando ele diz que são os poetas seguintes que, pela escolha e apropriação, canonizam os anteriores: a tradição só pode abrir espaço quando é "acotovelada de dentro", e não de fora, como querem os "abridores de cânone" baseados em ideologias (p. 36).

Na verdade, a *defesa essencialista* do "cânone ocidental" é tão inaceitável (e inútil) quanto a defesa de qualquer modelo cultural. O cânone, como um dos quadros de valores de uma cultura determinada, é relativo a essa cultura, está fadado à transformação e sujeito ao desaparecimento, como todas as manifestações humanas. Ou o cânone resiste por ser reconhecido como ativo pela cultura viva, ou ele se torna letra morta, cuja defesa só pode ser feita por uma imposição autoritária. "Os cânones sobrevivem, não pelo decreto do dogma autoritário, mas pela combinação de sua sugestividade narrativa com uma necessidade cultural erradicável" (Jan Gorak).[40] Aqueles que acreditam que o cânone ocidental ainda oferece valores ativos podem resistir à sua morte súbita, usando argumentos diferentes daqueles de Bloom e semelhantes aos dos escritores-críticos modernos.

Primeiramente, valorizar o "cânone ocidental" não é menosprezar outros cânones, de outras tradições; é apenas reconhecê-lo como uma das tábuas de orientação de determinada cultura, que por acaso é a nossa. O maior defensor das diferenças, Lévi-Strauss, acusado pelos neoconservadores franceses de ser o responsável por um relativismo pernicioso, explicou, mais de uma vez, que assim como defendia o direito de cada cultura à autopreservação, ele se reservava o direito de querer preservar a sua, ocidental e francesa.

A cultura é uma continuidade em transformação. Não pode existir nem no vácuo de tradição nem na imobilidade e no isolamento. Nossa tradição não é "a continuidade mística da substância cultural ocidental", mas a memória cumulativa de um processo histórico (Jauss). O "cânone ocidental" é um patrimônio nosso, europeu e americano; pertence à nossa memória histórica; e, segundo os princípios iluministas ocidentais, é um patrimônio cultural da humanidade. Em nome de velhos rancores coloniais e de recentes libertações sexuais, não devemos jogá-lo fora, negando às novas gerações o direito de conhecê-lo e a liberdade de avaliá-lo.

Valorizar o cânone ocidental não é fechá-lo; é apenas não o esquecer nem censurar, sob o pretexto de que não gostamos de nossa história passada, logocêntrica, machista, colonialista etc. Por outro lado, defender o cânone ocidental com unhas e dentes, barricadas e fossos, como fazem os conservadores, é uma empresa vã e perigosa. Querer dirigir ou orientar a cultura de modo autoritário é sempre nocivo para a mesma. O cânone, como a cultura, segue seu caminho. O que podemos fazer é contribuir para que esse caminho não seja desprovido de memória e de projeto.

Walter Benjamin observou que o *Angelus Novus* de Klee, mesmo contemplando ruínas, tem de olhar o passado para avançar em direção ao futuro.[41] Aceitemos, com o mesmo Benjamin, que "nunca houve um monumento de cultura que não fosse também um monumento de barbárie", e que pode haver um conceito positivo de "barbárie" como tábula rasa e recomeço. Mas lembremo-nos também, com ele, de que a cultura dominante de determinada época pode ser "bárbara" no mau sentido. A "barbárie" atual, que, entre outras coisas, ameaça o "cânone ocidental", não vem de fora do Ocidente (como pensam os conservadores xenófobos), mas de seu próprio seio. E os mais fortes inimigos do "cânone ocidental" e do que ele representa, como alta cultura e alta literatura, não são os universitários culturalistas.

A LITERATURA NA ERA DA GLOBALIZAÇÃO

No momento presente, a questão que se coloca não é mais a de uma "tábula rasa" da cultura da qual se possa recomeçar, mas de encontrar, entre os despojos deixados pela nova barbárie globalizada, algo que contenha alguma promessa de futuro (de um futuro que não seja apenas técnica e economia). A luta não se trava mais entre concepções diferentes da cultura, entre a cultura e a contracultura, alta cultura e cultura de massa, mas entre a cultura e a descultura pura e simples. Enquanto, nos *campi* universitários, os teóricos acadêmicos modernos discutem com os acadêmicos pós-modernos, os literários com os culturalistas, os machistas com as feministas, o vale-tudo ideológico e estético prospera e aufere lucros, indiferente a qualquer teorização ou crítica.

A cultura de massa, sobre a qual os artistas modernos depositavam esperanças de renovação de formas e técnicas, de democratização, ampliação e educação do público, tornou-se industrial em escala planetária e, como tal, fornecedora de produtos padronizados segundo uma demanda de baixa qualidade estética, que ela ao mesmo tempo cria e satisfaz. As relações que os escritores modernos mantiveram com a cultura de massa foi muito diversa da que mantêm os "pós-modernos". Enquanto aqueles exploravam, em equivalências de linguagem verbal, as possibilidades imaginárias e estéticas do cinema e da televisão nascente, estes apenas mimetizam o baixo teor informativo da maior parte desses meios, ou conformam-se à sua lógica mercadológica: já escrevem tendo em mente a passagem direta para esses veículos de comunicação.

As querelas acadêmicas relativas à cultura apenas refletem parte de uma luta maior, que se trava em âmbito mundial, e do resultado da qual dependem coisas fundamentais que, se formos "pós-modernos", não nomearemos, já que têm a ver com metanarrativas e projetos.

Coisas como os rumos da história e o destino da espécie humana. Essa luta, com consequências muito mais diretas sobre o real, se trava entre o poder econômico globalizado e as aspirações políticas e culturais localizadas (para não falar das aspirações mais elementares, ainda não satisfeitas em tantos países). Em termos filosóficos, é uma luta entre universalismo e particularismos. Onde a luta se evidencia como sendo bem mais grave do que nas especulações acadêmicas sobre arte e literatura, é no âmbito da justiça, quando os critérios universalistas expressos na Declaração dos Direitos Humanos se chocam com as reivindicações das culturas não ocidentais. Quanto mais os países estão interdependentes e intercomunicantes, mais difícil se mostra o consenso sobre questões que envolvem memória, tradição e, consequentemente, projetos futuros.

A globalização, falsa universalização do mundo pela economia, tende não a unir, mas a unificar (a indiferenciar) os repertórios pelos meios de comunicação. E, quaisquer que sejam as reivindicações particularistas, essa unificação se faz em termos de descultura. Cultura implica seleção, atribuição de sentido e de valor. Uma cultura universal, que consistisse na comunicação entre as culturas particulares sem que estas fossem brutalmente abafadas, parece um ideal impossível. Não há sinais de que as novas tecnologias da comunicação estejam contribuindo para a troca de informações culturais consistentes e significativas; o que se vê é uma proliferação de dados superficiais, relativos a todas as áreas e todas as culturas, embalados em invólucros vendáveis e perecíveis na memória dos usuários.

Parece-me difícil concordar com os otimistas, que veem, na quantidade de informações circulantes no ciberespaço, uma riqueza de significados democraticamente disponíveis. A superabundância e a rapidez dessas informações não permitem, ao usuário, nenhuma seleção real; a perecibilidade quase imediata das mesmas impede qualquer visão de conjunto e qualquer crítica. A informação "cultural" é consumida como qualquer outra e, mais do que nunca, dependente de modas efêmeras criadas pelo mercado.

Essa nova descultura é, como a antiga cultura, proveniente do Ocidente. De certa maneira, o Ocidente venceu todas as lutas, das Cruzadas aos impérios coloniais, e superando a própria perda dos mesmos: foi o modo de vida ocidental que se instalou, como modelo desejável, em quase todas as partes do mundo. Esse Ocidente que venceu todas as guerras, infelizmente, não é o das Luzes, o das "artes e letras", dos trovadores medievais aos artistas revolucionários da modernidade; é o Ocidente da dominação econômica e da padronização do imaginário, sem apoio em ideologia alguma a não ser a da técnica e do lucro. O declínio e a morte do Ocidente, longamente anunciados pelos próprios europeus, foi a morte do Ocidente "para si", mas não do Ocidente "em si". Esta é a tese do jurista Serge Latouche:

> O fim incontestável da supremacia branca não foi o fim da civilização ocidental. A morte do Ocidente para si não foi a morte do Ocidente em si [...] A mundialização contemporânea das principais dimensões da vida não foi um processo "natural" engendrado por uma fusão de culturas e de histórias. Trata-se ainda de dominação, com suas contrapartidas, sujeições, injustiças, destruição [...] Que potência, boa ou má, impõe a unidimensionalização da existência e o conformismo dos comportamentos sobre as ruínas das culturas abandonadas? [...]
>
> Esta apoteose do Ocidente não é mais a *presença real* de um poder humilhante por sua brutalidade e sua arrogância. Ela se apoia nos poderes simbólicos cuja dominação abstrata é mais insidiosa, mas por isso mesmo menos contestável. Os novos agentes da dominação são a ciência, a técnica, a economia e o imaginário sobre o qual elas repousam: os valores do progresso.[42]

Edward W. Said, que, em sua dupla condição de americano e palestino, tem dado uma importante contribuição a essa reflexão, conclui de maneira semelhante:

> A escala épica do poder global dos Estados Unidos e o poder correspondente do consenso doméstico nacional, criado pela mídia eletrônica, não têm precedentes. Nunca houve um consenso tão difícil de contestar, nem tão propício à capitulação inconsciente. Conrad via Kurtz como um europeu na selva africana e Gould como um ocidental iluminista nas montanhas da América do Sul, capazes ao mesmo tempo de civilizar e obliterar os nativos; o mesmo poder, em escala mundial, é assumido pelos Estados Unidos, apesar de seu poder econômico declinante.[43]

Dentro desse panorama geral, a questão da literatura e do "cânone ocidental" precisa ser colocada em seu devido lugar. Confrontada à globalização econômica e mediática, a problemas mundiais gravíssimos como os da democratização, da ecologia, da violência, das desigualdades, da miséria e da fome, a questão de um consenso estético parece um luxo absolutamente dispensável. É ainda Edward

W. Said quem observa: "Muito do que foi tão instigador, por quatro décadas, acerca da modernidade europeia e suas consequências — por exemplo, as elaboradas estratégias interpretativas da teoria crítica, ou a autoconsciência das formas literárias ou musicais — parece hoje quase antiquadamente abstrato, desesperadamente eurocêntrico" (p. 400).

É normal que as culturas não hegemônicas, de regiões que não completaram nem mesmo seu processo de modernização, se sintam ameaçadas e reajam à dominação desse Ocidente pós-moderno e globalizador. Mas quando seus simpatizantes assestam as baterias contra Dante, Shakespeare, Cervantes e *tutti quanti*, estão visando o inimigo errado. A opressão atual não decorre dos valores ocidentais que eles representam; dentro do próprio Ocidente, europeu e americano, os valores estético-literários são diária e progressivamente vencidos por uma cultura de massa embrutecedora, ou transformados em mercadoria de grife na indústria cultural. A alta cultura, a criação desinteressada, ou interessada em ampliar o conhecimento e a experiência humanos, em aguçar os meios de expressão, em despertar o senso crítico, em imaginar outra realidade, tudo isso está ameaçado de extinção. O cânone ocidental representa um papel aparentemente pequeno no contexto da sobrevivência humana, mas sua manutenção ou demolição, como a manutenção ou a demolição de outras tábuas de valores de outras culturas, afetará certamente a qualidade dessa sobrevivência.

Contra esse tipo de preocupação, os políticos pragmáticos e os economistas costumam brandir aquilo que eles chamam de "*real world*". E os intelectuais pós-modernos reforçam esse "realismo" aceitando e proclamando "o fim das utopias". Antes de festejar o fim das utopias, seria necessário distinguir as utopias políticas totalitárias das utopias libertárias da arte. Sem a utopia, a história é aceita como fatalidade. A função exercida pela literatura moderna, em seus melhores momentos, foi a de dizer "não" a uma realidade inaceitável e de sugerir a possibilidade de outras histórias (não de indicar ou prescrever soluções, como nas utopias políticas). Atualmente, a literatura parece contentar-se com espelhar uma realidade fragmentada, desprovida de valores e, portanto, de utopia.

A questão do juízo de valor, que emergiu como problema central para Kant, tornou-se crucial no momento presente. Hegel tinha vindo para pôr ordem nesse território já semidesvastado, garantindo-nos que o Espírito soberano seria capaz de efetuar as sínteses necessárias à melhor realização da História. Um poeta do início de nosso século observava displicentemente: "De Kant a Hegel, algo se perdeu" (Álvaro de Campos). Agora, no fim do século, verificamos uma volta de numerosos filósofos a Kant, para ver se nele acham aquilo que se perdeu. Demo-nos conta de que não há Espírito ou Razão que possa ocupar o lugar daquele Deus cuja morte Nietzsche participou, e que levou com ele a Verdade reguladora dos juízos. Para estabelecer qualquer juízo de valor, os homens se veem dependentes do consenso, e este parece cada vez mais difícil. Ora, o Kant que ainda pode ajudar, não a resolver, mas a pensar a questão do consenso, no âmbito da justiça, da paz e da própria sobrevivência da espécie humana, não é o da *Crítica da razão prática*, mas o da *Crítica do juízo*, e, dentro dessa, a reflexão mais adequada ao presente parece ser a que se referia então exclusivamente ao estético. Aquilo que Kant apresentava como característica do juízo estético — um juízo sem conceito, um juízo que aspira à universalidade sem jamais poder alcançá-la, um juízo que é particular mas que busca convencer o mundo todo de sua justeza, e que para isso precisa ser negociado com argumentos e amparado por uma comunidade cada vez mais ampliada — tornou-se a condição dos juízos éticos e políticos de nosso tempo.

A estética é uma das esferas da vida social, e o que ocorre numa delas repercute nas outras. A agonia e a possível morte da arte e da literatura já vêm sendo anunciadas há tanto tempo que não nos comovem mais. Sabemos que, em todos os períodos de mutação, o que está morrendo é mais visível do que o que está despontando. Entretanto, o que vemos acontecer hoje não é a proposta de uma nova forma de arte que repugna aos antiquados, mas a repetição desgastada de velhas formas, a multiplicação da mesmice. E o abandono, por parte de escritores e leitores, de qualquer propósito maior a ser alcançado pela escrita poética. Os valores literários e a própria literatura, como valor, estão passando certamente por uma fase mais difícil do que aquela em que a rejeição burguesa ocasionou a assunção, pelos poetas modernos, de um projeto altivo, desafiador e potencialmente suicida. Agora, em vez de ação e reação, há estagnação e conformismo.

Um artigo publicado no *New York Times* no ano de 1997 tinha o sugestivo título: "Quem sobreviverá ao lixo literário?". O autor, Jeff Guinn, preocupava-se com o risco de os estudantes norte-americanos do futuro só poderem ter acesso aos best-sellers, às obras "politicamente corretas" ou às aprovadas pela censura de pais puritanos. Se isso acontecer, dizia ele, "a perda será deles e a vergonha, nossa".[44] Em todos esses debates, é a responsabilidade dos professores de literatura que está em jogo. Frank Kermode, conhecido por suas posições abertas e tolerantes, colocou a questão de modo áspero:

> Os professores universitários podem ler o que quiserem, desconstruir ou neo-historicizar o que quiserem, mas dentro de uma sala de aula deveriam assumir honrosamente sua função de fazer com que as pessoas conheçam os livros suficientemente para saber o que, neles, é digno de amor. Se falharem nisso, quer porque desprezem a humildade da tarefa, quer porque eles mesmos não amam a literatura, eles são fracassos e fraudes.[45]

Todos esses alertas nos forçam à reflexão. Como a tendência americana, nisso como em tudo, tende a globalizar-se, talvez haja razão para nos inquietar. Estará a literatura realmente em via de desaparecimento, e a Biblioteca Clássica ameaçada de despejo? Os modernistas tinham uma grande confiança na força intrínseca de determinadas obras, que resistiriam aos contextos mais desfavoráveis. Pound, por exemplo: "Há uma qualidade que une todos os grandes e duráveis escritores, você não PRECISA de escolas e universidades para mantê-los vivos. Tirem-nos do currículo, deixem-nos na poeira das bibliotecas, e de repente um leitor casual, não subvencionado e insubornável, vai trazê-lo novamente à luz, sem pedir favores".[46]

Ao mesmo tempo, Pound via sinais inquietantes de que essa sobrevivência não estava garantida:

> Não há mais civilização organizada e coordenada, apenas sobreviventes individuais e esparsos. A aristocracia acabou, sua função era selecionar. Somente aqueles de nós que sabemos o que é civilização, apenas aqueles de nós que queremos uma literatura melhor, uma arte melhor e não mais abundante, podemos ligar para isso. Não adianta esperar que as massas desenvolvam um gosto melhor, elas não estão se movendo nessa direção.[47]

Borges acreditava firmemente numa essência poética que jamais se perderia e, por isso, se preocupava pouco com as mudanças formais:

> Não falarei de culturas que se perdem. A constância da vida, a duradoura continuidade da vida, é uma certeza da arte. Embora as aparências ca-

duquem, e se transformem, como a lua, sempre perdurará uma essência poética. A realidade poética pode caber em uma copla tanto quanto num verso virgiliano. Também em formas dialetais, em asperezas de jargão de cárcere, em linguagens ainda indecisas, pode caber.[48]

Borges também acreditava muito na ação dos leitores: "A glória de um poeta depende, em suma, da excitação ou da apatia das gerações de homens anônimos que a põem à prova, na solidão de suas bibliotecas".[49] Assim, esse leitor tão seletivo que ele foi nunca se atormentou com a preservação de um patrimônio imutável. Apenas via esse patrimônio como uma fonte de felicidades que ele queria partilhar com outros. Apesar de pertencer a outra geração e a outros tempos, Sollers também acredita na permanência dos clássicos para além de todas as transformações: "A Biblioteca não está em via de destruir-se; nós é que estamos, com relação a ela".[50]

Menos otimistas quanto ao desfecho, mas decididamente empenhados na defesa da literatura, tal como ela foi concebida e praticada do século XVIII à modernidade, foram dois grandes críticos franceses do século XX: Sartre e Barthes. Em 1948, Sartre já encarava a possibilidade do desaparecimento da literatura: "Nada nos garante que a literatura seja imortal [...] afinal, a arte de escrever não está protegida pelos decretos imutáveis da Providência". E advertia:

> [A arte de escrever] é o que os homens fazem dela, eles a escolhem escolhendo-se a si mesmos. Se ela estivesse fadada a se tornar pura propaganda ou puro divertimento, a sociedade recairia na vida sem memória dos himenópteros e dos gastrópodes. É claro que isso não é muito importante: o mundo pode passar muito bem sem a literatura. Mas pode passar ainda melhor sem o homem.[51]

À sombria previsão-advertência de Sartre, Barthes respondia, já em tempos pós-modernos (1977), com uma atitude de resistência obstinada. A *Aula* de Barthes é uma celebração da literatura como *mathesis* (lugar onde giram os saberes), *mimesis* (lugar do fulgor do real) e *semiosis* (lugar do signo imaginário). Quanto à possibilidade de seu desaparecimento, Barthes respondia que era preciso *teimar*, afirmar o caráter irredutível da literatura, "agir como se ela fosse incomparável e imortal". Acerca de seu ensino, Barthes declarava, mais do que sua necessidade, sua prioridade:

> Se, por não sei que excesso de socialismo ou de barbárie, todas as nossas disciplinas devessem ser expulsas do ensino, exceto uma, é a disciplina literária que deveria ser salva, pois todas as ciências estão presentes no monumento literário [...] Verdadeiramente enciclopédica, a literatura faz girar os saberes, não fixa, não fetichiza nenhum deles; ela lhes dá um lugar indireto, e esse indireto é precioso. Por um lado, ela permite designar saberes possíveis — insuspeitos, irrealizados: a literatura trabalha nos interstícios da ciência: está sempre atrasada ou adiantada com relação a esta, semelhante à pedra de Bolonha, que irradia de noite o que aprovisionou durante o dia, e, por esse fulgor indireto, ilumina o novo dia que chega. A ciência é grosseira, a vida é sutil, e é para corrigir essa distância que a literatura nos importa. Por outro lado, o saber que ela mobiliza nunca é inteiro nem derradeiro: a literatura não diz que sabe alguma coisa, mas que sabe *de* alguma coisa; ou melhor: que ela sabe algo das coisas — que sabe muito sobre os homens.

Mesmo defendendo, de modo tão enfático, a disciplina literária, Barthes não se mostrava, de modo algum, alarmado com as transformações de seu ensino, vendo nelas uma chance positiva para a literatura; por outras palavras, Barthes não era um conservador apocalíptico, mas um anarquista bem-humorado: "Os valores antigos não se transmitem mais, não circulam mais, não impressionam mais; a literatura está dessacralizada, as instituições estão impotentes para protegê-la e impô-la como o modelo implícito do humano. Não é que, por assim dizer, a literatura esteja destruída: é que *ela não está mais guardada*: é pois o momento de ir a ela".

Outro escritor-crítico que, desde os anos 50, refletiu sobre o futuro da literatura e seu possível desaparecimento foi Maurice Blanchot. Blanchot encarava o fim da literatura do ângulo interno da evolução literária e via seu desaparecimento inscrito no próprio projeto da modernidade: "A literatura vai em direção dela mesma, de sua essência, que é o desaparecimento". E explicitava: "Tudo se passa como se a criação artística, à medida que os tempos se fecham à sua importância, obedecendo a movimentos que lhe são estranhos, se aproximasse de si mesma com uma visada mais exigente e mais profunda".[52] O prognóstico de Blanchot sobre "o livro do futuro" não era, entretanto, melancólico; depois da literatura, viria "outra coisa" ainda sem nome, "num futuro que não devemos imobilizar na tradição de nossas velhas estruturas" (p. 297)

Alguma inquietação era porém inevitável. Como a da pergunta: e se, em vez de se abrir para uma nova forma de arte, a autodissolução da literatura favorecesse aqueles "movimentos estranhos à arte" a que ele se referia? Num texto intitulado "Morte do último escritor",[53] Blanchot examinava, como num script de ficção científica, o que aconteceria nessa eventualidade. Quando morre um escritor, diz Blanchot, os jornais costumam dizer que "uma voz se calou"; poderíamos então supor que, morto o último escritor, haveria um grande silêncio. Nada disso, nos garante ele. A literatura não é ruído, ela é um silêncio oposto ao enorme ruído ambiente da sociedade contemporânea: "Um escritor é aquele que impõe silêncio a essa fala, e uma obra literária é, para quem sabe nela penetrar, um lugar rico de silêncio, uma defesa firme e uma alta muralha contra essa imensidade falante que se dirige a nós, desviando-nos de nós" (p. 267). O que nos faltaria, se a literatura deixasse de existir, seria esse silêncio, que é próprio de todas as grandes obras de arte.

E Blanchot prosseguia essa ficção: poderíamos então refugiar-nos "clandestinamente" nos museus e nas bibliotecas, em busca de "um pouco de calma e de ar silencioso". Ledo engano. No dia em que o falatório geral triunfar, os livros estarão ameaçados:

> De modo que os mestres desse tempo, como não é difícil imaginar, não pensarão em refugiar-se em Alexandria, mas em atear fogo à sua Biblioteca. Com certeza, um grande nojo dos livros invadirá a todos: uma cólera contra eles, uma veemente aflição, e aquela violência miserável que se observa em todos os períodos de fraqueza, que chamam a ditadura [...] Assim, os ditadores tomarão naturalmente o lugar dos escritores, dos artistas e dos pensadores. [p. 268]

Esse tenebroso cenário, imaginado por Blanchot há quatro décadas, continua sendo inquietante.

Dentre os escritores-críticos aqui estudados, alguns estão agora vivendo a pós-modernidade, e a ela reagindo. Haroldo de Campos teceu considerações sobre a questão no ensaio "Poesia e modernidade: da morte da arte à constelação. O poema pós-utópico".[54] Para um poeta-teórico moderno, que viveu sempre defendendo o novo, seria incoerente a rejeição de um movimento que se apresenta como "pós". Assim, nesse ensaio de 1984, Haroldo de Campos responde ao "pós-moderno" com um duplo movimento, de apropriação e de renúncia: apropriação moderna do pós-moderno ("O *Lance de dados*: poema pós-moderno"), e renúncia à utopia moderna (desistência do projeto de unir a revolução poética à revolução política). Postura disfórica, se comparada à postura do poeta-crítico de vanguarda nos últimos quarenta anos:

> Sem perspectiva utópica, o movimento de vanguarda perde o seu sentido. Nessa acepção, a poesia viável do presente é uma poesia de pós-vanguarda, não porque seja pós-moderna ou antimoderna, mas porque é pós-utópica. Ao projeto totalizador da vanguarda que, no limite, só a utopia redentora pode sustentar, sucede a pluralização das poéticas possíveis. Ao *princípio-esperança*, voltado para o futuro, sucede o *princípio-realidade*, fundamento ancorado no presente. [p. 268]

O poeta-crítico pressente e rejeita o perigo de que esse movimento de retração possa ser assimilado a um movimento de retrocesso: "Esta poesia da presentidade, no meu modo de ver, não deve todavia ensejar uma poética da abdicação, não deve servir de álibi ao ecletismo regressivo ou à facilidade". E elege a "operação tradutória" como a mais adequada ao momento atual: "A tradução — vista como prática de leitura reflexiva da tradição — permite recombinar a pluralidade dos passados possíveis e presentificá-la, como diferença, na unicidade *hic et nunc* do poema pós-utópico" (p. 269). O abandono da utopia, a obliteração do futuro, são posturas pós-modernas; a tradução como "dispositivo crítico", como "leitura reflexiva da tradição", é uma atividade ainda moderna. Só relê criticamente a tradição quem tem um projeto futuro, mesmo se este é agora mais modesto. Como dizia Mallarmé, que sempre foi moderadamente utópico: "sem presumir o futuro que daqui sairá, nada ou quase uma arte" (prefácio ao *Lance de dados*).

Na abertura da Feira de Frankfurt, em 1992, Octavio Paz fez um balanço não muito otimista da situação atual da literatura.[55] Suas considerações vinham revestidas de uma tríplice e reconhecida autoridade: a de poeta moderno com vasta obra, a de teórico e crítico da modernidade literária e a de Prêmio Nobel. O parecer de alguém que viveu e conheceu, do interior, meio século de atividade literária internacional, sem perder sua identidade "ex-cêntrica", tem um inegável interesse, no momento atual. Paz começava por falar do "mal-estar" da literatura: "O mal-estar da literatura contemporânea é um segredo de polichinelo. Um segredo dotado de ubiquidade e que fala numerosas línguas. Digo *mal-estar*, não decadência, pois acredito que se trata de um desfalecimento passageiro".

Examinava, em seguida, as razões geralmente alegadas para explicar esse mal-estar: desafeição pela leitura chamada "séria" (e perguntava: "Aristófanes, Bocácio, Rabelais, Cervantes ou Swift eram por acaso sérios?"); decadência dos gêneros literários, sobretudo da poesia, que seria um gênero anacrônico em nosso século ("Estranha condenação: já pensaram no que seria a literatura do século XX sem Rilke e Valéry, sem Yeats e Montale, sem Neruda e Pessoa?"); exaustão do experimentalismo moderno (ponderava que talvez fosse preciso parar um pouco para retomar o fôlego); a ação das "multinacionais do entretenimento" ("o equivalente do circo em Roma e do hipódromo em Bizâncio").

Perguntava, então, se há remédios para essa situação e respondia: "Confesso que não vejo muito bem como poderíamos remediar esses males sem uma reforma geral das sociedades contemporâneas". Sugeria paliativos: melhorar o estudo das "humanidades" e da literatura em nossas escolas e universidades; "opormo-nos ativamente às manipulações insolentes, políticas e comerciais que se praticam hoje sob a máscara da palavra 'cultura'"; aconselhar os editores a não investir só nos best-sellers, mas a "apostar na pluralidade dos gostos, das paixões e das tendências". Se todas as minorias reclamam os seus direitos, por que não os reclamaria a minoria representada pelos leitores de alta literatura?

E os escritores de hoje, o que devem fazer? Sobre esse ponto, Paz era categórico:

> Devemos reatar com a tradição da grande literatura do século XX. Não para repeti-la, mas para prossegui-la, portanto, para modificá-la. Não penso nos achados de nossos antecessores imediatos nem nas formas que eles inventaram: por que refazer o que está feito, e bem-feito? Não; afirmo que devemos voltar ao seu impulso inicial. A literatura que eles fizeram não era trivial nem conformista, mas, pelo contrário, crítica, irreverente, agressiva, frequentemente complexa e difícil. Os clássicos modernos não lisonjearam os gostos, os preconceitos e a moral de seus leitores. Seu propósito não era o de os tranquilizar, mas de os inquietar, de os acordar. Era uma literatura de escritores que não tinham medo de ficar sozinhos, e que nunca correram, com a língua de fora, atrás da "deusa cadela do sucesso". Para eles, o ofício de escrever era uma aventura em terras inexploradas, uma descida ao fundo da linguagem.

Eles nos deram uma lição de maestria, mas também de coragem, de desinteresse. É por isso que suas obras continuam vivas. Nós, escritores de hoje, devemos reaprender aquela velha palavra que marcou o começo da literatura moderna: *Não*. Sempre acreditei que a poesia — mesmo a mais sombria, a que nasce do horror e do desastre — se resolve sempre em celebração da existência. A mais alta missão da palavra é o elogio do Ser. Mas, primeiro, é preciso aprender a dizer *Não*. É a condição de nossa dignidade. Então, talvez, possamos pronunciar o grande *Sim* com o qual a vida, cada manhã, saúda o dia que nasce.

Os escritores da alta modernidade, como criadores e como leitores críticos, nos levam a rever o trabalho de desconstrução efetuado nas últimas décadas. Rever não significa voltar atrás, mas avaliar o novo momento e as novas estratégias por ele exigidas. Afinal, a desconstrução, quando bem entendida, deve ser permanentemente recomeçada. Propostas como a da morte do autor (Foucault), do descentramento (Derrida), da escritura (Barthes, Sollers) tiveram efeitos positivos. Elas puseram em xeque as autoridades opressoras, abriram caminho para novas formas de escrita, para as literaturas emergentes e não canônicas. Mas essas propostas, mal compreendidas ou aplicadas de modo literal, tiveram efeitos perversos na criação, na crítica e no ensino literários: foram assimiladas como criatividade espontânea, como dispensa de qualquer competência ou formação, como irresponsabilidade autoral, como desprezo pela tradição e pela alta cultura, como valorização ideológica automática de qualquer produto "marginal". Além disso, a generalização anônima do texto, a indiferenciação dos gêneros e a abolição dos critérios estéticos foram postos a serviço da informática e da indústria cultural, que oferecem ao consumidor produtos transnacionais padronizados, uma espécie de "moda mix" na cultura e nas artes. Será que, ao efetuarmos a liquidação sumária da estética, do cânone e da crítica literária, não jogamos fora, com a água do banho, uma criança que se chamava literatura?

Os escritores-críticos modernos demonstraram, em suas obras, a importância de uma tradição viva e de um projeto futuro, utópico talvez, mas indispensável para que a cultura — os homens — não avance às cegas. Eles acreditavam em coisas que a grande literatura nos pode dar: ampliação do imaginário, encontro com o outro e autoconhecimento, capacidade de impressão e de expressão, visão crítica do real, emoção estética, felicidade da palavra que nos faltava e nos é dada. As formas que eles utilizaram em suas obras de criação, e valorizaram em suas obras críticas, talvez tenham chegado à exaustão, mas não o seu projeto. Os novos meios disponíveis obrigam o livro a reformular-se, a encontrar seu lugar entre eles. Mas, de modo algum, o condenam ao desaparecimento. A literatura ainda tem futuro, a Biblioteca ainda não foi destruída. E nós, leitores e escritores, aqui estamos para ler, eleger e prosseguir.

NOTAS

INTRODUÇÃO (pp. 9-17)

(1) Jacques Derrida, *La dissémination*, Paris, Seuil, 1972, p. 275.

(2) *A tradição do novo* é o título de um livro de H. Rosenberg, publicado em 1959. Ver, no mesmo sentido, Octavio Paz, "La tradición de la ruptura", em *Los hijos del limo*, Barcelona, Seix Barral, 1986, pp. 15-37.

(3) Jürgen Habermas, *O discurso filosófico da modernidade*, trad. Ana Maria Bernardo *et alii*, Lisboa, Publicações Dom Quixote, 1990, p. 18.

(4) Os primeiros resultados dessa pesquisa foram publicados na revista *Colóquio/Letras* da Fundação Gulbenkian de Lisboa: "Escolher e/é julgar" (nº 65, jan. 1982); "História literária e julgamento de valor" (nº 77, jan. 1984); "História literária e julgamento de valor — II" (nº 100, nov.-dez. 1987). Houve também uma tradução mexicana: "Escojer y/es juzgar", *Revista de la Universidad de Mexico*, Nueva Epoca nº 16, 1982. Posteriormente, publiquei outras partes do trabalho: "História literária e julgamento de valor", *Anais do 2º Congresso da Abralic*, Belo Horizonte, 1991; "Histoire littéraire et jugement de valeur", *The Force of vision* (*ICLA'91*), vol. II, Tokyo, University of Tokyo Press, 1994; "Choix et valeur dans l'oeuvre critique des écrivains", *Littérature* nº 94, Paris, Larousse, 1994. Quando retomados, esses ensaios foram aqui ampliados e modificados.

(5) "Escritor-crítico" não é o mesmo que "crítico-escritor", categoria de crítico que analisei em meu livro *Texto, crítica, escritura*, São Paulo, Ática, 1978 (2ª ed. 1993). O escritor-crítico é o escritor que também pratica a crítica. O crítico-escritor é o crítico que pratica a *escritura*, tipo de discurso teorizado pelo pós-estruturalismo. Alguns críticos-escritores não são escritores-críticos (não têm obra de ficção ou de poesia): Roland Barthes, por exemplo. Alguns críticos-escritores são também escritores-críticos: Michel Butor, Maurice Blanchot. E por que Blanchot não figura no corpus deste livro? Porque, independentemente de suas grandes qualidades como escritor e crítico, ele não tem todas as características do "retrato falado" aqui estabelecido. Os escritores sobre os quais ele escreveu pertencem a um âmbito mais restrito, no tempo e no espaço.

(6) *Literary Essays of Ezra Pound*. New York/Toronto, New Directions, s. d.

(7) Quando não houver indicação de tradutor, é porque assumi eu mesma a responsabilidade da tradução.

(8) "L'immortalité littéraire. A propos d'un livre de M. Paul Stapler", *Revue Bleue*, nº 9, 4ᵉ série, t. II, sept. 1894, pp. 257-63.

1. *HISTÓRIA LITERÁRIA E JULGAMENTO DE VALOR* (pp. 19-60)

(1) *Actes du VIᵉ Congrès de l'Association Internationale de Littérature Comparée (Bordeaux, 1970)*, Stuttgart, Kuns und Wissen; Erich Bieber, 1975.

(2) Hans Robert Jauss, *Pour une esthétique de la réception*, Paris, Gallimard, 1978 (coletânea de textos publicados na Alemanha entre 1972 e 1975).

(3) Nietzsche, *Seconde considération intempestive. De l'utilité et de l'inconvénient des études historiques pour la vie*, Paris, GF; Flammarion, 1988.

(4) *Paideuma*: repertório de autores que, por sua cultura e suas formas, ainda estão ativos num dado momento histórico. Voltaremos mais detidamente ao assunto no capítulo 3.

(5) R. G. Collingwood, *The Idea of History*, Oxford; New York, Oxford University Press, 1946.

(6) Paul Veyne, *Comment on écrit l'histoire*, Paris, Seuil, Points-Histoire, 1979 (1ª ed. 1971), p. 33.

(7) In Walter Benjamin, *Obras escolhidas*, trad. Sérgio Paulo Rouanet, São Paulo, Brasiliense, 1985, vol. I, p. 230.

(8) Idem, p. 224.

(9) Gustave Lanson, *Essais de méthode et de critique littéraire*, ed. Henry Peyre, Paris, Hachette, 1965, p. 33.

(10) Paul de Man, *Blindness & Insight — Essays in the Rhetoric of Contemporary Criticism*, New York, Oxford University Press, 1971, p. 152.

(11) "L'immortalité littéraire", p. 258.

(12) Tema de um curso ministrado na Sorbonne, em 1945-46.

(13) Roland Barthes, "Le discours de l'histoire", in *Information sur les sciences sociales*, nº 4, 1967, vol. VI, p. 75. In *Le bruissement de la langue*, Paris, Seuil, 1984. Cito pela tradução brasileira: "O discurso da história", in Roland Barthes, *O rumor da língua*, trad. Mário Laranjeira, São Paulo, Brasiliense, 1988, p. 157.

(14) In *Selected Essays*, 14ª ed., New York, Harcourt, Brace & World Inc., pp. 3-11 (1ª ed. 1932).

(15) Essa colocação de Eliot vale para todas as áreas da atividade estética. Em tempos mais recentes, o pintor De Kooning, em conversa com o músico John Cage, declarou: "O passado não me influencia. Eu o influencio".

(16) In *Literary Essays*, pp. 91-3.

(17) Ezra Pound, *Guide to Kulchur*, 5ª ed., Norfolk; Connecticut, New Directions, 1970 (1ª ed. 1938), p. 60.

(18) Leo Frobenius, autor de *Erlebte Erdteile* (1929), foi o primeiro antropólogo a tratar as várias culturas como igualmente válidas e contemporâneas. Frobenius foi professor de Spengler. Seu método, eminentemente comparatista, também influenciou Jung. Ver Guy Davenport, "Pound and Frobenius", in *Motive and Method in the*

Cantos of Ezra Pound, Berkeley; Los Angeles, University of California Press, 1950, e Christine Brooke-Rose, *A ZBC of Ezra Pound*, Berkeley; Los Angeles, University of California Press, 1971.

(19) *The ABC of Reading*, Norfolk; Connecticut, New Directions, 1951 (1ª ed. 1934), p. 29.

(20) *Guide to Kulchur*, p. 51.

(21) *The Spirit of Romance*, Norfolk; Connecticut, New Directions, 1953 (1ª ed. 1910), p. 8.

(22) Carta de Pound a H. Monroe, em novembro de 1913.

(23) Jorge Luis Borges, *Otras inquisiciones*, Buenos Aires, Emecé Editores, 1960 (1ª ed. 1952).

(24) "Nueva refutación del tiempo", in *Otras inquisiciones*, p. 245.

(25) *El arco y la lira*, Mexico; Buenos Aires, Fondo de Cultura Económica, 1956, p. 185.

(26) In *Los signos en rotación y otros ensayos*, Madrid, Alianza Editorial, El Libro de Bolsillo, 1971 (1ª ed. 1965).

(27) Ver "La tradición del haiku", in *Los signos en rotación y otros ensayos*.

(28) *Las cosas en su sitio* (com Juan Marichal), Mexico, Finisterre, 1971, p. 31.

(29) Idem, ibidem.

(30) "La critique et l'invention", in *Répertoire III*, Paris, Les Editions de Minuit, 1965, pp. 7-20. Tradução brasileira: "Crítica e invenção", in *Repertório*, trad. Leyla Perrone-Moisés, São Paulo, Perspectiva, 1974, pp. 191-203.

(31) *Perché leggere i classici*, 1991. Cito pela tradução brasileira: *Por que ler os clássicos*, trad. Nilson Moulin, São Paulo, Companhia das Letras, 1994, p. 14.

(32) "Programme", in *Logiques*, Paris, Seuil, 1968, pp. 9-14.

(33) Entretanto, em Pound, a palavra *monumental* tem uma conotação pejorativa (ver *Guide to Kulchur*, p. 96). A "história monumental" recusada por Pound corresponderia à "história antiquária" de Nietzsche, aquela feita por "homens de natureza conservadora e reverente" e que "degenera a partir do momento em que não dá mais alma e inspiração à vida fresca do presente". A diferença com relação a Sollers é, portanto, apenas terminológica.

(34) In *A arte no horizonte do provável*, São Paulo, Perspectiva, 1969, pp. 203-23 (artigos publicados no *Correio da Manhã* do Rio de Janeiro, em 1967).

(35) "Da razão antropofágica: diálogo e diferença na cultura brasileira", in: *Metalinguagem & outras metas*, São Paulo, Perspectiva, 1992, pp. 231-56 (ensaio publicado na revista *Colóquio/Letras* de Lisboa, em 1981).

(36) *O sequestro do barroco na formação da literatura brasileira: o caso Gregório de Matos*, Salvador, Fundação Casa de Jorge Amado, 1989.

(37) *Comment on écrit l'histoire*, p. 30.

(38) François Furet, "História eventual e história serial", in *Teoria da história*, org. e trad. Maria Beatriz Nizza da Silva, São Paulo, Cultrix, 1976, p. 61.

(39) "Tradition and the Individual Talent", in *Selected Essays*, p. 6.

(40) In *On Poetry and Poets*, New York, Octagon Books, 1975, p. 55.

(41) "*Webster Ford*", in *The Egoist*, 1915, vol. II, nº 1, p. 11.

(42) Apud Guy Davenport, *New Approaches to Ezra Pound: a Coordinated Investigation of Pound's Poetry and Ideas*, ed. Eva Hesse, London, Faber & Faber, 1969, p. 52.

(43) "The Teacher's Mission", in *Polite Essays*, London, Faber & Faber, s. d. (1ª ed. 1936), p. 116.

(44) Ver, entre outros, Gianni Vattimo, *La fine de la modernità*, Milano, Garzanti, 1985, p. 176: "A essência da modernidade [é] a redução do ser ao *novum*".

(45) *Discusión*, Buenos Aires, Emecé Editores, 1964, p. 86 (1ª ed. 1932).

(46) *Otras inquisiciones*, p. 203.

(47) *El idioma de los argentinos*, Buenos Aires, M. Gleizer Editor, 1928, p. 104.

(48) *El arco y la lira*, p. 17.

(49) *Corriente alterna*, Mexico, Siglo Veintiuno Editores, 1967, p. 20.

(50) *Répertoire III*, p. 20.

(51) *Por que ler os clássicos*, p. 13.

(52) "Poesia e paraíso perdido", in *Teoria da poesia concreta*, São Paulo, Duas Cidades, 1975, p. 26.

(53) "Evolução das formas", in *Teoria da poesia concreta*, p. 51.

(54) Diz Marx: "É sabido que, no que toca à arte, determinados períodos de florescimento não estão, de maneira nenhuma, relacionados com o desenvolvimento geral da sociedade, nem, por conseguinte, com a base material, por assim dizer, a ossatura de sua organização. Por exemplo, os Gregos comparados aos modernos, ou, ainda, Shakespeare [...] A dificuldade não consiste em compreender que a arte grega e a epopeia estejam ligadas a certa forma de desenvolvimento social. A dificuldade consiste em compreender como podem ainda suscitar prazer estético e, em certa medida, serem consideradas como norma e modelos inimitáveis" (*Introdução à crítica da economia política*). In Marx-Engels, *Sobre literatura e arte*, trad. Albano Lima, 4ª ed., Lisboa, Editorial Estampa, 1974, pp. 61-2.

(55) Jacques Derrida, "Force et signification", in *L'écriture et la différence*, Paris, Seuil, 1967, p. 40.

(56) *Comment on écrit l'histoire*, pp. 48-9.

(57) *Le bruissement de la langue*, p. 378.

(58) "L'immortalité littéraire", p. 259.

(59) *Pour une esthétique de la réception*, pp. 21-80.

(60) T. W. Adorno, *Théorie esthétique*, trad. Marc Jimenez, Paris, Klincksieck, 1974, p. 302. Ed. or.: *Ästhetische Theorie*, Frankfurt am Main, Suhrkamp-Verlag, 1970.

(61) Releia-se Schelling: "A arte é ela mesma um extravasamento do Absoluto. A história da arte nos mostra, do modo mais evidente, suas relações imediatas com as determinações do Universo, e por aí com aquela identidade absoluta onde elas são predeterminadas. É na história da arte e apenas nela que se revela a unidade essencial e interior de todas as obras de arte, e o fato de que todos os poemas provêm de um único e mesmo Gênio, o qual, na oposição entre arte antiga e arte moderna, apenas se mostra sob faces diferentes" (*Introdução à filosofia da arte*, 1859).

(62) *Polite Essays*, p. 119.

(63) *Las cosas en su sitio*, pp. 53-4.

(64) *L'écriture et l'expérience des limites*, Paris, Seuil, 1971, p. 7.

(65) *Théorie des exceptions*, Paris, Gallimard, 1986 (Folio Essais nº 28).

(66) "The Historian's Problem of Selection", in *Ideas of History*, ed. Ronald H. Nash, New York, E. P. Dutton, 1969, p. 216.

(67) *Comment on écrit l'histoire*, p. 44.

(68) Robert Escarpit, "Histoire de l'histoire de la littérature", in *Histoire des littératures*, dir. Raymond Queneau, Paris, NRF, Encyclopédie de la Pléiade, 1953, p. 1771.

(69) *Essais de méthode, de critique et d'histoire littéraire*, p. 47.

(70) *Ezra Pound's Poetic and Literary Tradition*, Bern, Franckle Verlag, 1966, p. 91.

(71) *Selected Essays*, p. 7.

(72) *Los signos en rotación*, p. 258.

(73) Evocada em "El caracol y la sirena", in *Los signos en rotación*, p. 91.

(74) *Répertoire III*, p. 17.

(75) *Por que ler os clássicos*, pp. 10-1.

(76) Sobre essa vasta questão do sujeito na "teoria da escritura" do grupo Tel Quel, ver Julia Kristeva, "Le sujet en procès", in *Polylogue*, Paris, Seuil, 1977, pp. 55-106.

(77) *L'écriture et l'expérience des limites*, p. 77.

(78) Umberto Eco, *La struttura assente*, Milano, Bompiani, 1968, pp. 278-9.

(79) *Los hijos del limo*, p. 209.

2. *O CÂNONE DOS ESCRITORES-CRÍTICOS* (pp. 61-83)

(1) Trad. Teodoro Cabral em colab. com Paulo Rónai, Rio de Janeiro, Ministério da Educação e Cultura; Instituto Nacional do Livro, 1957. Essa obra, há muito esgotada entre nós, está agora felizmente republicada pela Edusp.

(2) Essa distinção, transposta sarcasticamente por Sainte-Beuve, em 1850, para os escritores, merece um divertido comentário de Curtius: "Que petisco para a sociologia marxista da literatura!" (p. 258).

(3) O ensaio de Ernst Fenollosa, *The Chinese Written Character as a Medium for Poetry*, foi publicado pela primeira vez em 1920, graças à insistência de Pound.

(4) O termo *paideuma* foi usado por Herder, antes de Frobenius.

(5) *Guide to Kulchur*, p. 347.

(6) Primeira publicação no *New York Herald Tribune* em 1929. Publicação em volume: London, Desmond Harmsworth, 1931. Incorporado a *Literary Essays of Ezra Pound* desde 1954.

(7) *Literary Essays*, p. 15, n. 2.

(8) Cito a partir da edição brasileira: *ABC da literatura*, org. e intr. Augusto de Campos, trad. Augusto de Campos e José Paulo Paes, São Paulo, Cultrix, 12ª ed., 1997, p. 82.

(9) *Literary Essays*, p. 75. "Date line" foi publicado pela primeira vez em *Make it New*, London, Faber & Faber, 1934.

(10) In *Selected Prose 1909-1965*, ed. William Cookson, New York, New Directions, 1973.

(11) Pound dizia que desejava fazer um "périplo" [*a periplus experience*]. Guy Davenport comenta: "A experiência de Frobenius era um périplo; a antropologia acadêmica fez os mapas, que Pound acha chatíssimos" (*New Approachs to Ezra Pound*, p. 57).

(12) *Literary Essays*, p. 362.
(13) *Guide to Kulchur*, p. 236.
(14) Buenos Aires, Hyspamerica, 1984.
(15) Jorge Luis Borges, *Biblioteca Personal*, Madrid, Alianza Editorial, 1988.
(16) Philippe Sollers, *La guerre du goût*, Paris, Gallimard, 1994.
(17) Disso temos numerosos exemplos em *La guerre du goût*.
(18) Paris, Gallimard, Col. Folio-Essais, 1986.
(19) "L'effet B.V.M.", in *Nouvel Observateur*, 14-20 fev. 1986, p. 60.
(20) *Por que ler os clássicos*, trad. Nilson Moulin, p. 14.
(21) Cito pela 7ª reimpressão, Mexico, Fondo de Cultura Económica, 1990.
(22) Op. cit., pp. 51 ss., pp. 255 ss.
(23) Fonte: René Wellek, *A History of Modern Criticism*, New Haven, Yale University Press, 1955. Trad. bras. de Lívio Xavier e Hildegard Feist: *História da crítica moderna*, São Paulo, Herder; Editora da Universidade de São Paulo, 1967.

(24) Fonte: "Os gostos literários de Marx" e "As apreciações literárias de Marx", in Marx-Engels, *Sobre literatura e arte*, ed. e trad. de Albano Lima, Lisboa, Editorial Estampa, 1974. O editor observa: "Nas apreciações literárias, Marx estava isento de qualquer ideia preconcebida de caráter político e social" (p. 249), o que talvez seja um pouco exagerado. Muitas das preferências de Marx estavam ligadas às suas preocupações sociais, sobretudo no que se refere ao romance. Mas é, de fato, verificável que ele não *excluía* autores em função da ideologia, e admirava vários cuja ideologia não aprovava: Dante, Shakespeare, Scott. O leitor que desejar aprofundar a questão deve consultar: S. S. Prawer, *Karl Marx and World Literature*, Oxford University Press, 1978 (devo esta indicação a João Alexandre Barbosa).

(25) Fonte: *Jornal da Tarde*, São Paulo, 30/5/1984.
(26) Fonte: *Jornal da Tarde*, São Paulo, 8/10/1994.
(27) *ABC da literatura*, trad. Augusto de Campos, p. 85.
(28) *El idioma de los Argentinos*, pp. 107-8.
(29) "Sobre los clásicos", in *Otras inquisiciones* (1952). Cito a partir de: *Obras completas*, dir. Carlos V. Frías, Buenos Aires, Emecé, 1974, p. 773.
(30) *Inquisiciones*, p. 6.

3. *CASOS EXEMPLARES* (pp. 84-142)

(1) "Dante" (1920), in *The Sacred Wood. Essays on Poetry and Criticism*, 6ª ed., London, Methuen, 1948, pp.158-71; "Dante as a Spiritual Leader", in *Athenaeum*, London, April 1920, pp. 441-2; "Dante" (1929), in *Selected Essays*, 14ª ed., New York, Hartcourt, Brace & World Inc., s. d., pp. 199-237; "Dante" (1950), in *Selected Prose*, Harmondsworth, Penguin Books, 1953, pp. 99-101; "What Dante means to me" (1950), in *Adelphi*, nº XXVII, 2, London, 1951, pp. 106-14.
(2) *The Sacred Wood*, p. 168.
(3) *Selected Essays*, p. 200.
(4) *Selected Prose*, p. 99.
(5) *The Sacred Wood*, p. 168.
(6) *Selected Prose*, p. 101.

(7) "What Dante means to me", in *To Criticize the Critic*, London, Faber & Faber, 1965, p. 133.

(8) *To Criticize the Critic*, p. 23.

(9) Sobre esse assunto, ver Dominic Manganiello, *T. S. Eliot and Dante*, London, Macmillan, 1989.

(10) In Allen Tate (ed.), *T. S. Eliot: The Man and His Work*, New York, Dell, 1966, p. 89.

(11) "*Inventores*. Homens que descobriram um novo processo ou cuja obra nos dá o primeiro exemplo conhecido de um processo. *Mestres*. Homens que combinaram um certo número de tais processos e que os usaram tão bem ou melhor que os inventores" (trad. Augusto de Campos, *ABC da literatura*, p. 42).

(12) Ver, em especial: "Dante", in *The Spirit of Romance*, London, Faber & Faber, 1910; "Note on Dante" (1910), in *Polite Essays*, London, Faber & Faber, 1936; "Hell" (1934), in *Literary Essays*, 6ª ed., New York, New Directions, 1968.

(13) *ABC da literatura*, p. 57.

(14) O pretexto para o artigo, publicado em *The Criterion*, abr. 1934, foi a tradução da *Divina comédia* por Laurence Binyon.

(15) Sobre o assunto, ver: Giovanni Giovannini, *Ezra Pound and Dante*, Utrecht, 1961; James J. Wilhelm, *Dante and Pound. The Epic of Judgement*, Orono-Maine, University of Maine Press, 1974.

(16) "Estudio preliminar", in Dante, *La Divina Comedia*, Buenos Aires, W. M. Jackson, 1949, pp. XIX e XXVIII. Este estudo permaneceu por muito tempo pouco conhecido e só foi sendo retomado, em reedições parciais, na década de 70. Em 1982, Borges publicou *Nueve ensayos dantescos*, intr. Marcos Ricardo Barnatán & Joaquín Arce, Madrid, Espasa-Calpe, Selecciones Austral. Trata-se de uma retomada do "Estudio preliminar" de 1949, dividido em nove partes, com alguns cortes, modificações e acréscimos (o que não é informado aos leitores). Os principais acréscimos se encontram nas partes 5, 6 e 7.

(17) *Siete noches*, Mexico, Fondo de Cultura Económica, 1980, pp. 26-7.

(18) Ver "An Autobiographical Essay", in *The Aleph and Other Stories, 1933-1969*, New York, Dutton, 1970, p. 242.

(19) "Estudio preliminar", pp. XXVI-XXVII.

(20) Emir Rodríguez Monegal, *Jorge Luis Borges — A Literary Biography*, New York, Dutton, 1978 ("The meeting in a dream", pp. 410-7).

(21) Em *Nueve ensayos dantescos*, a frase sobre Paolo e Francesca, acima citada, sofre uma modificação muito reveladora: "Penso em Paolo e Francesca [...] Com espantoso amor, com ansiedade, com admiração, com inveja" (p. 153). A primeira pessoa, aí assumida, reforça a interpretação autobiográfica avançada por Emir Rodríguez Monegal.

(22) Ver Emir Rodríguez Monegal, op. cit., p. 314.

(23) Apud M. R. Barnatán, *Nueve ensayos dantescos*, p. 67.

(24) *Versiones y diversiones*, Mexico, Joaquín Mortiz, 1974, p. 7.

(25) *Los hijos del limo*, pp. 45-6.

(26) "Dante et la traversée de l'écriture" (1965), in *Logiques*, p. 44.

(27) "Dante au paradis", in *La guerre du goût*, p. 369.

(28) *Paradis. Vision à New York*, Paris, Seuil, 1981; *Paradis II*, Paris, Gallimard, 1986.

(29) Paris, Gallimard, 1987.

(30) Em colaboração com Augusto de Campos, São Paulo, Edições Papyrus, 1968.

(31) Dante, *6 Cantos do Paraíso*, São Paulo, Fontana, 1978. Recentemente, Haroldo de Campos reuniu seus trabalhos acerca de Dante no volume *Pedra e luz na poesia de Dante*, São Paulo, Imago, 1998.

(32) São Paulo, Perspectiva, 1979.

(33) Cito a partir da edição brasileira: *Seis propostas para o próximo milênio*, trad. Ivo Barroso, São Paulo, Companhia das Letras, pp. 26-7.

(34) "Eliot's Dante and the Moderns", in T. Spencer (ed.), *A Garland for John Donne*, Gloucester, Mass., Peter Smith, 1958, p. 155.

(35) Apud Dominc Manganiello, op. cit., p. 2.

(36) Iouri Tynianov, *Formalisme et histoire littéraire*, trad. Catherine Depretto-Genty, Paris, L'Age d'Homme, 1991, p. 217.

(37) René Wellek, *História da crítica moderna*, trad. Lívio Xavier, vol. I, p. 87.

(38) Apud René Wellek, idem, ibidem.

(39) Idem, p. 88.

(40) No artigo "The Modernist Canon", in Robert von Hallberg, *Canons*, Chicago; London, The University of Chicago Press, 1983, p. 368.

(41) *The Works of John Donne*, Hertfordshire, The Wordsworth Poetry Library, 1994.

(42) *To Criticize the Critic*, p. 21.

(43) *John Donne and Twentieth-Century Criticism*, London; Toronto, Associated University Press, 1989.

(44) *Selected Essays of T. S. Eliot*, pp. 241-50.

(45) T. S. Eliot, *The Varieties of Metaphysical Poetry*, ed. Ronald Schuchard, New York; San Diego; London, Harcourt Brace & Company, 1994 (1ª ed. Faber & Faber, 1993).

(46) *The Sacred Wood*, London, Methuen & Co., 1928 (2ª ed.), p. 23.

(47) In T. Spencer (ed.), *A Garland for John Donne*, 1958.

(48) *ABC da literatura*, trad. José Paulo Paes, pp. 116-7.

(49) *Literary Essays*, p. 68.

(50) *Guide to Kulchur*, p. 144.

(51) *Discusión*, p. 121.

(52) *Otras inquisiciones*, p. 129.

(53) *El arco y la lira* (7ª ed. 1990), p. 43.

(54) *Puertas al campo*, pp. 24-30.

(55) Ver "Lautréamont y el barroco", in Emir Rodríguez Monegal & Leyla Perrone-Moisés, *Lautréamont austral*, Montevideo, Brecha, 1995.

(56) *Versiones y diversiones*, pp. 13-5.

(57) *Répertoire*, pp. 20-7.

(58) In *Metalinguagem & outras metas* (4ª ed. 1992), pp. 77-88.

(59) In *A arte no horizonte do provável*, pp. 205-12.

(60) São Paulo, Companhia das Letras, 1986.

(61) No disco *Cinema transcendental*, PolyGram, 1979. Versão de Augusto de Campos e música de Péricles Cavalcanti.

(62) In *To Criticize the Critic*, pp. 27-42.

(63) *Ezra Pound's Poetics and Literary Tradition*, p. 93.

(64) *Literary Essays of Ezra Pound* (6ª ed.), p. XIV.

(65) Ezra Pound, *Poesias*, org. Augusto de Campos, São Paulo; Brasília, Hucitec; Editora da Universidade de Brasília, 1983, p. 249.

(66) *Jorge Luis Borges, a Literary Biography*, pp. 120-1.

(67) *Discusión* (ed. Alianza-Emecé, 1976), p. 76.

(68) *El arco y la lira* (ed. Fondo de Cultura Económica, 1990), p. 40.

(69) *L'espace littéraire*, Paris, Gallimard, 1955, e *Le livre à venir*, Paris, Gallimard, 1961. Note-se, porém, que Blanchot já indicava essa nova leitura de Mallarmé pelo menos desde 1946, quando publicou o artigo "Mallarmé et le langage", no nº 14 da revista *L'Arche*.

(70) *Los signos en rotación* (ed. Alianza, 1971), p. 137.

(71) *Las cosas en su sitio*, p. 35.

(72) *Los hijos del limo* (ed. Seix Barral, 1986), p. 80.

(73) Mexico, Joaquín Mortiz, 1967.

(74) Octavio Paz & Haroldo de Campos, *Transblanco*, São Paulo, Siciliano, 1994 (transcriação do poema "Blanco" pelo poeta brasileiro, correspondência entre os dois poetas e outros materiais afins).

(75) *Répertoire II*, pp. 104-23.

(76) Idem, pp. 244-51.

(77) *Teoria da poesia concreta*, São Paulo, Duas Cidades, 1975, pp. 156-8.

(78) Idem, pp. 26-9.

(79) Idem, pp. 30-3.

(80) Idem, pp. 49-55.

(81) Idem, p. 95, trecho desse artigo, publicado originalmente no *Jornal de Letras*.

(82) Mais importante, para os poetas concretos, do que a descoberta precoce do trabalho de Blanchot foi o conhecimento da obra crítica de Robert Greer Cohn, *L'oeuvre de Mallarmé — Un coup de dés*, Paris, Librairie Les Lettres, 1951.

(83) São Paulo, Perspectiva, 1975 (Coleção Signos).

(84) No "Apêndice" ao volume é reproduzido, em nova versão levemente modificada, o artigo "Lance de olhos sobre *Um lance de dados*", de 1958.

(85) *Metalinguagem & outras metas*, 1992, p. 23.

(86) Paris, Seuil.

(87) Jacques Derrida, *La dissémination*, pp. 199-317.

(88) Paris, Seuil, 1974, pp. 274 -313.

(89) *Logiques*, pp. 10-4.

(90) Idem, pp. 97-117. Esse texto foi originalmente apresentado no seminário de Roland Barthes, em 1965, na Ecole Pratique des Hautes Etudes.

(91) Cito a partir da tradução brasileira de Ivo Barroso: *Seis propostas para o próximo milênio*.

(92) Roland Barthes, *Aula*, trad. Leyla Perrone-Moisés, São Paulo, Cultrix, 1980, pp. 23-4.

(93) *ABC da literatura*, p. 85.

(94) Frank Kermode, *An Appetite for Poetry: Essays on Literary Interpretation*, 1989. Cito pela edição brasileira: *Um apetite pela poesia*, trad. Sebastião Uchoa Leite, São Paulo, Edusp, 1993 (Col. Criação & Crítica, 7), p. 236.

(95) "Dubliners and Mr James Joyce", in *The Egoist*, I, 14 (15/7/1914). Retomado em *Literary Essays of Ezra Pound*, pp. 399-402.

(96) "Joyce", in *The Future*, maio 1918, pp. 410-7.

(97) "Ulysses", in *The Dial*, New York, LXXII, 6, jun. 1922. Retomado em *Literary Essays of Ezra Pound*, pp. 403-9.

(98) *The Dial*, nov. 1923. In *Selected Prose of T. S. Eliot*, ed. Frank Kermode, New York, Hartcourt Brace Jovanovich/Farrar, Sraus and Giroux, pp. 175-8.

(99) *Inquisiciones*, Buenos Aires, Editorial Proa, 1925, p. 20.

(100) "El 'Ulises' de Joyce", in *Inquisiciones*, pp. 20-9.

(101) Ver Emir Rodríguez Monegal, *Jorge Luis Borges. A Literary Biography*, p. 205.

(102) Buenos Aires, Emecé Editores, 3ª ed, 1964, pp. 81-91.

(103) Artigo publicado em 5 de fevereiro de 1937. In Jorge Luis Borges, *Textos cautivos – Ensayos y reseñas en "El Hogar" (1936-1939)*, ed. Enrique Sacerio-Garí & Emir Rodríguez Monegal, Barcelona, Tusquets Editores, 1986.

(104) *Siete noches*, p. 157.

(105) *Los signos en rotación*, p. 277.

(106) *Répertoire*, pp. 195-218. Citarei pela edição brasileira: *Repertório*, trad. Leyla Perrone-Moisés, São Paulo, Perspectiva, 1974, pp. 127-49.

(107) In *L'Arc*, nº 36, Aix-en-Provence.

(108) *Teoria da poesia concreta*, pp. 30-5.

(109) Augusto e Haroldo de Campos, *Panaroma do "Finnegans Wake"*, São Paulo, Conselho Estadual de Cultura, 1962. 2ª ed. ampliada: São Paulo, Editora Perspectiva, 1971. Esse volume contém dezesseis fragmentos da obra, acompanhados de longas notas elucidativas, um ensaio de Joseph Campbell e Henry Morton Robinson e dois ensaios de Augusto de Campos, além de uma síntese biobibliográfica e uma bibliografia joyciana. Citarei a partir desta última edição.

(110) Vale lembrar que quase ao mesmo tempo saía no Brasil a tradução de *Ulisses* por Antônio Houaiss (1965), considerada por Haroldo de Campos como admirável, por ter adotado o *parti pris* da radicalidade na transposição da forma.

(111) In Suplemento *Cultura*, nº 86, *O Estado de S. Paulo*, 31/1/1982.

(112) Publicados desde 1964 em fragmentos e, na íntegra, em 1984 (São Paulo, Editora Ex Libris). As *Galáxias* foram traduzidas (ou "transcriadas") em alemão, francês, espanhol e inglês, sempre com a colaboração do autor.

(113) Ver *Joyce no Brasil*, org. Munira Mutran e Marcelo Tápia, São Paulo, Olavobrás; Abei, 1997.

(114) In *Théorie des exceptions*, pp. 80-98.

(115) Idem, pp. 99-104.

(116) Ver *A Garland for John Donne*, ed. T. Spencer, p. 158.

4. *VALORES MODERNOS* (pp. 143-73)

(1) *To Criticize the Critic*, p. 13.

(2) Apud Willi Bolle, in Irlemar Chiampi (ed.), *Fundadores da Modernidade*, São Paulo, Ática, 1991, p. 37, n. 19.

(3) Utilizo a tradução brasileira de Victor-Pierre Stirnimann: Schlegel, *Conversa sobre a poesia e outros fragmentos*, São Paulo, Iluminuras (Biblioteca Pólen), 1994.

(4) Tradução de Willi Bolle, in *Fundadores da Modernidade*.

(5) *ABC da literatura*, p. 23.

(6) "The Serious Artist", in *Literary Essays*, pp. 41-57.

(7) *ABC da literatura*, trad. Augusto de Campos, p. 63.

(8) "Affirmations", in *The New Age*, vol. XVI, nº 13, jan. 1915, p. 350.

(9) "Breviora", in *The Little Review*, vol. V, set. 1918, p. 23.

(10) Idem, pp. 21-2.

(11) *ABC da literatura*, p. 36.

(12) Ver "The function of criticism", in *Selected Essays*, p. 18.

(13) Idem, p. 21.

(14) "Traditional and individual talent", in *Selected Essays*, p. 5.

(15) Ver John Guillor, "The Ideology of Canon-Formations: T. S. Eliot and Cleanth Books", in Robert von Hallberg (ed.), *Canons*, pp. 337-62. O autor aí examina aquilo que ele chama de "máquina canônica [*canonical engine*] da crítica de Eliot".

(16) "Sobre los clásicos", in *Otras inquisiciones*. Cito aqui a partir de *Obras completas*, dir. Carlos V. Frías, Buenos Aires, Emecé, 1974, pp. 772-3.

(17) *El idioma de los Argentinos*, p. 43.

(18) *Otras inquisiciones*, p. 115.

(19) *Discusión*, p. 45.

(20) *Siete noches*, Mexico, Fondo de Cultura Económica, 1980, p. 27.

(21) *Biblioteca Personal*, p. 91.

(22) "Estudio preliminar", in *La Divina comedia*, Buenos Aires, W. M. Jackson, 1949, p. XIX e XXVIII.

(23) *El idioma de los Argentinos*, p. 101.

(24) *Los hijos del limo*, p. 50.

(25) *Los signos en rotación*, p. 140.

(26) No ensaio "Por que ler os clássicos", do volume que leva o mesmo nome.

(27) Artigos sobre Balzac e Racine em *Répertoire* (1960).

(28) Artigos sobre Chateaubriand, Rabelais e Cervantes em *Répertoire II* (1964).

(29) *Répertoire II*, p. 242.

(30) Ver Georges Godin, *Michel Butor — Pédagogie, littérature*, Québec, Hurtubise, 1987: "Já que é impossível ler tudo, é preciso não apenas ler o mais possível, mas sobretudo ter as melhores leituras" (p. 48).

(31) *L'utilité poétique*, Saulxures, Ed. Circé, 1995.

(32) *The Varieties of Metaphysical Poetry*, pp. 289-90.

(33) Roland Barthes, *Le degré zéro de l'écriture*, Paris, Seuil, 1953. Traduzo a partir da edição de 1972 (Col. Points), p. 46.

(34) *Théorie esthétique*, p. 284.

(35) In Robert von Hallberg, *Canons*, p. 365.

(36) O uso da metáfora e da alegoria na Modernidade é um assunto à parte, que não cabe desenvolver aqui.

(37) "La tradición del haikú", in *Los signos en rotación*, pp.236-50.

(38) Cito a partir da tradução de Eudoro de Sousa, Porto Alegre, Editora Globo, s. d. (Col. Biblioteca dos Séculos).

(39) Jürgen Habermas, *O discurso filosófico da modernidade*, p. 28.

(40) Tzvetan Todorov, *Théorie du symbole*, Paris, Seuil, 1977 (Col. Poétique), p. 210.

(41) *Pólen*, trad. Rubens Rodrigues Torres Filho, São Paulo, Iluminuras, 1988, p. 154.

(42) Ver a síntese da questão efetuada por Tzvetan Todorov em *Théories du symbole* (cap. 6: "La crise romantique"). "Intransitivité", pp. 206-11.

(43) *Fundadores da Modernidade*, pp. 17-8.

(44) "The Social Function of Poetry" (1954), in *On Poetry and Poets*, New York, Octagon Books, 1975, p. 12.

(45) *Los signos en rotación*, p. 307.

(46) *El arco y la lira*, p. 13.

(47) Apud Tzvetan Todorov, op. cit., p. 210.

(48) *Los signos en rotación*, p. 258.

(49) *Selected Essays* (ed. de 1948), p. 8.

(50) *Los signos en rotación* (ed. de 1971), pp. 106-26.

(51) *El arco y la lira* (1ª ed. 1956), p. 241.

(52) *Conversa sobre a poesia e outros fragmentos*, p. 99.

(53) *História da crítica moderna*, vol. 2, p. 35.

(54) *Inquisiciones*, p. 19.

(55) *Discusión*, p. 137.

(56) *Los hijos del limo*, p. 10.

(57) *Las cosas en su sitio*, p. 36.

(58) Hugh Kenner, "The Make of the Modernist Canon", in Robert von Hallberg, *Canons*, pp. 363-75.

(59) "La modernité dans la tradition littéraire et dans la conscience d'aujourd'hui", in *Pour une esthétique de la réception*, pp. 158-209.

(60) "Modernity — An Incomplete Project", in *The Anti-Aesthetic — Essays on Postmodern Culture*, p. 4.

(61) *On Poetry and Poets*, p. 49.

5. *A MODERNIDADE EM RUÍNAS* (pp. 174-215)

(1) Haroldo de Campos fez um balanço dessa herança mallarmaica em *O arco-íris branco*, São Paulo, Imago, pp. 253-64.

(2) John Guillory, "The Ideology of Canon-Formation: T. S. Eliot and Cleanth Brooks", in Robert von Hallberg, *Canons*, p. 337.

(3) "The Making of the Modernist Canon", idem, p. 374.

(4) *Inquisiciones*, ed. 1925, p. 71.

(5) *Corriente alterna*, Mexico, Siglo Veintiuno Editores, 1967, pp. 20-3.

(6) *Mythologies*, Paris, Seuil, 1957; Col. Points, 1970, p. 144. Cito pela ed. bras.: *Mitologias*, trad. Rita Buongermino e Pedro de Souza, 7ª ed. São Paulo, Editora Bertrand do Brasil, 1987, p. 93.

(7) *Los signos en rotación*, p. 310.

(8) E para aumentar a confusão, o que se chama modernismo, nas literaturas hispano-americanas, corresponde aos movimentos do fim do século passado, anteriores às vanguardas.

(9) *La condition postmoderne*, Paris, Minuit, 1979.

(10) Releia-se (ou leia-se) o excelente rastreamento dos termos *moderno* e *modernidade* através da história literária, efetuado por Jauss em "A modernidade na tradição literária e na consciência de hoje", já citado.

(11) Op. cit., pp. 7 e 11.

(12) *Le postmoderne expliqué aux enfants*, Paris, Galilée, 1986.

(13) Gianni Vattimo, *La fine de la modernità — Nichilismo ed ermeneutica nella cultura post-moderna*, Milano, Garzanti, 1985.

(14) Hal Foster, "Postmodernism: A Preface", in Hal Foster (ed.), *The Anti-Aesthetic. Essays on Postmodern Culture*, Port Townsend; Washington, Bay Press, 1983.

(15) Fredric Jameson, "Postmodernism and Consumer Society", in Hal Foster (ed.), op. cit., e "Postmodernism, Or the Cultural Logic of late Capitalism, in *New Left Review*, nº 146, 1984. Esse ensaio foi posteriormente desenvolvido em livro.

(16) David Harvey, *The Condition of Postmodernity. An Inquire into the Origins of Cultural Change*, Oxford, Basil Blackwell Ltd., 1989. Trad. bras.: *Condição pós-moderna*, trad. A. U. Sobral e M. S. Gonçalves, São Paulo, Edições Loyola, 1992.

(17) Linda Hutcheon, *A Poetics of Postmodernism — History, Theory, Fiction*, New York; London, Routledge, 1988. Ed. bras.: *Poética do Pós-Modernismo — História, Teoria, Ficção*, trad. Ricardo Cruz, Rio de Janeiro, Imago, 1991.

(18) Jürgen Habermas, "Modernity, an Incomplete Project", in Hal Foster (ed.), *The Anti-Aesthetic — Essays on Postmodern Culture*, Port Townsend; Washington, Bay Press, 1983; "Neoconservative Culture Criticism in United States and in Germany", in Richard Bernstein (ed.), *Habermas and Modernity*, Cambridge Mass., MIT Press, 1985.

(19) Terry Eagleton, "Capitalism, Modernism and Postmodernism", in *New Left Review*, nº 152, 1985; *Against the Grain: Essays 1975-1985*, London, New Left Books, 1986.

(20) *Postmodernism, or the Cultural Logic of late Capitalism*, Duke University Press, 1991. Ed. bras.: *Pós-Modernismo — A lógica cultural do capitalismo tardio*, trad. M. Elisa Cevasco, São Paulo, Ática, 1996.

(21) "Modernity, an Incomplete Project", p. 14.

(22) "The culture of postmodernism", in *Theory, Culture and Society*, nº 2, 1985, pp. 123-4.

(23) David Harvey, p. 46.

(24) Linda Hutcheon, p. 11 da edição original. Tradução minha.

(25) "Réécrire la modernité", in *L'inhumain. Causeries sur le temps*, Paris, Galilée, 1988.

(26) *Mythologies*, pp. 145-6. Tradução minha.

(27) *La fine de la modernità*, p. 189.

(28) Pierre Zima, *La déconstruction — Une critique*, Paris, PUF, 1994. "Le romantisme de Friedrich Schlegel: une déconstruction avant la lettre?", pp. 15-20.

(29) Essa é a tese de Michaël Löwy e Robert Sayre, em *Révolte et mélancolie: le romantisme à contre-courant de la modernité*, Paris, Payot, 1992. Ed. bras.: *Revolta e melancolia: o romantismo na contramão da modernidade*, trad. G. J. de Freitas Tei-

xeira, Petrópolis, Vozes, 1995. Ver p. 34: "A visão romântica instalou-se na segunda metade do século XVIII e ainda não desapareceu".

(30) "Modernity, an Incomplete Project", p. 11.

(31) Frank Kermode, *Forms of Attention*, p. 74.

(32) Ver Terry Eagleton, *Literary Theory: An Introduction*, Oxford, Basil Blackwell, 1983.

(33) Ver "DissemiNation", in Homi K. Bhabha (ed.), *Nation and Narration*, London; New York, Routledge, 1990.

(34) *Aula*, pp. 34-5.

(35) Ver Jan Gorak, *The Making of the Modern Canon*, p. 69.

(36) Veja-se, por exemplo, Barbara Herrnstein Smith, "Contingencies of value", in Robert von Hallberg, *Canons*, p. 14. A autora discute o cânone a partir de "necessidades animais", regras econômicas e padrões comportamentais. Publicou, posteriormente, um livro sobre o assunto (*Contingencies of value*, Harvard University Press, 1989), no qual se insurge contra o que ela chama de "lógica axiológica". Considera que o juízo de valor é indesejável, na crítica como no ensino da literatura, pois toda avaliação é provisória e datada. Seria o caso de observar que, adotando os mesmos argumentos de sua tese, a estudiosa deveria abster-se de julgar os discursos críticos de seu tempo, pois esse julgamento também é contingente e datado: insere-se na tendência norte-americana de desprestigiar os valores estéticos em proveito de valores ideológicos "politicamente corretos".

(37) *The Snowflake on the Belfry: Dogma and Disquietude in the Critical Arena*, Indiana University Press, 1994.

(38) New York, Hartcourt Brace & Company, 1994. Trad. brasileira: *O cânone ocidental. Os livros e a escola do tempo*, trad. Marcos Santarrita, Rio de Janeiro, Editora Objetiva, 1995. Citarei a partir dessa tradução.

(39) *The Making of the Modern Canon*, p. IX.

(40) Jan Gorak, *The Making of the Modern Canon*, p. 7.

(41) "Sobre o conceito da história" e "Experiência e pobreza", in *Obras escolhidas*, vol. I.

(42) *L'occidentalisation du monde*, Paris, Editions Découverte, 1989 e 1992. Ed. bras.: *A ocidentalização do mundo. Ensaio sobre a significação, o alcance e os limites da uniformização planetária*, trad. Celso M. Paciornik, Petrópolis, Vozes, 1994, pp. 13 e 26.

(43) *Culture and Imperialism*, London, Vintage, 1994, p. 391. As coisas mudam tão rapidamente que hoje podemos tirar fora a última ressalva de Said, acerca do poder econômico dos Estados Unidos.

(44) *Jornal da Tarde*, trad. José dos Santos, São Paulo, 26/4/1997.

(45) "The Man and the Dump: a Response", in Margaret Tudeau-Clayton & Martin Warner (eds.), *Adressing Frank Kermode: Essays in Criticism and Interpretation*, London, 1991, p. 103.

(46) *The ABC of Reading*, p. 45.

(47) *Letters 1907-1941*, ed. D. D. Paige, New York, Hartcourt Brace & Co., 1950, p. 172.

(48) *Inquisiciones*, p. 19.

(49) "Sobre los clásicos", in *Obras completas* [ed. 1974], p. 773.

(50) Prefácio a Italo Calvino, *Pourquoi lire les classiques*, Paris, Seuil (Col. Points), 1995.

(51) "Qu'est-ce que la littérature?", in *Situations II*, Paris, Gallimard, 1948, p. 316.

(52) *Le livre à venir*, Paris, Gallimard, 1959, pp. 237-8.

(53) Idem, p. 265.

(54) Texto apresentado no México em 1984, no simpósio realizado em homenagem aos setenta anos de Octavio Paz. In *O arco-íris branco*, pp. 243-69.

(55) "Eloge de la négation", in *Le Monde*, Paris, 1/10/1992.

ÍNDICE ONOMÁSTICO

1ª EDIÇÃO [2003]

ESTA OBRA FOI COMPOSTA EM MINION PELO ACQUA ESTÚDIO
E IMPRESSA PELA UMLIVRO EM PROCESSO DE IMPRESSÃO SOB DEMANDA
SOBRE PAPEL POLÉN SOFT DA SUZANO PAPEL E CELULOSE
PARA A EDITORA SCHWARCZ A PARTIR DE ABRIL DE 2019